W0265573

Ein junger Mann wandert durch die Staaten und ist fasziniert von dem Tempo des Lebens in der Neuen Welt. Ob er in Manhattan oder am Mississippi spazierengeht, immer blickt der junge Mann voller Neugierde und mit wachen Augen auf das fremde und doch so beeindruckende Land. Aus seinen Erlebnissen und Impressionen entsteht ein facettenreicher Reiseroman über die Vereinigten Staaten, dessen Frische auch heute noch begeistert. Die Erstausgabe dieses Buches erschien 1930. Als 50 Tausend Exemplare verkauft waren, schrieb Hausmann 1938: »Dies Buch wurde im Jahre 1929 erlebt und im Jahre 1930 geschrieben. Das Amerika von heute ist nicht mehr das Amerika von damals. Technische, soziale und sonstige Dinge haben sich grundlegend geändert. Trotzdem möchte ich jetzt, da wiederum eine neue Auflage gedruckt werden soll, keine Zeile ändern, denn es ist ja nicht in erster Linie das Was gewesen, das diesem Buch Freunde gewonnen hat, sondern das Wie, nicht die Sache, sondern die, wenn ich so sagen darf, jugendliche Unbekümmertheit, mit der die Sache ins Auge gefaßt wurde. Und die soll unangetastet bleiben.«

Manfred Hausmann wurde 1898 in Kassel geboren. Das Gymnasium besuchte er in Göttingen, nahm am Ersten Weltkrieg teil, studierte Philologie und arbeitete als Dramaturg, Kaufmann und Journalist. Hausmann wohnte längere Zeit in dem Künstlerdorf Worpswede, seit 1950 als freier Schriftsteller in Rönnebeck bei Bremen, wo er am 6. August 1986 starb. Sein Werk umfaßt Lyrik, Romane, Bühnenwerke, Essays und Nachdichtungen griechischer, japanischer und chinesischer Gedichte. Im Fischer Taschenbuch Verlag liegen außerdem vor: ›Abel mit der Mundharmonika‹ (Bd. 5336), ›Liebende leben von der Vergebung‹ (Bd. 5337), ›Salut gen Himmel‹ (Bd. 5338) und ›Stern im dunklen Strom‹ (Bd. 9215).

Unsere Adresse im Internet: www.fischer-tb.de

Manfred Hausmann

Kleine Liebe zu Amerika

Ein junger Mann schlendert
durch die Staaten

Fischer
Taschenbuch
Verlag

Die Erstausgabe erschien 1930 (vordatiert auf 1931)
im S. Fischer Verlag, Berlin

Veröffentlicht im Fischer Taschenbuch Verlag GmbH,
Frankfurt am Main, September 2000

Lizenzausgabe mit Genehmigung
des S. Fischer Verlags, Frankfurt am Main
Copyright by S. Fischer Verlag AG., Berlin 1930
Alle Rechte vorbehalten
Druck und Bindung: Clausen & Bosse, Leck
Printed in Germany
ISBN 3-596-24826-x

Kleine Liebe zu Amerika

Für Wolf Hermann

Ein Tag auf der ›Dresden‹

Dang dang dang dang dang... macht es auf der Brücke. Fünf Glasen. In demselben Augenblick schallen auch vom vordern Mast fünf schnelle Schläge durch die Morgendämmerung. Dann ist es wieder still.

Der junge Mann in Kabine zehn, von dem hinfort ein bißchen die Rede sein soll, fängt an aufzuwachen. Nachdem er sich einigermaßen aus Traum und Schlaf in die Wirklichkeit zurückgefunden hat, fühlt er mit seinem Körper umher, was für ein Seegang heute denn herrscht. Na ja, denkt er, es geht an, nicht weiter schlimm! Dann horcht er auf den Wind. Aber das Sausen, das vor dem halb offenen Kajütenfenster übers Bootsdeck zieht, läßt die Persenning an der Reling nur leise flattern, und das Brausen der Bugwelle tönt in beruhigender Gleichmäßigkeit herauf, kein Steigen und Fallen der Wassermassen, kein wildes Gedonner gegen die Schiffswand wie vor drei Tagen. Friede weit und breit. Die ›Dresden‹, dieser Vierzehntausend-Tonner des Norddeutschen Lloyd, rauscht in sanftester Fahrt mit sechzehn oder siebzehn Knoten durch den grauen Ozean dahin. Es wird ein schöner Tag werden. A fine day, um es einmal versuchsweise auf englisch auszudrücken.

Wieviel Uhr ist es eigentlich? – Knips, sagt das Licht.

Was, murmelt der junge Mann, wie er auf seine Taschenuhr sieht, schon halb acht! Hach juju ju, dann muß man ja allmählich ans Aufstehen denken! Aber da ereignet sich wieder das freundliche Wunder, das ihn, seit er aus Bremerhaven abgefahren ist, jeden Morgen von neuem beglückt: Er erinnert sich nämlich, daß es in Wirklichkeit ja erst halb sieben ist, seltsamerweise, und daß er also mit dem reinsten Gewissen noch eine volle Stunde schlafen, sinnieren, hindämmern kann. Fünf Glasen, das ist halb sieben, kein Zweifel. Ein gesegneter Brauch, findet er, dies nächtliche Zurückstellen der Uhr! Es lohnt sich ja, schon um dieses unerwarteten Geschenks, schon um dieser angenehmen Stunde willen, die man gerade dann, wenn man sie am nötigsten hat, zu seinem übrigen Leben hinzubekommt, einmal über den Ozean zu fahren. Und er fühlt sich, nachdem er es wieder dunkel gemacht hat, von Herzen behaglich, streckt sich aus, läßt sich von der langen Dünung des Atlantik wiegen und schläft bei dem ohne sonderliche Energie unternommenen Versuch, das astronomische Geheimnis der geschenkten Stunde zu durchschauen, allmählich wieder ein.

Das endgültige Erwachen geschieht sehr behutsam: In die Bewußtlosigkeit des Schlafs dringt aus der Tiefe des Schiffs ein gedämpfter Trompetengesang. Nach einer Weile erhebt sich dasselbe Lied in halber Entfernung und ein bißchen deutlicher. Der junge Mann kann nicht umhin, zu blinzeln und den Gedankenapparat versuchsweise spielen zu lassen. Schließlich schmettert die Trompete in voller Pracht den Gang entlang, an dem seine Kabine liegt. Da schlägt er die Augen auf, gähnt und läßt den Gähnton diskret in die morgendliche Melodie einmünden. Heute fordert der Trompeter auf, sich des Lebens zu freuen, solange das Lämpchen noch glühe, gestern war es Ännchen von Tharau, die ihm gefiel, und vorgestern, als die grobe Dünung das Schiff hin und her warf, versicherte er scheinheilig, die See ruhe still und die Vöglein schliefen.

Sei dem, wie ihm wolle, der junge Mann geht daran, sich des Lebens zu freuen, er klemmt den Spiegel seines Reisebestecks mit der rückwärtigen Stütze in die schöngeschwungene Matratzenfederung des obern Bettes, das Gott sei Dank leer ist, knipst das kleine Sofittenlicht über seinem Kopfkissen an und rasiert sich. So etwas gibt es auch nur auf See, daß man sich, längelang im Bett liegend, von seinen Stoppeln befreien kann. Der junge Mann hat überdies das ihm sonst so verhaßte Rasieren zu einer be-

sonderen Unterhaltung, zu einer Maskerade, zu einem vollständigen Vergnügen verfeinert. Backen, Hals und Kinn werden ohne weiteres abgeschabt, aber der Schatten unter der Nase muß sich jeden Morgen, ehe er gänzlich vertilgt wird, noch ein dreifaches Allotria gefallen lassen. Man hat ja keine Sorgen, man hat ja so viel Zeit, man befindet sich ja in einer so bequemen waagerechten Lage, warum soll man da nicht seinen Bart erst einmal à la Adolphe Menjou gestalten, eine etwas altmodische Verführerkurve an der Oberlippe entlang und noch ein bißchen über die Mundwinkel hinaus? Und dann ergibt es sich von selbst, daß man das Gebilde, nachdem man sich eine Weile darüber gewundert hat, verkleinert und verniedlicht, daß man es wie ein dünnes Komma rechts und links von der Nase sein läßt, mit einem Wort, daß man es in ein Fairbanks-Schnurrbärtchen verwandelt. Der junge Mann überlegt einen Augenblick allen Ernstes, ob er diese Tracht nicht überhaupt beibehalten soll, entschließt sich aber am Ende doch, mit dem Rasierapparat zwei senkrechte Striche nach unten zu vollführen und aus dem Fairbanks einen Chaplin zu machen. Aber diese Verzierung der Oberlippe steht ihm so abscheulich, daß er das Ganze geschwind wegnimmt und aus dem Bett hüpft.
Da klopft auch schon der Badesteward an die Tür: Do you like to take a bath, Sir?
Sure! ruft der junge Mann.
All right, Sir! brummt der Steward.
Wenn er übrigens eben einen Deutschen auf englisch angeredet hat, so wendet er sich gleich darauf mit deutschen Worten an einen Amerikaner. Auf einem Schiff kommt es nicht so genau darauf an.
Unterdessen hat der junge Mann in der mit kristallklarem, grünem Seewasser gefüllten Badewanne Platz genommen und horcht durch die offenen Ventilationsklappen der Tür nach unten. Um diese Zeit pflegt nämlich die

über alles Begreifen dicke polnische Baronin in den Salon zu watscheln, der ein Deck tiefer liegt, auf dem Flügel zu spielen und sehnsüchtige Melodien aus ihrem allmächtigen Busen herausquellen zu lassen. Das ist nun wieder so recht etwas für den jungen Mann, so im heißen Badewasser zu liegen, beinahe betäubt von Dampf und Salz, die Hände langsam zu bewegen wie Fischflossen und eingehüllt zu sein in ferne, fremdartige Klänge. Du liebe Zeit, wie wird es ihm bei so viel Lässigkeit und Dekadenz in Amerika ergehen, wo alle Leute eiserne Ellbogen und erstklassige Gebisse haben sollen! Aber er hat nun einmal diesen unverbindlichen Charakter, sogar in seinem Horoskop ist schwarz auf weiß die Rede davon. Gott bessere ihn, er selbst kann es nicht.

Nicht einmal das Frühstück nimmt er mit dem nötigen Ernst zu sich. Anstatt es dem Kapitän gleichzutun, an dessen Tisch zu sitzen er die Ehre hat, anstatt sich mit amerikanischem Speck oder geräuchertem westfälischem Schinken eine anständige Grundlage für den Tag zu schaffen, veranstaltet er ein privates Rätselraten. Er knickt die Karte, auf der links die deutschen und rechts die englischen Bestimmungen für die vorhandenen Leckerbissen stehen, in der Mitte um, so daß er lediglich die englische Seite vor Augen hat. Abgesehen von so alltäglichen Worten wie Rumpsteak, Quaker Oats und Bananas versteht er keine Silbe. Aber das macht ihm gerade Spaß. Er malt sich zum Beispiel aus, was seiner Meinung nach wohl Oatmeal Gruel sein könnte, und macht nachher – zu seiner eigenen geheimen Schadenfreude – ein langes Gesicht, wenn der Steward ihm ganz ordinären Haferschleim bringt. Nicht viel besser ergeht es ihm mit einem Clam Cocktail, der keineswegs etwas Trinkbares, wie er billigerweise glaubt erwarten zu dürfen, sondern ein unsympathisches, eisgekühltes Muschelgericht ist. Dafür wird er aber von den Wheat Griddle Cakes aufs angenehmste

enttäuscht, die sich als delikate, mit etwas Butter und Ahornsirup zu genießende Pfannkuchen erweisen. Und so geht es fort. Jeden Morgen gibt es neue Überraschungen, jeden Morgen wird, wie der Bauch mit kulinarischen, so das Gehirn mit sprachlichen Schätzen harmonisch angereichert. Um freilich die ganze Frühstückskarte praktisch durchstudieren zu können, müßte er an die hundert Tage unterwegs sein. Heute lernt er immerhin, daß Home made Sausage frische Bratwurst und Creamed Salted Codfish gesalzener Kabeljau in Rahm bedeutet.
Nach dem Frühstück reiht sich eine Beschäftigung an die andre. Zuerst spielt er eine Stunde mit der entzückenden Französin, die in Cherbourg an Bord kam, Ringtennis. Das Sonnendeck ist um diese Stunde noch menschenleer, da spielen die beiden eben Tennis, manchmal ruhen sie sich auch aus und so weiter. Sie sind noch ziemlich jung. Wir wollen nicht so genau hingucken.
Dann wird im Turnsaal eine halbe Stunde gerudert. Wenn aber der Gatte der Französin hereinkommt und sich, dick und charmant, wie er ist, auf das mechanische Pferd setzt, dann bringt der junge Mann es doch nicht über sich, nur mit ihm zu plaudern, sondern er stellt sich neben ihn und schaltet das Pferd unversehens vom Zockeltrab auf den schärfsten Galopp. Wenn der Pariser dann herunterpurzelt, macht der junge Mann das unschuldigste Gesicht von der Welt. Warum ist er auch der Gatte von diesem bezaubernden Geschöpf! Falls er sich weh getan hat, kann er sich ja in den geheimnisvollen Sessel legen, der einem mit etlichen Punktrollern so zärtlich den Rücken massiert, daß man glaubt, es seien die lieben Engelein. Übrigens muß der junge Mann nun weiter: Good luck for ever!
Er steigt die Treppe hinab und legt sich auf dem Promenadendeck in seinen Bordstuhl, denn nun naht die Zeit, wo die Stewards, fahrbare Tischchen vor sich herschiebend,

jedem, der nur mit dem kleinen Finger winkt, Fleischbrühe und Sandwiches mit Kaviar, Lachs und Gott weiß welchen Herrlichkeiten reichen. Ein Stuhl steht neben dem andern, die Herrschaften liegen da, lesen, essen, schlürfen Bouillon, handarbeiten, schlafen und erzählen sich etwas. Hm... erzählen... Der junge Mann nennt es geradezu klatschen. Aber er gehört nicht zu denen, die über allen Klatsch erhaben sind. Im Gegenteil, er horcht, indem er vorgibt zu schlafen, mit großem Vergnügen nach rechts hin und nach links und erfährt, wie es in der Welt zugeht. In der Welt im allgemeinen und auf der ›Dresden‹ im besonderen.

... Und was meinen Sie, Frau Doktor, da wurde sie mit einem Male so seekrank, daß er sie in ihre Kabine tragen mußte.

Dieser Bengel?

Dieser Bengel mit den Pluderhosen!

Na und da?

Und da war sie so schwach, daß sie sich nicht allein entkleiden konnte... will ich mal sagen.

Wieso?

Aber Frau Doktor, ich habe doch die Kabine von nebenan, ich kann doch jedes Wort verstehen!

Und wie lange blieb er bei ihr? Ich taxierte ihn auf höchstens sechzehn Jahre.

Wenn er das nur ist! Eine Stunde mindestens. Dann fühlte sie sich wieder besser. Wenigstens lachte und flüsterte sie wieder wie in ihren besten Tagen.

Eine raffinierte Person! Und wie treiben sie es jetzt?

Es geht ihr jetzt ganz leidlich. Aber manchmal, Frau Doktor, manchmal wird sie doch noch von Anfällen heimgesucht. Besonders abends nach dem Tanzen.

Und der Bengel muß dann immer...

Pst, da sind sie ja!

Wo? Wo?

Nun gucken Sie bloß einmal an, wie der Bengel die Füße setzt!
Pst!
Und was sagt der Obersteward dazu?
Man hat ihn schon das Nötige zu verstehen gegeben, glaube ich, aber schließlich... bei solchen Personen... man kann sie doch nicht Tag und Nacht beaufsichtigen, Frau Doktor.
Ich würde den Bengel ohne weiteres einsperren.
T... ja Sie, Frau Doktor!
Dann erscheint die Musik, stellt sich im Kreise auf und übertönt die Zungen mit dem Waldweben und dem ›Tannhäuser‹-Vorspiel. Aber für den jungen Mann hat nur der lustige Bursche, der das Bombardon bläst, Interesse, und all die wunderbare Kunst bedeutet nichts für ihn. Die andern blasen und trommeln recht und schlecht vor sich hin, sie werden dafür bezahlt, das Weitere ist ihnen gleich. Aber dieser Bombardonist, der oben auf dem Kopf keine Haare mehr hat und dafür einen Kneifer auf der Nasenspitze balanciert, ist mit seiner ganzen Person bei der Sache, mit den zuckenden Schultern, dem wackelnden Bauch, den blinzelnden Augen und den unbeholfen wippenden Knien. Obwohl er jeden Morgen, den Gott werden läßt, auf dem Tutedings bläst, jeden Nachmittag die Baßgeige streicht und zuweilen auch des Abends noch einmal heran muß, ermattet er nicht im Dienst seiner Kunst, er lacht und zieht die Stirn kraus, er liest die Noten ab, er hält den Kopf schief vor Mitgefühl, wenn die Melodie weich wird. Ein Gesegneter, ein Berufener für Baß und Bombardon. Der junge Mann hält ihn für die sehenswerteste Persönlichkeit auf dem Schiff, die entzückende Französin ausgenommen, versteht sich.
Nun dauert es nicht mehr lange, da triumphiert ein Trompetensignal über die Decks: Zwölf Uhr! Bitte machen Sie sich fertig zum Lunch! Täterätä! – Gut, man macht sich

fertig. Beim Lunch läßt der junge Mann das englische Rätselraten lieber sein. Es stehen gar zu delikate Dinge auf dem Spiel, und er würde sich's nie verzeihen können, zum Beispiel heute dem geflüsterten Wink des guten Oberstewards: Geflügelauflauf Périgourdine! nicht die nötige Beachtung geschenkt zu haben. Man soll sich nicht mutwillig zum Märtyrer machen. Unter Umständen hätte er Larded Noix of Veal geraten und dann gespickte Kalbsnuß bekommen, die er um die Welt nicht in seinem Magen haben möchte. Und gefrorener Auflauf Trianon dürfte auch etwas Wohlschmeckenderes darstellen als Preserved Plums, was bei Licht besehen nur Pflaumenkompott ist.

Nach dem Essen gibt es nichts Schöneres, als auf dem Sonnendeck zu liegen, mit geschlossenen Augen die amerikanischen Erzählungen seines Nachbars über sich ergehen zu lassen, zuweilen, mag es nun passen oder nicht, yes, zuweilen no, zuweilen surely zu flüstern und, das Rauschen der Bugwelle dunkel im Ohr, allmählich, ob man will oder nicht, einzudämmern.

Leider gehört der junge Mann zu denen, die ein Mittagsschlaf, zumal ein ungewohnter, nicht erquickt, sondern nur müde und melancholisch macht. Er verspürt also, wie die Salonmusik, die gegen vier Uhr aus der Halle heraufsummt, ihn weckt, nicht die mindeste Lust, hinunterzugehen und mit irgendwelchen Leuten Tee zu trinken und kleine Kuchen zu essen. Er schleicht sich lieber in seine Kabine, läßt die Tür ein wenig offen und legt sich, nachdem er den Vorhang vor das runde Fensterchen gezogen hat, seufzend auf das Sofa. Die Musik spielt unten den Walzer aus dem ›Rosenkavalier‹. Man hört die Melodie nur gedämpft im Treppenhaus heraufschwingen. Aber der junge Mann findet, so sei es gerade richtig, er legt, wie schon einmal angedeutet, keinen Wert auf Kunst, er will nur eingelullt werden, er will nur einen sanften Strom haben, auf dem seine belanglosen und wehmütigen Gedanken dahingleiten können. Vielleicht sollte man statt »belanglose und wehmütige Gedanken« ganz einfach Heimweh sagen, obwohl der junge Mann, erkundigte man sich bei ihm, das nicht ohne weiteres zugeben würde. Kurz und gut, er hat die Arme unterm Kopf und denkt an Worpswede, an dies in Stille und Einsamkeit, in Föhren, Birken und Eichen versunkene Dorf, aus dem er kommt. Er denkt an den letzten Abend, der so unsagbar ruhend und voller Frieden war. Eine Birke stand da neben einem Acker, die fast ihr ganzes Laub verloren hatte. An die hundert Blätter hingen noch in dem feinen Netz der Zweige, hundert goldene Blätter, die ganz leise im Licht des Abends zitterten. Er glaubt nicht, daß es irgendwo in der Welt noch einen zweiten Baum von solcher Zartheit und goldenen Anmut gibt. Nachher glühte in der Schmiede noch einmal das Feuer auf, ringsumher herrschte Dunkelheit, und das kleine Haus quoll aus Tür und Fenster, aus Spalten und Ritzen förmlich über von Glut und rotem Dampf, und der Schmiedehammer läutete ununterbrochen. An einer andern Stelle begegnet er einer Scheune in der Nacht. Das Liedchen, das die Magd drinnen sang, kam atmend und warm aus dem offenen Tor heraus, die Ketten, mit denen das Vieh angebunden war, klirrten, das Heu rauschte, ein rötliches Licht ging hin und her. Und dann wurde es immer dunkler und immer stiller. Die Luft, die warm zwischen den Häusern und Bäumen stand, roch nach Torfrauch und Heu. Das Dorf schlief, der Weyerberg, dieser weiche Hügel in der Moorebene, schlief, die Sternbilder wanderten langsam darüber hin. Im Grunde war es nichts Besonderes, aber der junge Mann erinnert sich jetzt gerade daran. Unten singt das Cello ein Ave Maria, von Zeit zu Zeit klatscht ein Brecher dumpf gegen die Schiffswand und fällt rauschend zurück. Der Wind saust gleichmäßig tief durch die Re-

ling. Allmählich gehen die Erinnerungen des jungen Mannes in Träumen, gehen die Gedanken in Wellen der Bewußtlosigkeit unter, er schläft noch einmal ein.
Wie er aufwacht, will die Dämmerung hereinbrechen. Merkwürdig, denkt er, was für eine Menge Schlaf man braucht, wenn man zur See fährt! O la la, sechs Uhr. Da hat er aber etwas versäumt. Sonst genoß er um diese Zeit immer, in einer Ecke des Rauchsalons verborgen, die Unterhaltung, die sich zwischen einem dicken Herrn aus Wien und einem leichenblassen Individuum unbekannter Herkunft abspielte. Zwar gab das Individuum vor, Besitzer einer Hazienda bei Paranaguá zu sein, zwar war es sehr beschlagen in allen Kniffen des Bananen- und Kaffeehandels, der Sprache und Arbeitsverhältnisse, der Lebensbedingungen und des Transportwesens in dieser Gegend, aber es stand auch fest, daß es schwindelte und, was das Fatalste war, daß es heute nicht mehr wußte, was es gestern geschwindelt hatte. Wenn es gestern mit übereinandergeschlagenen Beinen erklärt hatte, es habe den Hurrikan, der 1926 über das Karibische Meer zog, auf einem Fünftausend-Tonnen-Dampfer ohne das leiseste Schwindelgefühl überstanden, so preßte es heute zuerst von allen die Augen zu und beugte sich über die Reling. War seine Kaffeeplantage gestern von einem Erdbeben zerstört, so konnte es heute kummervollen Angesichts von der Flutwelle berichten, die sein Besitztum dem Erdboden gleichgemacht habe. Darüber pflegte sich der dicke Herr aus Wien, der über ein besseres Gedächtnis verfügte, unmäßig aufzuregen. Der junge Mann mußte allerdings sagen, daß der Wiener diese Aufregung geradezu suchte. Denn das Individuum, dessen Bleichheit übrigens von einer unheilbaren Blutkrankheit, Ankylo Stomiasis oder ähnlich genannt, wie man sie sich, verdammt noch einmal, in den Tropen holen kann, herrührte, das Individuum saß zunächst ganz ruhig da und rechnete, von Zeit zu Zeit seine

altmodische Brille auf die Stirn schiebend und gleich darauf wieder vor die Augen senkend, auf einem kleinen Zettel seine Kalkulationen durch. Dann kam der Dicke schwitzend zur Tür herein, ging auf das armselige Individuum zu und sagte, indem er sein Gesicht mit dem Taschentuch abtrocknete, ohne weiteres: Sie, hören Sie, Herr, ich mechte mich dofier interessürn, was Sie mir heut wieder werden vorschwindeln. Meist fügte er dann noch hinzu, daß er nicht vor lauter Anstrengung, sondern vor Schwäche schwitze, was ein Leiden sei, dessentwegen er schon viele Ärzte, unter anderen sogar den berühmten Hofrat Soundso in Wien, konsultiert habe. Aber das Individuum ging darauf weiter nicht ein, sondern legte nur den Zettel vor den Dicken hin, der sich ächzend in einen Sessel fallen ließ, und bemerkte in äußerlicher Ruhe, hier habe er es schwarz auf weiß, nämlich, daß er bei hundert Morgen Bananenkultur und zehn Arbeitern an die dreihundert Dollar machen könne. Worauf der Wiener wegwerfend antwortete: Ah geh! Also des ist eben geschwindelt, dreihundert Dollar im Monat, das konn i net glaubn!

Im Monat? In der Woche!

In der Wochen, sagens? Ja was denn? Dreihundert Dollar in der Wochen... Jessas, da müssen's sich wen andern aussuchen!

Wieso? Hier haben Sie es schwarz auf weiß!

Leicht ist alles Schwindel!

Aber Sie verstehen ja nichts von der Sache!

Also bin jetzt ich endlich einmal der Narr dahier oder Sie?

Und dann gerieten sie hart aneinander.

Und der junge Mann saß hinter seiner Zeitung versteckt und hatte auf seine Art seine Freude daran. Dies war gewissermaßen spannender und lebensvoller als irgendein Dialog auf der Bühne. Man konnte auch darüber nachdenken, wie es wohl im Inneren dieses bleichen und mageren Menschen aussehen müsse. War er ein Verlorener, der sich noch nicht ergeben wollte, ein Sterbender, der noch zappelte, ein zu Boden Geschlagener, der sich wieder Mut machte, oder was sonst? Und der Wiener? Ach, der Wiener trieb einfach so etwas wie Leichenfledderei, ein Schlachtergeselle mit einem goldenen Elefantengemüt.

Aber der Höhepunkt trat jedesmal dann ein, wenn sich das Individuum wieder zu der Behauptung verstieg, auf der Ilha do Mel vor Paranaguá, drei Stunden Bootsfahrt von seiner Hazienda entfernt, wüchsen Heidelbeeren, deren Gesträuch zwei Meter hoch sei, Heidelbeeren, die ein paarmal im Jahr blühten und Früchte brächten, drei-, viermal. Damit sei noch etwas zu machen, wie gesagt, ein wunderbarer Ausfuhrartikel. Dann pflegte der Dicke aufzustehen und sich nur verächtlich den Schweiß abzuwischen, während das Individuum mit zusammengekniffenen, blutleeren Lippen ausrechnete, wieviel Dollar man mit dem Export dieser Heidelbeeren wöchentlich einstreichen könne. Wenn der Dicke die Tür zufallen ließ, blickte das Individuum schnell auf und rief hinter ihm her: Warten Sie bis morgen! Morgen sollen Sie etwas Neues von mir hören, daß Ihnen der Verstand stehenbleibt! – Schön! Morgen würden die beiden sich weiter unterhalten und katzbalgen. Ausgezeichnet!

Aber morgen... das ist heute. Und nun hat der junge Mann es verschlafen. Schade! Morgen soll es ihm aber nicht wieder passieren. Und was kann man jetzt unternehmen? Er verfällt darauf, ein bißchen in die dritte Klasse hinunterzugehen. Da gibt es einen Aufenthaltsraum unter Deck, der, obwohl er nicht eben behaglich ist, von den Auswanderern mit Vorliebe zu allerlei Spiel und Unterhaltung benutzt wird.

Eigentlich hat er dort nichts verloren, und die Schiffsleitung sieht es auch nicht gern, wenn die Kajütenfahrgäste sich zur dritten Klasse herablassen. Es gibt nur Unzuträglichkeiten. Aber er weiß da einen Durchgang, der es ihm ermöglicht, unbemerkt mit ein paar Schritten in diesen bewegtesten und buntesten Raum des ganzen Schiffs zu gelangen.

In der Mitte erhebt sich, etwa einen halben Meter hoch, die verschalkte Luke, auf der junge Frauen, Matrosen, Mädchen, Burschen, Stewards und Kinder in buntem Durcheinander hocken. Sie könnten ebensogut in dem netten Salon sitzen, der ihnen zur Verfügung steht, aber sie fühlen sich hier nun einmal wohler und freier. Ein Mann durchdröhnt den halbdunklen Raum mit den schleppenden Akkorden seiner Ziehharmonika. Die eine und die andere Frau summt die hoffnungslose Melodie leise mit. Abseits in einer Ecke stehen einige Liegestühle, auf denen sich's Bäuerinnen mit bunten Kopftüchern bequem gemacht haben, alte und junge, kranke und muntere, teilnahmslos hindämmernde und dreist umherblikkende. Auf dem letzten Stuhl in der Reihe, unter dem Aufgang zum C-Deck, liegt ein slawisches Mädchen mit einem blassen Nonnengesicht. Sie scheint ziemlich seekrank zu sein, ihre Augen sind geschlossen, ihr Mund steht vor Erschöpfung ein wenig offen, ihr hellblaues Kopftuch ist verrutscht und läßt das blonde Haar über ihre Stirn, Augen und Backen fallen. Der junge Mann hat sie schon öfter gesehen und so etwas wie eine barmherzige Zuneigung zu ihr gefaßt. Auch heute abend spürt er, wie sie da so unschuldig und hilflos unter all dem rauhen Volk ruht, eine schmerzliche Beklemmung in seiner Brust. Er setzt sich auf die Luke und starrt sie an. Sie mag siebzehn oder achtzehn Jahre sein. Rings um ihn herum schwatzt es, lacht es und tanzt es. Die Ziehharmonika spielt nun eine flotte Mazurka. Wer irgend dazu imstande ist, tanzt mit, teils auf der Luke, teils an den Wänden entlang.

Da schlendert aus der Ecke neben der Küche, wo einige Burschen und Matrosen mit donnerartigen Schlägen und schadenfrohem Gebrüll Schinkenklopfen spielen, ein gräßlicher Kerl herbei. Er hat eine Melone im Nacken, seine Zähne sind teils schwarz, teils golden, an den Füßen trägt er lächerliche Knopfstiefel, alles in allem ist er das, was man früher einen konfiszierten Kerl nannte. Er geht wahrhaftig zu dem blassen Mädchen hin, setzt sich auf ihren Stuhl und holt sich ihre Hände heran. Sie blinzelt schlaftrunken, schlägt aber dann, wie sie erkennt, wer bei ihr ist, zärtlich und liebevoll die Augen auf und hebt, soweit sie in ihrer Schwäche überhaupt dazu imstande ist, ihr Gesicht bewundernd zu ihm empor. Der junge Mann muß zu seinem Schrecken erkennen, daß sie dem abscheulichen Kerl mit Leib und Seele verfallen ist, ihre Backen röten sich, ihre Augen strahlen, sie ist vollständig verwandelt. Soll man es glauben: Da sind so viele nette und verwegene Jungen in der dritten Klasse, und gerade diesem grinsenden Halunken muß sie sich ergeben. Der Satan mag wissen, denkt der junge Mann, wie es den beiden in Amerika ergehen soll! Den beiden? Ihr! Ihm wird es schon gut gehen. Aber ihr? Er will sich's lieber nicht ausmalen. Ach, ja, ja!

Wieder einmal schmettert das Trompetensignal durchs Schiff, das alle Welt ermahnt, sich zum Dinner fertig zu machen. Es hilft nichts, der junge Mann ist gehalten, sich wieder in die vornehmeren, aber auch entsprechend langweiligeren Regionen des Schiffes zu begeben, sich zu rasieren und den Smoking anzuziehen.

Heute abend erscheint sogar sein Tischnachbar, der polnische Baron, einmal zum Essen. Gewöhnlich liegt er in seiner Koje und ist seekrank. Im übrigen hat seine Anwesenheit für den jungen Mann wenig zu bedeuten, denn er betreibt die Unterhaltung lediglich auf polnisch und ist der Ansicht, es genüge zum Verständnis des Ganzen, wenn er zum Schluß anhängt: Newahr? Was? Hehe! Zur Strafe antwortet ihm der junge Mann höflich und zurückhaltend, in einer Sprache, die er sich selbst ausgedacht hat, und schaltet auch seinerseits an geeigneten Stellen ein Newahr? Was? Hehe! ein. Der Baron nimmt das denn auch, sich vorsichtig mit den Fingerspitzen die wunden Stellen seines rasierten Kinns betupfend, mit verständnisvollem Kopfnicken auf. Seine Gattin aber, eben jene singende Künstlerin, die dem jungen Mann das Morgenbad verschönt, runzelt mißtrauisch ihre Stirn. Natürlich macht es dem jungen Mann nun erst recht Spaß, dem Baron möglichst fließend und liebenswürdig etwa folgendes zu unterbreiten: Lagon kabacho simalta waso wasa. Ibello munagge, ibello carunga, ibello ghun! Batago? Agra no cagollampagnia, newahr? Was? Hehe! Worauf der Baron etwas Polnisches sagt und der junge Mann abermals in seiner individuellen Sprache antwortet. Er ist so eifrig bei der Sache, daß er diesmal weder, was seine Beköstigung betrifft, an das englische Rätselraten denken noch den Einflüsterungen des Oberstewards Gehör schenken kann. Er verlangt kurz und gut den mitten auf die Speisekarte gedruckten »Vorschlag« und nimmt also zuerst einige Artischockenherzen in Öl zu sich, danach Rahmsuppe Dolgoruki, alsdann portugiesischen Lammrücken, ferner Perlküken mit Brotsoße, dazu Lattichsalat und russische Marinade, außerdem etwas Stangenspargel in holländischer Soße und schließlich Pralinengefrorenes nebst Nüssen und Rosinen. Das alles miteinander heitert ihn, wie man verstehen wird, wieder einigermaßen auf nach all der Melancholie des Nachmittags. Guten Abend, Frau Baronin! Guten Abend, Herr Baron! Kelonte desdoni, kelonte bum!

Er schenkt dem Klingeljungen an der Tür eine Mark und beschließt, den Rest des Abends so vergnügt wie möglich zu verbringen. Aber wo? Vielleicht in der Touristenklasse? Ganz recht, in der Touristenklasse! Aber natürlich! Wo sonst? Er hat ein paar Bekannte dort, zwei Studenten, einen Segelflieger und einen Maler. Und überhaupt, er findet die Geselligkeit, wenn er einmal die Wahrheit sagen darf, in der Touristenklasse am behaglichsten und nettesten. Womöglich gibt es heute abend wieder so ein kleines Fest, so ein wenig Übermut, so ein wenig Bohème um das Klavier herum. Dergleichen hat ihm gerade noch gefehlt, er fühlte es ganz gut. Schon hüpft er, die Hände in den Hosentaschen, über das Promenadendeck nach hinten, da fällt ihm ein, daß es am allernettesten wäre, wenn die entzückende Französin sich bereitfinden ließe mitzumachen. Und er nimmt die Hände wieder aus den Taschen, knöpft im Gehen den Smoking zu, holt tief Atem und öffnet dann vorsichtig die Tür zum Gesellschaftssalon.

Der Lotse

Wie der junge Mann am Abend des neunten Tages nach dem Dinner die Treppe hinaufgeht, ruft ihm ein Klingeljunge, der ihm entgegenkommt, im Vorbeihüpfen zu, Halifax sei in Sicht.
Ist nicht möglich! Ich dachte, erst gegen Mitternacht!
Er tritt auf das Bootsdeck hinaus. Wahrhaftig, da sind Lichter, da sind schwarze Hügel rechts und links, da ist Amerika, da ist Nova Scotia. Die ›Dresden‹ ist auf der anderen Seite des Ozeans angelangt, und er hat es nicht gemerkt. Im Vordergrund ragt eine Insel, wohl ein Fort, aus dem Wasser auf. Das Schiff macht kaum noch Fahrt. Die See ist spiegelglatt und schwarz mit weißen Tupfen, die bald zu großen Klecksen zusammenschwanken, bald in Perlenhaufen auseinandertropfen. Überall stehen Feuer und haben ihre geheimnisvolle Bedeutung, rote und grü-

ne, scheinwerferartig kreisende und fächerförmig sich entfaltende, lautlos verlöschende und lautlos wieder aufstrahlende. An einer Stelle, etwa in der Richtung, in der das Schiff sich bewegt, liegt ein durcheinanderglitzernder Lichterhaufen. Das muß die Stadt sein. Gleich hinter dem Fort wird nun eine leicht gebogene Reihe von hellen Punkten sichtbar: ein Personendampfer, der dort vor Anker gegangen ist. Der Himmel hat sich in einen leichten Dunst gehüllt, um den Vollmond herum flimmern zwei trübe Kreise, ein blauer und ein violetter.
Alles ist so still und unbekannt. Der junge Mann weiß selbst nicht warum, aber er fühlt sich so jung, so unternehmungslustig. Nordamerika, Halifax, Nova Scotia, wunderbare und abenteuerliche Namen. Es riecht hier auch so amerikanisch. Und vor lauter Jugend spaziert er ununterbrochen um das Bootsdeck herum. Die Davits schimmern schneeweiß, ganz leise bewegen sich die Mastspitzen und die Antennen da oben in der Nachtluft hin und her, über der Brücke hängt die rote Quarantänelaterne, hinter den hellen Fenstern der Radiostation hört man noch das Ticken und Summen der Apparate, aus den Schornsteinen ertönt ein verhaltenes Dröhnen, zuweilen donnert ein Gerumpel durch den Bauch des Schiffes, ein Wasserguß klatscht in die See. Das ist alles.
Da wird an Steuerbordseite eine Sonne über Bord gehängt und ein Fallreep hinabgelassen. Und da merkt der junge Mann auch, wie das rötliche Licht, das er schon eine Zeitlang auf dem Wasser hat schaukeln sehen, schnell herantreibt. Nach ein paar Minuten erkennt er, daß es sich um ein Ruderboot handelt, an dessen Bug ein Stock mit einer Stallaterne aufgestellt ist. Drei Männer sitzen darin, einer rudert, einer spielt auf seiner Mundharmonika, und einer steht, angetan mit einem dicken Mantel, aufrecht in der Mitte. Das Boot treibt mit der Strömung am Schiff entlang, der Mann im Mantel packt im geeigneten Au-

genblick das Fallreep und klettert hinauf, es ist der Hafenlotse. Unterdessen schaukelt das Boot weiter, es ist schon halb in der Dunkelheit verschwunden, nur das Licht blinzelt noch herüber, und dann und wann dringen ein wenig Harmonikaspiel und rauher Gesang durch die Nacht. Gleich darauf rasselt der Anker der ›Dresden‹ in die Tiefe.

Nachdem der junge Mann noch eine Weile auf dem Bootsdeck hin und her spaziert ist, erinnert er sich daran, daß heute abend in der Halle ein Galakonzert sein wird. Da hier oben nun doch nichts mehr los zu sein scheint, sieht er nicht ein, warum er nicht hinuntergehen und an dem Galaabend teilnehmen soll.

In der Halle hat sich die Welt schon versammelt: das Individuum, der dicke Herr aus Wien, der Bengel, der jetzt keine Pluderhosen, sondern einen blauen Anzug trägt, sein Liebchen, alle Damen, die überhaupt in Frage kommen, einschließlich der Kindermädchen, die amerikanische Kolonie, überdies eine Gruppe von jungen Leuten, deren Unterhaltung vorwiegend aus Gelächter besteht, auch die entzückende Französin, leider allerdings in Begleitung ihres Herrn Gemahls. Der junge Mann verkriecht sich in eine Ecke und harrte der Dinge, die da kommen sollen. Man hat die Tische entfernt und die Stühle in Reihen angeordnet. Es sieht sehr feierlich aus. Und der gute Obersteward lehnt an der Säule neben dem Flügel und überblickt das Ganze voller Triumph: Gala, sein Werk!

Die Künstlerschaft setzt sich zusammen aus dem Schiffsorchester, besonders aus dem Baßgeiger, der heute abend seinen Kneifer noch mit einer schwarzen Halteschnur versehen hat, damit auch alles gut geht, ferner aus der polnischen Baronin, deren Harmonien der junge Mann bislang nur von weitem gehört hat, und schließlich – gleiche Seelen finden sich – aus einer bayerischen Dame, die, was

Gewicht, Busen und Doppelkinn anlangt, der Baronin um kein Kilo nachsteht. Ihre künstlerische Aufgabe ist es offenbar, auf dem Flügel zu trällern.
Das Orchester spielt, einem internationalen Brauch folgend, erst einmal die Ouvertüre von ›Si j'étais roi‹. Der Kneifer fällt nicht ein einziges Mal herab. Nun tritt die Baronin, behangen mit grüner Seide und weißen Perlen, vor, stützt sich, während die Bayerin präludiert, mit dem linken Ellbogen auf den Flügel und neigt das Kinn eine Weile auf ihre ausgestreckten Fingerspitzen. Dann richtet sie sich majestätisch auf und blickt gedankenvoll in die Ferne. Es will den jungen Mann bedünken, ihr Busen sei heute noch etwas vollständiger als sonst. Aber das kommt nur daher, weil sie ihn ganz voll Luft gesogen hat, um jedermann mit ihrem Fortissimoeinsatz zu erschüttern. Und dies Fortissimo steigert sich im Nu zu etwas, wofür es keine Bezeichnung mehr gibt. Wie nennt man es, wenn die Scheiben der Bücherschränke anfangen zu klirren? Der junge Mann weiß es nicht. Aber die Amerikaner sind überwältigt von dieser Kunst und beklatschen schon die erste Strophe. Das Lied heißt übrigens: ›Still wie die Nacht‹. Dann folgt etwas anderes. Es ist ein richtiges Konzert mit seidenen Kleidern und einem goldbedruckten Programm. Ein Kunstwerk löst das andere ab.
Gerade umwogt das Klavier, gefolgt von dem Cello, die Baronin, die eine Meditation von Bach-Gounod unsagbar zart aus ihren gerundeten Lippen herauswehen läßt, mit Wohlklang und Weinen, da sieht der junge Mann, daß der Lotse den Gang, der vom Rauchsalon längs durch das Schiff zur Halle führt, entlangkommt. An den Kajütentüren rechts und links stehen die Stewards und haben an dem Galaabend teil, ganz dahinten ist die kleine, rot und weiß geringelte Stange mit der goldenen Kugel sichtbar, die anzeigt, daß hier der Friseur wohnt. Der Lotse steuert, mit einer Zigarre im Munde, bedächtig an allem vorbei,

seinen Mantel hat er auf der Brücke gelassen, er ahnt noch nichts, aber als er hört, daß in der Halle Musik und Gesang ist, zieht er die Augenbrauen hoch, nimmt die Zigarre in die Hand und bleibt stehen. Der Obersteward hat ihn jedoch schon entdeckt und versucht, ihn unauffällig heranzuwinken. Er schleicht denn auch, der kräftige Mann, auf den Zehenspitzen in die Halle und wird vom Obersteward, der ihm, gleichfalls auf den Zehenspitzen, ein paar Schritte entgegengeht, in einen Sessel ganz vorn neben dem Flügel genötigt.

Da sitzt er nun und ist furchtbar verlegen, weil er merkt, daß alle ihn ansehen. Mit einmal fällt ihm ein, daß er außerdem noch seine Schiffermütze aufhat. Er bückt seinen Kopf tief hinunter, fast bis zwischen die Knie. Wie er ihn wieder hochhebt, ist die Mütze verschwunden. Nun fühlt er sich schon etwas behaglicher. Bloody Christ, das ist noch einmal gut gegangen! Sein schwarzes, strubbeliges Haar fällt ihm dick in die Stirn, seine Augen sind zusammengekniffen und verwittert, aber sein braunes Gesicht sieht treu und freundlich aus.

Er sitzt also da und hört zu. Die Sängerin gibt gerade ›The Rosary‹ zum besten. Obwohl er von gesanglicher Kunst sicher nicht viel mehr versteht als der junge Mann, ist er tief bewegt. Im ersten Augenblick, als der Obersteward ihn in diesen Sessel bugsierte, hatte er sein Mißgeschick wohl verflucht, hatte er wohl gedacht, warum er, zum Satan auch, nicht lieber in den Rauchsalon gegangen sei und ein Glas Bier getrunken habe. Aber nun überkommt ihn die Weihe dieses Saales, die Würde des Gesanges, er dient der Kunst. Deutsches Bier bedeutet gewiß etwas Schönes für ihn, aber anderseits wohnt auch die Sehnsucht nach etwas Höherem in seiner Brust. Er versteht nichts davon, mag sein, er ist kein Fachmann in Belcanto und Kadenzen, aber so viel kann er immerhin behaupten, daß ein gewisser Unterschied zwischen der Mundharmonikamusik, die sein Kamerad in dem Boot hat erschallen lassen, und dieser wunderbaren Darbietung besteht. Schon das Kleid, das die Dame anhat, zeugt von Erhabenheit. Und all diese Gentlemen im Smoking, die tiefe Stille, das feierliche Gesicht des Oberstewards, kein Zweifel, es handelt sich hier um große Dinge. Dergleichen hört er nicht oft. Alles in allem ist es einer von den bedeutsamen Augenblicken in seinem Leben. Sonst richtet er seine Gedanken auf Kajen, Wassertiefen, Feuer, Uhrzeiten, Strömungen, Schlepper, Dampfernamen, Whiskyflaschen, Fallreeps und ähnliches, heute erinnert er sich jedoch an verschiedene Stellen, die er früher einmal in Büchern gelesen, an einiges, was er in der Schule gelernt hat. Heute ist er ein besserer Mensch.

Aber wie er die Augen voller Andacht zur Decke erhebt, um nicht abgelenkt zu werden, fällt sein Blick auf ein Schild, das besagt, heute abend sei das Rauchen streng verboten. Und nun hat er diese dicke Zigarre in der Hand, er hat sogar von Zeit zu Zeit ein paar Züge daraus genommen und den Rauch so vornehm, wie es ihm möglich war, aus seinem Mundwinkel herausgehen lassen. Ein tiefer Schreck senkt sich auf ihn. Das Blut steigt ihm zu Kopf. Unwillkürlich verbirgt er die Zigarre zunächst einmal unter dem Sessel zwischen seinen Beinen und schielt vorsichtig nach dem Obersteward hin, was er wohl für ein Gesicht macht. Großer Gott im Himmel, er hat sich benommen wie ein Stoffel. Es ist schrecklich. Was soll er bloß anfangen? Der junge Mann lächelt teils in sich hinein, teils möchte er weinen, wie er Zeuge sein muß, was für einen tiefen Fall dieser braungebrannte Lotse eben aus den erhabenen Gefilden der Kunst bis hinab in die Niederung der Verbotstafeln getan hat, wie er beobachtet, was für eine verzagte und ratlose Stirn der in Wind und Wetter erprobte Mann mit einem Male hat. Und zu allem Unglück bröckelt jetzt auch noch die Asche von seiner Zigarre ab und fällt auf den Teppich. Und die Baronin, die gerade eine Pause in ihrem Gesang eintreten läßt, blickt mißbilligend herab und hüstelt, und der Obersteward wird auch aufmerksam, andere recken ihre Hälse, alles ist verloren. Eben dachte er noch, es sei einer von den hohen Augenblicken seines Lebens, und nun hockt er da und weiß nicht aus noch ein vor Erniedrigung. Der Himmel hat ihm die Erhebung nicht gegönnt. Niemand raucht, nur er. Alle sind manierlich und adrett, nur er benimmt sich wie ein... Das Beste ist, er schleicht sich davon.

Und langsam, ganz langsam schiebt er, während die Baronin die Sapphische Ode von Brahms dramatisch hervorstößt, seinen rechten Fuß vor, langsam hebt er sein Hinterteil vom Stuhl, und dann geht er mit vorgebeugtem Oberkörper und großen, immer schneller werdenden Schritten auf den Zehen hinaus. Der Obersteward kann nur den Kopf schütteln über so viel Unverständnis und Rücksichtslosigkeit.

Aber der junge Mann muß immerzu das Häufchen Asche betrachten, das da vor dem leeren Sessel auf dem Teppich liegt.

Adam und Eva in Halifax

Beim Aufwachen ist alles still, kein Maschinengeräusch, kein Glasen, kein Wind, kein Rauschen der Bugwelle. Der junge Mann sieht zum Kabinenfenster hinaus: graues Wasser, hüglige Felsen, braunes Gestrüpp, Föhren, Fichten, entlaubte Birken, ein düsteres Land, aber eine klare und kristallische Morgendämmerung darüber. Heute macht er keine Firlefanzereien mit dem Rasieren. Ritsch, ratsch, fertig! Plumps, ins Bad! Plumps, heraus! Angezogen und an Deck gegangen.

Da drüben am Ende der Bucht zieht sich Halifax hin. Ein Gewirr von dunklen Blockhäusern, Speichern und Getreidesilos, aus denen einige wolkenkratzerartige Bauten hervorragen.
Auf der Back rumpelt und klirrt es, der Anker wird heraufgeholt. Und schon qualmen zwei Schlepper mit grellroten Aufbauten heran, nehmen die Trossen über und verholen die ›Dresden‹. Ein Motorsegler rauscht vorbei, die Leute sind in bunte Lumberjacks und Sweater gekleidet, auf dem Kopf haben sie Pelzkappen oder gestrickte Mützen mit hochstehenden Troddeln. Dem jungen Mann kommt alles so nördlich vor. Wenn im Kino ein Stück gezeigt wird, das in Alaska spielt, dann sehen die Kerls, dann sieht die Landschaft ungefähr so aus wie dies hier um ihn her.
Es dauert nicht lange, da liegt die ›Dresden‹ am Pier vertäut. Mit der schönen Aussicht ist es freilich vorbei, denn man blickt direkt gegen die himmelhohe Wand des großen Einwandererschuppens. Unten lungern allerlei verwegene Gestalten mit schiefen Gesichtern, zerstörten Zähnen und krummen Beinen herum, auch sie in bunten Holzfällerjacken. Vom Deck der dritten Klasse werden kleine Geldstücke hinuntergeworfen, die Burschen fallen blitzschnell übereinander, ein paar Stöße, ein paar Tritte, einer hat die Münze aus dem Dreck gekrallt, Schluß. Und die Fahrgäste wollen sich totlachen.
Menschenskinder, flüstert der junge Mann vor sich hin, hoffentlich steht keiner von euch da unten, wenn die ›Dresden‹ nächstes Jahr um diese Zeit hier wieder einmal festmacht!
Inzwischen haben die Matrosen mit Hilfe des Verladegeschirrs eine Brücke vom Promenadendeck in den ersten Stock des großen Schuppens geschoben. Sofort sausen zwei Zeitungsboys an Bord, dann tappen die Passagiere der dritten Klasse, die in Kanada einwandern wollen, hin-

über und breiten sich in dem Schuppen aus. Der junge Mann kann durch die großen Fenster erkennen, wie sie drinnen von den kanadischen Kommissaren in Empfang genommen und geprüft werden. Als erster kommt ein hagerer Jüngling mit einer wunderbaren Hakennase, der sich einen rauhhaarigen Mantel auf eine besonders flotte Weise umgehängt hat, an die Reihe. Gleich darauf erscheint er unten am Pier und spaziert dort auf und ab, als gehöre die Welt nun ihm und keinem andern. Weiß der Teufel, er trägt sogar Lackschuhe an seinen Füßen, wenn sie auch an verschiedenen Stellen auseinandergeplatzt sind. Den Mantel hat er jetzt über den Arm gelegt. Von Zeit zu Zeit lüftet er seinen runden, steifen Hut und winkt seinen Bekannten aus der dritten Klasse, die noch an Bord sind, gönnerhaft zu. Auf jedes Wort, das von oben herabgerufen wird, hat er eine freche Antwort bereit. Die Passagiere lachen weit und breit. Die Stewards und Köche, die ein Deck tiefer ihre Köpfe herausstrecken, lachen, er selbst lacht, er ist der Mittelpunkt des Piers, sein Gang wird immer eleganter, sein Hutschwenken immer nachlässiger. Jedenfalls ist an ihm eine Art Graf verlorengegangen. Wer ihn so sieht, könnte meinen, er warte nur auf sein Cadillac Cabriolet, das jeden Augenblick vorfahren müsse. Was er an Witzen und großspurigen Redensarten zum besten gibt, klingt allerdings nicht eben gräflich. Aber wer wird im freien Amerika auf solche Äußerlichkeiten Gewicht legen! Und jetzt zum Beispiel, wo er sich herabläßt, an die Holzfäller einige leutselige Worte zu richten, ist er an Gebärden und Hüftenwiegen wieder ganz Graf.

Der junge Mann hat Zeit, er lehnt sich über die Reling und beobachtet ihn. Irgend etwas ist da nicht in Ordnung, seiner Meinung nach. Möglicherweise dient all die Großspurigkeit nur dazu, etwas zu verbergen. Möglicherweise hat er, ohne daß er sich's recht eingestehen will, im Grunde seines Herzens Angst vor dem fremden Land und der ungewissen Zukunft. Möglicherweise handelt es sich auch um etwas anderes. Er ist nun neun Tage an Bord der ›Dresden‹ gewesen, er hat Freundschaften geschlossen, er hat sich unter Umständen sogar... mit...

Da haben wir es ja! Ein Fräulein im himmelblauen Jumper wirft ihm, wie er gerade wieder einmal hinaufschwadroniert, schweigend einen Apfel zu. Er bricht ab und fängt ihn geschickt auf. Dann lüftet er dankend sein Hütchen, aber er findet keinen Witz, kein armseliges Wort, das er dem Fräulein mitteilen könnte. So beißt er denn nur ein Stück aus dem Apfel heraus und schleudert ihn wieder zurück. Das Fräulein greift ihn aus der Luft zu sich her, beißt ebenfalls hinein und wirft ihn wieder behutsam hinunter. Er befördert ihn nach einem dritten Biß wieder hinauf, sie ihn wieder hinunter. So geht es eine ganze Weile hin und her. Die Zuschauer amüsieren sich nicht schlecht über die neue Attraktion, sie halten es anscheinend nur für ein Fangespiel, für einen Spaß, für einen lustigen Zeitvertreib. Aber der junge Mann könnte sich denken, daß es in Wirklichkeit um mehr ginge, um das uralte Hin und Her zwischen Eva und Adam, um Abschiednehmen und Sehnsucht zueinander, um Küsse, Liebe, Ratlosigkeit und Schmerz, um das Schicksal zweier Menschen. Schließlich bleibt nur der Krips von dem Apfel übrig, mit dem der Graf nichts Besseres anzustellen weiß, als ihn an der Bordwand zu zerschmettern. Dann dreht er sich um und verschwindet im Schuppen.

Auf der Brücke wandern mittlerweile das Gepäck und die Post vom Schiff an Land. Es dauert eine ziemliche Weile, bis alles draußen ist. Der Graf zeigt sich noch einmal in der Tür, sendet einen scheuen Blick zur dritten Klasse hinauf und zieht sich schnell wieder zurück, als habe er noch alles mögliche zu erledigen.

Aber wie der Dampfer eine halbe Stunde später die Trossen einholt und nach dreimaligem Tuten langsam vom Pier abdreht, kommt er mit seinen geplatzten Lackstiefeln herausgelaufen und blickt hinter der Eisenwand her, die allmählich zurückweicht. Das blaue Fräulein hängt weinend über der Reling. Und er, der Graf, steht da und zieht die Augenbrauen hoch und macht im großen und ganzen einen ziemlich kläglichen Eindruck. An Bord war er der Löwe, der junge Mann kann sich die Sache schon ausmalen, nicht wahr, die Mädchen brannten darauf, sich mit ihm einzulassen. Nach einiger Zeit fiel seine Wahl auf die Blaue, die nicht wußte, wie ihr geschah. Nur für ein paar Tage, dachte er wohl. Aber neun Tage sind eine lange Zeit... Und dann helfen keine Lackschuhe und keine Witzworte und keine löwenhaften Allüren mehr. Ein kleiner Apfel hilft vielleicht noch eine Weile. Aber zuletzt bleibt einem nichts anderes übrig, als dazustehen und einen kläglichen Eindruck zu machen.

Die neue Landschaft

Wie die ›Dresden‹ gegen zwei Uhr nachts ihren Anker draußen in der Lower New York Bay niederrattern läßt, schläft der junge Mann schon seit einigen Stunden wie ein Rabe. Die auffrischende Brise aus Nordwest hatte vorhin dem Schiff so zugesetzt, daß es mit dem Tanzen doch nichts Rechtes wurde – gerade wenn man sich anschickte, seine Partnerin den Berg hinaufzuschieben, den das Parkett plötzlich zu bilden schien, war es gar kein Berg mehr, sondern ein sich wegsenkendes Tal, und man tappte mit dem Fuß in der Luft herum, wie jemand, der im Dunkeln eine Treppe hinaufgeht und eine Stufe mehr zugibt, als in Wirklichkeit vorhanden ist – da hatte er sich lieber in seine Koje verkrochen.

Nun schläft er und versäumt alles: das Feuerschiff, die Einfahrt in die Lower Bay, die Küste von Long Island und Staten Island, die bunten Lichter und die lautlos vorbeigleitenden und in der Nacht vergehenden Schiffe.
Aber wie mit der beginnenden Morgendämmerung Leben in die ›Dresden‹ kommt, ist er geschwind auf den Beinen und spaziert, zwar ohne Frühstück, aber eiskalt abgebraust, an Deck. Seine kleine Filmkamera ist schußbereit. An Steuerbordseite zieht sich das hügelige, mit Villen und Holzhäusern besetzte Ufer von Brooklyn hin, an Backbordseite breitet sich in derselben Weise Richmond aus. Noch herrscht nicht viel Verkehr in der Bay. Nur ein paar Boote und Schlepper halten auf die ›Dresden‹ zu. Der Arzt geht an Bord, die Einwanderungsbehörde folgt. Inzwischen sind immer mehr Fahrgäste erschienen, ausgerüstet mit Ferngläsern und Photoapparaten, um New York gebührend zu begrüßen. Immer wieder richten sich die Gläser auf die Wolkenbank in der Ferne, aus der die Skyline von Manhattan aufsteigen soll. Ein riesiger Bagger wird vorübergeschleppt, in der Ferne tutet es, auf Long Island fällt ein Kanonenschuß, Wind kommt auf, die Wellen klatschen durcheinander, und ehe der junge Mann sich's versieht, macht das Schiff wieder Fahrt.
Je heller es wird, um so dicker ballt sich die Nebelbank da drüben zusammen, da drüben im Norden. Ballt sich zusammen und treibt heran. Die ›Dresden‹ rauscht durch die Narrows in die breite Upper New York Bay und taucht in das her sich wälzende bräunliche Gewölk ein. Auf der Stelle verliert die Sonne, die eben noch morgendlich strahlte, ihren Glanz und blickt nur noch als matte Scheibe durch den Dunst. Die Dampfpfeife fängt an zu dröhnen und dröhnt in kurzen Abständen ununterbrochen weiter.
Nun weiß der junge Mann beim besten Willen nicht mehr, wo das Schiff sich eigentlich befindet.

Vorn, hinten, seitwärts nichts als Nebel. Während die ›Dresden‹ sich vorsichtig weiterschiebt, heulen auch ringsum tiefe Sirenen, tuten Schlepper, klingeln Fährboote, brüllen Dampfer durch die Dämmerung. Man ahnt den Hafen, die Nähe der ungeheuren Stadt, man wittert Rauch, Öl, Fabriken, Arbeit, man wandert hin und her, die Nerven kribbeln einem, aber man sieht noch nichts.
Doch, der junge Mann sieht etwas, aber er wagt noch nicht recht, sich einzugestehen, was es bedeutet, dies Schattenhafte, das sich da wie ein Gebirge... Nein, es ist ja Manhattan, es ist das Wolkenkratzergebirge von Manhattan! – Bitte? Oh, gewiß! Hier geradeaus, gnädige Frau! Hier bitte! Rechts am Mast vorbei! Jawohl! Ganz schemenhaft nur. Nein, nicht die Freiheitsstatue! New York, die Stadt, die Wolkenkratzer, Manhattan! – Allmählich wird es deutlicher, für einen Augenblick kann er sogar Einzelheiten unterscheiden, kompakte Massen, Felsnadeln, Schluchten, Abgründe, dann verwischt sich alles wieder und ist nur ein dunkler, ungewisser Gebirgsstock im Nebel.
Der junge Mann horcht einen Augenblick nach innen, ob sich nicht ein erhabenes Gefühl, ein Schauer oder dergleichen einstellt. Aber er kann nichts entdecken. Es ist traurig, da liegt New York vor ihm, die tollste, die gigantischste Stadt der Welt, und er empfindet nicht einmal diesen simplen Schauer der Ehrfurcht oder des Grauens, der hier von jedem anständigen Menschen empfunden zu werden pflegt. Nun, vielleicht ändert sich das noch, wenn er erst näher heran ist. Vorläufig liegt er hinter seinem kleinen Kinoapparat auf der Lauer und wartet, daß das Gewölk sich wieder lichtet und er loskurbeln kann.
Das Schiff ist mittlerweile etwas abgefallen und fährt an der vorgeschobenen Wolkenkratzer-Halbinsel, die Manhattan heißt, entlang. Die Sonnenscheibe gleitet hinter den verhüllten Gipfeln und Zacken hin und läßt sie als

düstere Schattenrisse dastehen. Aber unten bleibt alles grau und dumpf und ungeschieden. Schwarze Fährboote mit frei in der Luft arbeitenden Pleuelstangen kriechen wie vorsintflutliche Ungeheuer aus der Finsternis hervor, durchqueren träge den blinden Glanzstreifen, den die Sonne aus einer Schlucht heraus übers Wasser wirft, versuchen zu fauchen, bringen aber keinen Ton heraus und verschwinden wieder im Nebel.
Mit einem Male beginnt die Spitze eines Turmfelsens heller zu werden, die eine Seite, die halb der Sonne zugewandt ist, wird von einem blassen Anhauch getroffen, die scharfe Wolkenkratzersilhouette tritt hervor und glitzert an verschiedenen Stellen wie Kristall. Ein Gefunkel tropft herab und versickert in dem grauen Rauch, der nächste Felsen leuchtet gleichfalls auf, der dritte auch, der vierte auch: Eine Lichtwoge weht über New York, weht schimmernd über den Hudson River und hinüber nach Hoboken. Aber dann dampft der Nebel wieder hinterher und verdunkelt alles.
Wellengeklatsche, matte Sonne, erstickte Sirenen, drohende Berge und Klüfte, Rauchfetzen aus den Gipfeln, Abgründe und dumpfer Lärm. Die Neue Welt.

Ein bißchen Broadway

Das hat der junge Mann sich nicht träumen lassen, daß sein bescheidenes Hütchen in New York Aufsehen erregen könne. In Deutschland wurde es weiter nicht beachtet, es war flach und rund, dunkelbraun von Farbe, mit einem schwarzen Band darumherum, es paßte sehr hübsch zu seinem braunen Mantel, und damit gut.
Dunkelbraun und schwarz mag in New York noch angehen, obwohl gegenwärtig jeder, der etwas von sich hält –

und welcher Amerikaner hält nicht etwas von sich? – eine Schattierung von Hellgrau trägt. Aber flach und rund? Unmöglich!
Es hat eine ganze Zeit gedauert, bis der junge Mann dahintergekommen ist, warum ihn alle Menschen so mißbilligend ansehen. Schon der Mann im Hotel, der den Lift, oder Elevator, wie man hier sagt, bedient, hatte seine Lippen so merkwürdig zusammengekniffen, die Dame am Zeitungstisch nicht minder, und der Manager war direkt stehengeblieben und hatte sich vor Verblüffung mit den Spitzen von Daumen und Zeigefinger das bläulich schimmernde Kinn gestreichelt. Auf der Straße, auf dem Broadway, hatte sich jeder zweite, dritte nach ihm umgedreht. Dem jungen Mann wurde ganz bänglich zumute, er betrachtete sich im Spiegel eines Schaufensters: Schuhe, Mantel, Kragen, Schlips, Gesicht, Hut, alles war in Ordnung. Was hatten die Leute bloß?
Aber als er dann in einem von Child's Lunchrooms saß und in dem Zwölf-Uhr-Getümmel einen Pfannkuchen mit Sirup verspeiste, fiel sein Blick zufällig auf das gläserne Bord an der Wand, auf dem die Hüte der Gäste in langer, langer Reihe lagen. Und da erschrak er ordentlich ein bißchen. Ein Hut war wie der andre: grau mit schwarzem Band, länglich, in der Mitte durch einen flachen Knick eingekerbt. Hundert gleiche Hüte hintereinander. Und mittendrin machte sich ein schwarzes Schaf breit: flach, rund und dunkelbraun. Aha, sagte der junge Mann.
Das war vor einer Stunde.
Inzwischen hat er sein Gleichgewicht wiedergefunden und sieht sich den Broadway an. Sein Hütchen ist noch immer eine Sensation. Manchmal hat es wahrhaftig den Anschein, als wollten die Menschen einen Zug bilden und hinter ihm hermarschieren. Aber das Gedränge ist zu groß, es geht gerade noch einmal gut.
Sogar dem Policeman, der ihm an einer Straßenkreuzung

das übliche Watch your step! zurufen will, bleiben die Worte im Hals stecken. Aber dem jungen Mann ist das ganz gleich. Tut mir leid, denkt er, ich vertrete hier das Prinzip der individuellen Freiheit. Ihr werdet euch an mein Hütchen gewöhnen müssen, es gefällt mir vorläufig ganz gut, es ist sauber, es steht mir, es zeugt von Geschmack, ich bleibe bei rund, flach und dunkelbraun. Vive l'Europe!

Und er fährt fort, sich den Broadway anzusehen.

Im großen und ganzen muß er feststellen, daß er ihn schon kennt. Es gibt in den deutschen Kinos ja die Wochenschauen: Einzug der Ozeanflieger oder Commander Birds oder Gertrud Ederles in New York. Der Broadway... Konfettiregen an den Hauswänden hinab, Menschenmassen, Autoreihen. Und dann die unzähligen Photographien in den illustrierten Zeitschriften, die sich gleichfalls mit dem Broadway befassen: der Broadway von unten gegen den Himmel gesehen, der Broadway vom Himmel gegen die Erde gesehen, der Broadway bei Nacht, am Morgen, am Unabhängigkeitstag, bei Gewitter, im Schnee, im Nebel. Nein, nein, er braucht sich nicht geradezu in einen Keller zu verkriechen vor Überraschung und Fassungslosigkeit. Er läßt sich nicht ins Bockshorn jagen, er weiß Bescheid.

Immerhin ist er nicht so blasiert, daß er nicht gern zugäbe, die Straßenschlucht wirke nun, wo er sie von wechselndem Licht durchflutet, von Schneegestöbern halb verhängt, von Dampf und Wind durchflattert vorfindet, nun, wo er sie schmeckt und riecht, wo er die ursprüngliche Melodie, das Brausen und Donnern, wo er die wahnwitzigen Perspektiven mit seinen eignen Sinnen und ganz unmittelbar aufnimmt, immer noch verwirrend genug auf ihn. Er ist ja kein Snob, das nicht.

Übrigens wälzt sich der Fußgängerverkehr wohl zehnmal dichter dahin, als er erwartet hatte. Er kommt kaum vor-

wärts, besonders hier unten zwischen Fultonstreet und Wallstreet.
Hm, stellt er nach einiger Zeit fest, es gibt doch noch allerlei, wovon im Kino und auf den Photos nichts zu sehen war. Etwa die dampfenden Kanaldeckel an den Straßenkreuzungen, die einen so gefährlichen Eindruck machen, daß er meint, sie müßten jeden Augenblick in die Luft fliegen. Es handelt sich aber, wie ihm ein Policeman mitteilt, nur um ein bißchen Wasserdampf aus den unterirdischen Röhren eines Fernheizwerks. Man heizt hier, wenn irgend möglich, immer gleich ganze Häuserblocks auf einmal. Ist praktischer und billiger, Sir. Watch your step, Sir! All right.
Trotzdem läßt es sich nicht vermeiden, daß der eine oder andre Wolkenkratzer noch Kohlen für sich privat braucht. Die werden dann nicht etwa sackweise abgeladen. Würde viel zu lange dauern. Fahrdamm sowieso alle Viertelstunde verstopft. Kohlenauto darf nicht länger als drei Minuten vor einem Haus halten. Man macht es also folgendermaßen: Das Auto kommt herangesurrt, ein Mann springt herunter und klappt auf dem Fußsteig, unmittelbar neben dem Straßendamm, einen eisernen Deckel hoch, unter dem sich ein geradewegs in den nächsten Keller führender Schacht auftut. Schon hat ein zweiter Mann eine stählerne Gleitbahn vom Auto zum Schacht gelegt, schon steigt der Kasten des Autos, in dem die Kohlen sind, vorn in die Höhe, schon rutscht der ganze Dreck in sechzig Sekunden mit Donnergetöse durch den Schacht in den Keller. Bautz, den Deckel zu! Rums, die Gleitbahn ins Auto geschmissen! Fertig! Weiter!
Dann ist da ein Schaufenster, hinter dem es nur so blinkt und glitzert von Nickel, Glas und weißgekleideten Girls: Zigarettenmaschinen in vollem Betrieb. Zuerst will der junge Mann vorbeigehen und wirft nur einen beiläufigen Blick hinein, nur weil es so sauber und nett aussieht, aber

dann interessiert ihn der Weg, den der Tabak nimmt, wenn er eine Zigarette werden soll. Er hält an. Laß sehen, wie das funktioniert! Eine Zigarette, hundert, tausend, sie drehen sich und beben, sie hüpfen, gleiten auf einem Band weiter und häufen sich auf. An dieser und jener Stelle fassen die Girls ein bißchen zu, gleichsam zum Spaß. Der junge Mann glaubt, ordentlich den Geruch des Tabaks zu spüren. Schöner Tabak! Müßte eigentlich gut schmecken, so eine frischgedrehte Zigarette aus der Hand eines so appetitlichen Mädchens! Da ist ja auch ein gläserner Tisch in dem Laden, auf dem Berge von Zigarettenpaketchen aufgestapelt sind. Man kann hineingehen und sich welche kaufen. Und der junge Mann schließt sich dem Menschenstrom an, der unablässig an dem gläsernen Tisch vorbeizieht. Er könnte die gleichen Zigaretten in dem kleinen Laden nebenan haben. Aber erstens verführt ihn dort das Schaufenster nicht zum Kauf, und zweitens schmecken ihm diese Zigaretten hier besser, weil er ihre Entstehung kontrolliert hat und, Gott allein weiß warum, der Überzeugung ist, besonders gute Ware erstanden zu haben.
Gleich darauf tritt eine neue Versuchung an ihn heran: Ein smarter Schneider, der Psychologe genug ist, um zu wissen, was für ein Liedchen er seinen New Yorkern vorpfeifen muß, damit sie sich bei ihm einen neuen Anzug bestellen, hat sein Schaufenster außer mit erstklassigen Stoffen auch noch mit einer kleinen Projektionsfläche geziert, auf der er mittels eines Kinoapparats spannende Miniaturdramen erscheinen läßt. Sie haben, wo sie auch spielen mögen, immer eine entzückende Pointe: Der bessere Anzug des Helden, der bald ein bescheidener Jüngling, bald ein Greis im Silberhaar, bald ein Herr in den Fünfzigern, bald ein Bankier, bald ein Clerk, bald ein Baseballspieler, bald sonst etwas ist, entscheidet die Sache. Erfolg in Liebe und Business nur durch einen first class Anzug aus diesem

Hause! Come right in! Der junge Mann hätte schon Lust, sintemalen seine eignen Anzüge fatale Übereinstimmung mit denen der wegen Unmodernität sang- und klanglos durchfallenden Rivalen aufweisen. Aber da erinnert er sich zur rechten Zeit an sein Hütchen, das vor dem smarten Meister wohl auch nicht als stylish würde bestehen können. Und aus Treue zu seinem runden Hütchen verzichtet er vorläufig auf die verheißenen Erfolge in love and business.
Schaufenster reiht sich an Schaufenster, und der junge Mann blickt hierhin und dorthin. Mit einem Male sitzt da ein Japaner in Hemdsärmeln hinter einer Scheibe und führt eine kleine Pantomime auf. Erster Akt: Der Japaner ergreift mit Daumen und Zeigefinger einen rosa Füllfederhalter, spreizt die übrigen Finger weg und führt das Ding langsam an den Augen des Publikums entlang, das sich vor dem Schaufenster versammelt hat. Dann greift er unter seinen Stuhl und hält eine Tafel hoch, auf der geschrieben steht, dieser Halter stamme von der Firma soundso, es gebe keinen schöneren am Broadway. Die Wirkung ist gering. Kein Beifall. – Zweiter Akt: Der gelbe Mann taucht den Halter in ein Fäßchen, drückt auf einen Knopf und füllt ihn auf diese Weise mit Tinte. Die Tafel, die er dann vorweist, verkündet, der Halter sei in zwei Sekunden gefüllt. Immer noch kein Beifall. – Dritter Akt: Der Operateur legt einen dicken Holzklotz auf sein Knie, schleudert den Halter mit der Spitze dagegen, daß er steckenbleibt, zieht ihn wieder heraus, schleudert ihn abermals dagegen, zieht ihn abermals heraus und schreibt dann einige runde Buchstaben auf ein Blatt Papier. Und siehe da, die Feder ist so wunderbar erbaut, daß ihr die Mißhandlung nicht das mindeste ausgemacht hat. In ähnlichem Sinne äußert sich denn auch das nunmehr erhobene Schild. Die Menge beginnt sich zu bewegen und ein zustimmendes Gemurmel von sich zu geben. – Vierter

Akt: Der stille Mann drückt wieder auf den Knopf, der vorhin schon eine Rolle gespielt hat. Da läuft die Tinte wie der Teufel heraus und macht einen großen Klecks auf das Briefpapier. Aber der Mann saugt die ganze Ferkelei, indem er zum dritten Male auf den Knopf drückt und die Feder in der Flüssigkeit herumwälzt, so vollständig wieder in den Halter hinein, daß so gut wie nichts mehr davon zu sehen ist. Beachten Sie, bittet das Schild, die unvergleichliche Saugwirkung! Weltrekord! Der Beifall verstärkt sich. – Fünfter Akt: Jetzt macht der Sohn der Sonne Ernst, er packt den Halter mit der Faust und ... nun hört aber doch Verschiedenes auf... und meißelt fingerdicke Späne von dem Holzklotz ab. Sie fliegen nur so umher. Das sollte der junge Mann einmal mit seiner eigenen Füllfeder versuchen, sie würde aufplatzen und abbrechen wie ein Strohhalm. Aber dieser da bekommt das Meißeln prachtvoll, denn der Mime schreibt schon wieder mit flüssigen Bewegungen seine Buchstaben auf das Papier, und die Schrift ist klar und herrlich wie am Anfang. Auf dem Schild, das nun erscheint, steht nichts weiter als: Ein Dollar. Verblüffung, Bravorufen, Applaus. Außer dem jungen Mann, der seine Chance wahrnehmen will, kaufen noch vier andre den unverwüstlichen Apparat. Die übrigen haben sich vermutlich schon früher eingedeckt.
Das nächste Abenteuer findet in einem Laden für Schuhreparatur und Schuhputz statt, nicht weit von City Hall. Der junge Mann möchte gern wissen, wie das Schuhputzen hierzulande eigentlich betrieben wird. Mithin spaziert er in den ersten besten Laden hinein, der so aussieht, als könne er darin Diesbezügliches lernen. Little's Shoe Repair. Original, Largest and Most Modern Chain of Rapid Shoe Repair Stores in the World. Hinter der Spiegelscheibe arbeiten im Angesicht des Broadways die Schuster an ihren Maschinen. An den beiden Seitenwänden ziehen sich kleine Logenboxen entlang, in denen solche Kunden

Platz nehmen, die, während sie die Mittagszeitung überfliegen, ihre Sohlen erneuert haben wollen. An der Rückwand steht eine Kommode und darauf drei Thronsessel für Gentlemen mit bestaubten Schuhen. Der junge Mann besteigt die Kommode ganz mutig, wirft sich in den mittleren Sessel, als täte er dergleichen jeden Tag, und ruft dem Neger, der in der Ecke hockt, zu: Shine up! Hoffentlich ist es richtig. Der Neger hat es jedenfalls verstanden, er kommt gähnend und mißgelaunt, weil er schon wieder arbeiten muß, heran. Ein junger Bursche, kraushaarig und dunkelbraun. Als Uniform trägt er eine gelb und blau gestreifte Jacke, ziemlich schmutzig allerdings. Hinten aus der Hosentasche hängen die Putzlappen heraus, seine Stiefel sind zerrissen, sein Hut auch, zerrissen und zerknittert und ganz hinten auf dem Wollschädel hängend. Wie er nun so angekrochen kommt, zieht er allmählich seine Jacke aus, unter der eine viel zu kleine, mit schmalen, über die Schultern gehenden Bändern ausgestattete Weste erscheint, dann reibt er seine beiden Bürsten aneinander, dann spuckt er, wohl um dem jungen Mann klarzumachen, daß er es mit einem vollwertigen amerikanischen Bürger zu tun hat, in den grünen Napf, und dann ist er soweit. Komischerweise hat seine Nase eine hellere Farbe als das übrige Gesicht, seine Fingernägel sind geradezu auffallend hell. Gut, er befaßt sich also mit den Schuhen des jungen Mannes. Erst mit dem linken. Nachdem er ihn vom Staub befreit hat, salbt er ihn mit einer Creme ein und läßt die Bürsten rechts und links darübersausen, daß es nur so raucht. Schon strahlt ein Glanz auf, wie ihn der junge Mann noch nie an seinen Schuhen erlebt hat. Aber das ist noch gar nichts. Jetzt kommt Broadway Shoe Polish an die Reihe, eine flüssige Substanz, die mit einem Rasierpinsel aufgetragen wird. Wieder fegen die Bürsten hin und her. Das Leder verklärt sich zu Spiegelglätte. Wirklich toll, wie der Mann das versteht! Aber der Mann

ist noch nicht zufrieden. Er trübt den Spiegel ein zweites Mal mit Broadway Shoe Polish, holt den Lappen aus seiner Hintertasche, knallt damit in der Luft herum und fängt an, ein bißchen vor sich hinzusummen. Und dann, während das Summen sich in ein halbes Singen und das halbe Singen sich in einen richtigen Song verwandelt, leise nur und ohne jede Kunstfertigkeit, gesungen mit einer schlechten Stimme, poliert er den Schuh, zwar mehr beiläufig neben dem Singen her, aber doch so virtuos, daß der junge Mann nicht mehr weiß, ob er Leder oder Lack an seinem Fuß hat. Tatsächlich!
Aber das Lied des Negers geht, während er sich den andern Fuß vornimmt, noch ein bißchen weiter. Es ist ein trauriges Lied, irgend etwas von going home oder so. Der junge Mann lehnt sich in seinem Sessel zurück und überläßt sich den rauhen Tönen. I was in Chicago... and never co-me back... Ist das nun Amerika? Da draußen Auto hinter Auto, gegeneinander sich schiebende Menschenmassen, von Zeit zu Zeit die Trillerpfeife des Policemans, Wolkenkratzerfronten, hier drinnen die surrenden Motoren, die klatschenden Treibriemen, die zeitunglesenden Gentlemen und der gutturale, in fremdartigen Rhythmen stöhnende Gesang des Negers. Ist das nun New York?
Der Neger kümmert sich übrigens nicht um den Gedanken des jungen Mannes. Je mehr sich seine Arbeit dem Ende nähert, um so munterer wird sein Song. Zuletzt zuckt er sogar ein wenig mit den Schultern im Takt und deutet mit seinen zerlatschten Schuhen, die Spitzen gegeneinander bewegend, einen kleinen Charleston an. Und wie der junge Mann ihm, nachdem seine beiden Schuhe glänzen wie der Himmel im Mai und die Pinselbürste zum Schein zweimal über seinen Mantel gefahren ist, einen Dollar gibt, den er an der Kasse bei Mr. Little wechseln muß, vergißt er die Schwermut und das never come back und überläßt sich, immer singend und sum-

mend, gänzlich dem Tanz. Er steppt rückwärts zur Kasse, vornübergebückt, wie fallend, wobei die Arme fortwährend in greifender Bewegung sind, fortwährend mit ausgestreckten Fingern über den Kopf hinausgreifend. Vor der Kasse tanzt er aus Respekt vor Mr. Little nur gedämpft mit den Schultern. Aber dann kommt er in großen, synkopischen Schritten angehüpft, den Bauch vor, die Brust zurück, den Kopf wieder vor, wobei er die mageren Beine, besonders die Knie, gleichsam von sich wegwirft und jeden Augenblick den Hut, der herunterfallen will, mit einer hastigen Gegenbewegung der Hand wieder zurechtschiebt. Die Augen rollen, der Mund grinst, die rosige Zunge wird sichtbar. Plötzlich knallt es in seinem Mund, er steht still und gibt das Wechselgeld heraus. A funny fellow! Der junge Mann schenkt ihm einen Dime und beschließt, seine Schuhe, solange er in New York ist, von diesem und keinem anderen betreuen zu lassen. – Morning, Sir!

Und dann ist er eine ganze Weile so erfüllt von dem stattgehabten Tanz und Gesang, daß die junge Dame, die in einem kurzen hellblauen Seidenkleidchen mit übergeschlagenen Beinen, mit übergeschlagenen schönen Beinen in dem Schaufenster eines Schreibwarengeschäftes auf einem Hocker sitzt, ein paarmal an die Scheibe klopfen muß, bevor er sie bemerkt. Was ist los? Meint sie mich? – Sie nickt mit dem Kopf. – Mich? – Jawohl, sie blickt ihn bedeutsam an, winkt ihm, näher zu kommen, und lächelt dankbar und beglückt auf ihn herab, als er es tut. Der junge Mann gibt sich zwar ein gleichgültiges Aussehen, er fühlt sich zwar geniert, aber er ist auch ein ganz kleines bißchen geschmeichelt, daß sie gerade ihn unter all den tausend Menschen, die hier vorbeiwandern, ausgewählt hat. Er zieht also die Hände aus den Manteltaschen, stellt sich vor das Schaufenster und wartet, was aus der Sache werden will. Da nimmt sie von dem Tischchen, das zu ihrer Linken steht, einen goldenen Bleistift, hält ihn dem jungen Mann hin und blickt ihm wieder tief in die Augen, so tief und verführerisch, daß er gar nicht weiß, wie ihm wird. Und vor lauter Verlegenheit bleibt ihm nichts anderes übrig, als zuzusehen, was ihre gepflegten Hände mit dem goldenen Bleistift machen. Sie machen einen allerliebsten Hokuspokus und enthüllen dabei den geheimnisvollen Mechanismus dieses Wonderpencils. Zuerst ist es einfach ein Bleistift, dann wird er unter den Fingern der Dame ein Rotstift, dann ein Blaustift, dann ein Radiergummi, dann eine Lupe, dann ein Zahnstocher, dann ein kleines Messer, dann ein Zollstock, dann, und hierbei kann die Dame nicht umhin, das linke Auge ein wenig zuzukneifen, ein Korkzieher, und so fort. Man vermag es gar nicht auf einmal zu fassen, was alles für Überraschungen die gebogenen Fingerchen aus dem Pencil herauslocken. Da die Dame es nicht unterläßt, zwischendurch dem jungen Mann mit zauberischem Lächeln das eine und andere Zeichen sich anspinnender Vertraulichkeit zu geben, bringt er es einfach nicht fertig, zum Schluß, wie sie ihn mit einer beinahe freundschaftlichen Geste auffordert, er solle nun in den Laden eintreten und ein übriges tun, sie einfach stehen, beziehungsweise sitzen zu lassen und kalten Herzens davonzuspazieren. Das wäre denn doch, nach allem, was vorgefallen ist, platterdings eine Taktlosigkeit. So legt er also, höflich wie er ist, die fünfzig Cent an, die der goldene Bleistift kosten soll. Ein derartiges Ding kann man ja immer brauchen. Never mind.

Aber dann nimmt er sich vor, von jetzt an seine Aufmerksamkeit nicht so sehr den Läden und ihren Damen als vielmehr anderen Institutionen, etwa diesen überaus zahlreichen Cafeterias, zuzuwenden, deren innere Funktion ihm

noch ziemlich unklar ist. Soviel hat er schon herausbekommen, daß sie keineswegs den deutschen Cafés entsprechen. Erstens geht es darin beängstigend geschwind zu, kein Schlendrian, keine Musik, kein Zigarettenrauch, und zweitens scheinen unter den Gästen seltsame Gebräuche zu herrschen. Sie laufen mit Servierblechen umher, manche setzen sich, obwohl Tische und Stühle vorhanden sind, nicht einmal hin, sondern verzehren ihr Essen gleich im Stehen, wofür so komische Tische wie Stehpulte aufgestellt sind. Überhaupt dreht es sich in diesen Lokalen, soweit er es von außen beurteilen kann, weniger um Kaffee, Tee und Windbeutel als um solides Essen mit Gemüsen, Salaten, Fleisch und Kalorien.
Obgleich ihm nicht ganz geheuer ums Herz ist, weil er keine Ahnung hat, wie er sich in einer Cafeteria benehmen muß, wagt er sich, halb freiwillig, halb von dem Menschenstrom geschoben, in eine hinein. Gleich am Eingang drückt eine Maschine allen, die daran vorbeigehen, zahlenbedruckte Pappzettel, sogenannte Schecks, in die Hände. Der junge Mann weiß zwar nicht, was er damit anfangen soll, aber er hofft zu Gott, daß es sich noch herausstellen wird. Vorläufig ergreift er erst einmal, weil seine Vorgänger es auch tun, eins von den aufgestapelten Blechtabletts, legt einen Löffel, ein Messer und eine Gabel darauf und zupft sich eine Papierserviette aus einem Apparat heraus. Dann schließt er sich der Menschenschlange an, die langsam an einem gläsernen Büfett entlang wandert. Dies Büffet ist nun das reine Schlaraffenland. Da stehen verlockend zubereitete Früchte aus aller Welt, appetitliche Vorspeisen, wohlduftende Toasts, Kuchen, Torten, Mehlspeisen und geröstete Leckerbissen, ferner alle möglichen Arten von heißen Gerichten, Braten, Suppen, Kartoffeln, Pasteten, Pfannkuchen und Aufläufe, zuletzt verschiedene Icecreams, außerdem Kaffee, Milch und Eiswasser. Jeder nimmt sich, was er mag. Man setzt

sein Tablett auf die Gleitschiene aus Nickel, die vorn an dem Büfett entlangläuft, und belädt es, indem man es in demselben Tempo, wie die Parade sich weiterbewegt, von Station zu Station schiebt, im Vorbeigehen mit Tellern, Schüsseln und Näpfen. Aber der Hintermann braucht kein langes Gesicht zu machen, zwanzig weißgekleidete Girls, die hinter dem Büfett ihr Wesen haben, füllen die Lücken fortwährend wieder aus. Klipp, klapp, klapp! Es geht wie der Blitz, und das Angenehmste ist, daß man nicht einmal wissen muß, wie die schönen Sachen auf englisch ausgesprochen werden. Man erntet sie einfach ein und schert sich den Teufel um ihre Namen. Wichtiger ist schon, was auf der Preistafel steht, die über jedem Gericht schwebt.

Übrigens merkt der junge Mann allmählich, daß links von ihm ein Geländer läuft, so daß er gewissermaßen in einem Gang zwischen Büfett und Geländer eingeklemmt ist, in dem es nur eine Richtung, nämlich vorwärts, gibt. Das hat seinen tieferen Sinn, denn am Ende des Ganges ist eine energische Dame postiert, die einen schnellen Blick auf das jeweils vorbeiziehende Tablett wirft und in demselben Augenblick in den Scheck, den man ihr freiwillig hinzuhalten hat, ein Loch knipst, dorthin gewissermaßen, wo sich die betreffende Zahl befindet, die dem Betrag der Mahlzeit entspricht. Dann stellt man sich, je nach Laune und Muße, an ein Stehpult oder läßt sich an einem der kleinen runden Tische nieder, vorausgesetzt, daß da irgendwo Platz ist.

Damit man seinem Essen auch eine persönliche Note geben kann, ist in der Mitte jedes Tisches ein Stilleben aus Flaschen mit pikanter Soße, Sirupkannen, großen Gläsern mit Streuzucker, Salz- und Pfefferdosen, Senfnäpfen und sonstigem Zubehör arrangiert, wovon ununterbrochen Gebrauch gemacht wird. Legaler und bedauerlicherweise auch illegaler. Denn der an Hut, Mantel und auch wohl an sonstigem Ort etwas lädierte Herr, der neben dem jungen Mann sitzt, dreht zum Beispiel nach Beendigung der Mahlzeit die Zeitung, die er gelesen hat, zu einer Tüte zusammen, gießt den ganzen Inhalt der Zuckerdose hinein, schließt die Tüte und geht davon. Niemand sagt ein Wort, zumal er unterwegs eins der Girls, denen es obliegt, die Tische abzuräumen, freundlicherweise darauf aufmerksam macht, die Zuckerdose auf dem Tisch dort hinten links sei leer. Sofort steht eine neue da. Der Zwischenfall ist erledigt.

Viel Zeit, sich darüber zu wundern, hat der junge Mann nicht. Er muß essen, essen, essen. Überall irren Leute mit gefüllten Tabletts suchenden Blickes umher und warten, daß ein Platz frei wird. Man ißt hierzulande nicht zu seinem Vergnügen, sondern weil man es leider muß. Man heizt die Maschine ein, damit sie arbeitet. Je schneller die Prozedur abgetan ist, um so besser. Obwohl der junge Mann sich den Betrieb ganz gern noch ein bißchen angesehen hätte, wagt er es nicht, angesichts der vielen Anwärter auf seinen Platz, noch länger hocken zu bleiben. Alles in allem hat das Essen vielleicht fünf oder sechs Minuten gedauert. Ziemlich lange für amerikanische Begriffe.

Ehe er die Cafeteria endgültig verlassen kann, ereignet sich noch eine Kleinigkeit, die er beinahe vergessen hätte: Man fordert ihm am Ausgang seinen Scheck und hauptsächlich soviel Geld ab, wie auf dem Stückchen Pappe angeknipst ist. Denn wie bequem es einem auch in einer Cafeteria gemacht wird, wie praktisch die Anordnung auch ist, wie geschwind sich alles auch abspielt, so bequem und geschwind und praktisch geht es nun doch nicht zu, daß man etwa nicht mehr gehalten wäre, zum Schluß mit Dollars und Cents das Seine zu tun.

Am Times Square fällt dem jungen Mann ein kleines Kino auf, in dessen rechte Tür sich ein Menschenstrom ebenso ununterbrochen hineinschiebt, wie ein anderer aus der linken wieder herausdrängt. Es heißt The News Reel Theatre, das Kino. Außerdem führt es in Rot den Beinamen ›Embassy‹. Der junge Mann versteht weder die eine noch die andere Überschrift. Er versteht überhaupt dies ganze Kino nicht. Komische Stücke müssen sie da drinnen vorführen, daß die Leute nur so hinein- und herausgehen können, wie sie es gerade mögen, keine Akte offenbar, keine Pausen, keine Anfänge und keine Enden. Und dann kommt es ihm auch so vor, als ob zwischen den Ein- und Auspassierenden ein gewisser Unterschied bestünde. Wer das Kino betritt, ist müde, abgehetzt, verbraucht, wie sich das für diese Tagesstunde, es ist gegen fünf Uhr nachmittags, gehört. Aber wer herauskommt, blickt forsch und mutig drein, hat auch einen unternehmungslustigen Schritt am Leibe, schlenkert mit den Armen und drückt in seinem ganzen Gehaben aus, daß er bereit ist, jedem einen Kinnhaken zu versetzen, der das Leben nicht verdammt hübsch und aufregend findet. In Europa, denkt der junge Mann in seinem Sinn, nennt man so eine Einrichtung einen Jungbrunnen. Er will auch einmal in dem Embassy-Jungbrunnen baden.

So zahlt er denn seinen Quarter an der Kasse und geht hinein. Mehr kostet es nicht.

Zunächst sieht er nichts. Er wird, ehe er recht weiß, was eigentlich los ist, in eine Menschenmauer hineingedrückt und augenblicks so festgekeilt, daß er nicht einmal seinen Arm, den er, um den Hut abzunehmen, erhoben hat, wieder herunterbringen kann. Das Theater ist überfüllt. Hinter ihm pressen sich immer neue Menschenmassen herein. Er muß sich seiner Haut wehren, wenn er nicht zerquetscht werden will. An einen Sitzplatz ist nicht zu denken. Mit einem Wort: alles andere als ein Jungbrunnen.

Aber wenn er auch nichts sieht, so hört er doch wenigstens etwas. Ein Flugzeugmotor heult auf, noch einer, noch einer. Nun ist es ein metallischer Chorgesang, der absinkt und ansteigt. Und nun hat er durch eine Lücke in der Menschenmauer vor ihm ein paar Sekunden einen Ausblick auf die Projektionsfläche. Da heben sich sechs Flugzeuge nebeneinander beinahe senkrecht in die Luft, schwenken, auf einer Flügelspitze stehend, herum und fallen mit dunklem Motorgebrumm langsam herab. Dann kommt ein Titel. Dann schiebt sich ein dicker Kopf in die Lücke, und der junge Mann muß sich mit den Tönen allein zufriedengeben. Jemand spricht mit kalter Stimme eine Reihe von monotonen Sätzen. Wie er schweigt, applaudiert das Publikum achtungsvoll. Es wird wohl der Präsident selbst gewesen sein. Und da der junge Mann mit einer leidlich geschwinden Auffassung begabt ist, glaubt er, schon herauszuhaben, in was für eine Art von Kino er hier geraten ist. Das Programm besteht sicher aus lauter Wochenschauen. Tönenden Wochenschauen natürlich. The News Reel Theatre. News heißt, soweit ihm bekannt ist, Nachrichten oder Neuigkeiten. Und reel... reel? Keine Ahnung! Aber es wird schon stimmen. Daraus würde sich auch das unablässige Kommen und Gehen erklären. Nur das Geheimnis des Jungbrunnens ist noch in Dunkelheit gehüllt. Aber laß ihn nur erst sehen, dann wird er schon sehen!
Das geht schneller als er denkt. Nach einigen Minuten steht er schon, ob er will oder nicht, im Mittelgang und kann sich den Betrieb im Main Post Office von New York ansehen. Junge, Junge, das ist aber ein Leben da! Diese Rutschen, diese laufenden Bänder, diese Drahtseilbahnen über die Tische hin! Diese Autos, diese Briefberge, diese Expreßzüge! Jawohl, so muß man die Sache angreifen, wenn sie eine Art haben soll! Und was es sonst noch alles

gibt an Drüber und Drunter und Durcheinander! Zuletzt werden die unbestellbaren Sendungen versteigert. Da kann man ja allerlei ergattern! Sieh her! Teemaschinen, Gummimäntel, Schallplatten, Radiogeräte, Marmeladendosen. Und die Menschen, wie sie zupacken, wie sie bieten!
Zum... dritten! Die alte Dame hat es! – Achtung, drei Korsetts! Kein Angebot... kein Angebot... zum ersten... zum zweiten... zum ... dritten! Der Auktionator wirft die Korsetts weg. Wertloses Zeug! Und das Publikum im Kino lacht und applaudiert, und jeder ist davon überzeugt, daß die amerikanischen Girls heutzutage unvergleichlich gesund sind.
Text: Die Armee, in der jeder sich selbst kommandiert. Großaufnahme: Ein Soldat stellt sich stramm hin, gibt sich selbst ein Kommando und nimmt das Gewehr über. Wieder ein Kommando: Er macht linksum. Wieder ein Kommando: Er macht kehrt. Wieder ein Kommando: Er lädt sein Gewehr, er legt an, er drückt ab, er nimmt es über, und so fort. Die Kamera dreht sich und fährt zurück, eine lange Reihe von Soldaten wird sichtbar. Der eine treibt dies, der andere das. Im Hintergrund Schneeberge. Es handelt sich um Switzerland. Haha, das ist Europa, denken die Leute. So führen sie sich dort auf. Jeder für sich. Sind eben noch kolossal zurück in Europa. Müßten unsere Jungens mal sehen! Herrgott, unsere wundervollen Jungens!
Die Filmleute haben natürlich denselben Gedanken gehabt. Nächstes Bild: American Navy. Brüllende, übereinanderstürzende Wassermassen, niedrige Wolken: der Ozean. Der junge Mann könnte dies sinnlose Auf und Ab des Ozeans stundenlang betrachten. Aber da trällert unter dem Brüllen der See eine schnelle, schimmernde Marschmusik auf, von rechts her schneidet der schwarze Bug eines Kriegsschiffes ins Bild hinein, schwarzes Eisen fegt

vorüber, das Wasser klatscht, eine Flagge weht, das Bild wird wieder hell, der Ozean wogt wieder auf und ab. Ein zweiter Bug saust vorbei, ein dritter, ein vierter, ein fünfter, ein sechster. – Aufnahme vom Flugzeug aus: Die Schlachtschiffe in einer Linie hintereinander. Sie winden sich durch die schwere Dünung hindurch, steigen hoch und sinken herab, die See donnert über sie hin und spritzt an den Gittermasten hoch, aber das macht ihnen nichts aus, sie qualmen ein bißchen, lassen das Wasser abfließen und winden sich weiter. – Aufnahme an Bord des Flaggschiffes: Ein Matrose steht auf einer Plattform des Gittermastes und übermittelt mit blitzschnell hin und her bewegten Flaggen die Befehle des Admirals. Neben ihm fliegen an einer im Winde bebenden Leine Signalwimpel hoch. Der Ozean kommt abwechselnd an Backbord- und an Steuerbordseite herauf. Die Gischtwolken rauchen über den Matrosen weg, er steht da mit flatterndem Kragen und winkt unbeirrt den Kameraden seine ruckartigen Zeichen zu. – Wieder eine Aufnahme aus dem Flugzeug: In der Tiefe der Ozean, die Kreuzer in äußerster Fahrt dahinjagend. Da brechen plötzlich aus den Schornsteinen schwarze Rauchwolken hervor, das erste Schiff fährt weiter geradeaus, die anderen machen Manöver und ordnen sich, teils links, teils rechts herausschwenkend, zu einem gewaltigen Keil, der, unter hellem Aufklirren der Musik und prasselndem Beifall des Publikums, qualmend und wühlend in die Ferne zieht.
Der junge Mann ist ein Deutscher, die militärische Seite des Schauspiels interessiert ihn nicht, zu patriotischen Hochgefühlen liegt auch kein Anlaß vor, trotzdem klatscht er in die Hände, er auch. Der Anblick ist so wild und herrlich: der Ozean, der Sturm, die übereinanderfallenden Wogenberge, die eisernen Schiffe, der gischtumsprühte Signalmast und die knatternden Flaggen! Ein Hurra für das Leben auf dieser Welt! Und da wird auch

schon ein Sitzplatz für ihn frei. So, nun will er einmal sehen, wie es weitergeht.
Jack Dempsey stellt den norwegischen Boxer Otto von Porath vor: Ladies and gentlemen, allow me to introduce the Swedish champion Otto von Porath to you. – No, Mr. Dempsey, sagt Porath, Sie haben sich geirrt, entschuldigen Sie, aber ich bin kein Schwede, ich bin Norweger! – Lieber Gott, antwortet Jack, ich dachte, es sei dasselbe. – Not at all, Mr. Dempsey! – Aber Jack meint lächelnd, hier von Amerika aus sähe eins wie das andere aus. Für uns ist es dasselbe. Wir können uns mit diesen Kleinigkeiten nicht abgeben. Keine Zeit. Ladies and gentlemen, allow me to introduce... Und jedermann im Publikum pflichtet Jack bei, daß Otto von Porath zuviel verlangt, wenn er den Amerikanern zumutet, sie sollten einen Unterschied zwischen Schweden und Norwegen machen. Was ist er für ein Landsmann? Schwede? Kann kein Mensch behalten!
Den jungen Mann wandelt der Neid an. Er möchte auch ein Amerikaner sein, er möchte sich auch einmal so allmächtig fühlen, daß es ihm nicht darauf ankäme, ob das betreffende Land nun Schweden oder Norwegen, Frankreich oder Italien, Polen oder Holland hieße. Ein Amerikaner, das ist beinahe wie der Liebe Gott. Aber sie machen weiter kein Aufhebens davon, es ist ihnen ganz selbstverständlich. Nette Jungens im Grunde. Der junge Mann möchte auch einmal beinahe der Liebe Gott sein. Ganz so armselig wie in Europa, ganz so armselig wie vorhin kommt er sich schon nicht mehr vor. Er streckt die Beine aus und läßt das Blut durch seinen Körper strömen: Was kostet die Welt!
Da machen sie ein Autorennen. Menschenskind, schon das Gedröhn der Motoren beim Start erfüllt ihn mit Himmelswonne! Und dann die Tribünen, die Bahn mit dem eleganten Schwung der überhöhten Kurven, die Anzeige-

vorrichtungen, die Reparaturstationen, das über die schrägen Menschenflächen hinwogende Geschrei, die Nervosität und vor allen Dingen die Rennwagen, die heulend durch die Kurven fliegen und wie Raketen mit einem Rauchschwanz die Geraden entlangschießen! Das sind wir! Das ist neunzehnhundertdreißig! Das ist unser Credo und Amen! Nicht nachdenken, einfach die zerreißende Spannung, den metallischen Schrei, die konzentrierte Leidenschaft, den Wahnsinn der Geschwindigkeit hinnehmen und zittern und dabeisein! Ein Wagen gerät ins Schleudern, springt im Bogen hoch – unter dem Bogen saust ein anderer hindurch – springt noch einmal hoch, überschlägt sich, zersplittert die Barriere und kollert in den Schutzgraben. Hinnehmen, auch das, es gehört dazu, neunzehnhundertdreißig! Das langgezogene Heulen tönt weiter. Nun holen sie die Sieger aus dem Wagen heraus, den Fahrer und den Monteur. Sie sind so erschöpft, daß sie nicht einmal mehr das Öl und den Dreck aus dem Gesicht wischen können, aber sie lachen. Es gibt noch Kerls unter uns! Mit dem Tode spielen, lachen, Sieger sein! Jawohl, alle müssen klatschen, die verdammten Burschen haben es verdient! Und der junge Mann klatscht sich die Hände heiß. Am liebsten schlüge er seinem Nachbar aufs Knie vor Aufregung.
Aber es ereignet sich schon wieder etwas Neues: Ein Mann steht auf dem schwankenden Flügelende eines Flugzeuges, die Luft wettert an ihm vorbei, ganz da unten liegt eine Stadt im Dunst, davor zieht sich das Ufer eines Sees hin, und mit einem Male läßt er sich hintenüberfallen, sein Kopf taucht in die Tiefe, er überschlägt sich drei-, vier-, fünfmal in der Luft, ein weißer Fetzen flattert hinter ihm her, schießt mit einem blitzschnellen Ruck nach oben und entfaltet sich. Es ist ein Fallschirm, unten daran schaukelt der Pilot. Aber er hat keine Zeit zu verlieren, der Wind führt ihn hinaus über den See. Wenn er

nicht ertrinken will, muß er sich beeilen, das kleine Gummiboot aufzublasen, das er bei sich hat. Er sinkt schnell herab, aber wie er ins Wasser klatscht, ist das Boot auch schon fix und fertig. Er schwingt sich hinein, eine Motorjacht zischt herbei und nimmt ihn auf. – Wieder eine Aufnahme in der Luft. Zwölf Flugzeuge rasen nebeneinander her. Ein paar hingehauchte Wölkchen schwimmen unter ihnen in der Luft. Zwölf dunkle Gestalten klettern auf die Tragflächen, im nächsten Augenblick sind sie heruntergeweht, alle zwölf, und stürzen in die Tiefe. Aber die Fallschirme funktionieren und breiten sich aus. Die zwölf hängen wie Puppen an den dünnen Stricken und treiben, von den Flugzeugen umkreist, dahin und dorthin.
Was für ein Bild, was für ein Bild! Nur nicht so schnell weiter, ich...
Footballmatch Harvard gegen Yale. Hunderttausend Menschen. Regen, übereinanderfallende Spieler, Flugzeuge, Lautsprecher, Fesselballons, aufspringende Menschen, Anfeuerungsgeschrei, spritzender Dreck. Immer wieder ducken sich die Boys in zwei Reihen einander gegenüber und warten auf den Anstoß des Balles, um hochzuspringen und sich in ein Knäuel zusammenzukeilen. Und jedesmal brüllt das Stadion auf wie ein dunkler Donner. Und jedesmal brüllt das Publikum im Kino, brüllt der junge Mann mit. Da erwischt der Quarter-Back von Yale den Ball, rennt wie der Satan seitwärts herum, schüttelt die Meute ab und rennt und rennt. Ein Havardmann kommt in höchster Not im Hechtsprung auf ihn zugeflogen und will die Arme um die Knie des Läufers werfen, verfehlt ihn aber, schlägt zu Boden und schießt drei Purzelbäume hintereinander, und der Quarter-Back rennt und rennt, während der Havardmann bewußtlos liegenbleibt, weiter. Es ist der berühmte Lauf, den alle kennen, alle haben die Berichte, die gestern darüber in den Zeitungen standen, verschlungen, und nun sehen sie die Sache

mit ihren eigenen Augen. Ein phantastischer Lauf! Ein fabelhafter Junge, dieser blutende, von oben bis unten durchnäßte Quarter-Back! Die Massen im Stadion tanzen vor Begeisterung auf den Sitzplätzen herum und schlagen sich gegenseitig auf den Kopf. Das Kino birst fast auseinander vor Geklatsche und Getrampel. Der Nachbar des jungen Mannes stößt vor Entzücken die Faust durch seinen neuen Hut, bruch, und stülpt ihn seinem Vordermann über den Schädel. Aber der schwingt seinen rechten Arm mit gespreizten Fingern in der Luft herum und ist so aus dem Häuschen, daß er den fremden Hut gar nicht bemerkt. Der junge Mann knirscht mit den Zähnen und ballt die Hände in den Manteltaschen: Das ist die Welt, das ist die Jugend, das ist Amerika! Abenteuer und Eisen, Lachen und Verwegenheit, explodierende Menschenmassen und singende Motoren. Noch einmal ein Hurra für das Leben! Und ein Hurra für Amerika! Und ein Hurra für die amerikanischen Jungens! Und ein Hurra für...
Text: Speed Boats Racing in Miami. The Skyline of the Magic City.
Und ein Hurra für mich! –
Wie der junge Mann aus dem Kino herauskommt, mutigen Schrittes und in seinem ganzen Gehaben ausdrükkend, daß er bereit ist, jedem einen Kinnhaken zu versetzen, der das Leben nicht verdammt hübsch und aufregend findet, hat er außerdem das Gefühl, daß jetzt etwas Großartiges geschehen müsse. Hör mal zu, jetzt gibt es nur eins für ihn: Hinauf auf das Woolworth Building, auf das höchste Haus der Welt!
Er taucht unter die Erde, erwirbt vor lauter Unternehmungslust da unten im Vorbeilaufen ein Päckchen Kaugummi, springt in einen Subway Expreß der B. M. T. und jagt unter dem Broadway hin, downtownwärts, nach City Hall. Schräg gegenüber hat Mr. Woolworth seine Kathedrale errichtet.

Nachdem der junge Mann sich in einer Ecke der haushohen, mosaikgeschmückten Eingangshalle ein Ticket für die Aussichtsgalerie gekauft hat, besteigt er einen Expreß-Elevator – im ganzen gibt es hier vierunddreißig Aufzüge –, der ihn weich nach oben reißt. Etwa im vierzigsten Stockwerk muß er aus dem Expreß in einen Local umsteigen, der, wenn nötig, in jedem Stockwerk hält. Auf der allerletzten Strecke bis zum sechsundfünfzigsten Stock, die nur von Besuchern befahren wird, verkehrt ein Speziallift. Dann tritt er auf die Galerie hinaus.
Ein eiskalter Windstoß wirft ihn gegen die Wand. Holla, sagt er und hält sich am Geländer fest. Wo bin ich? O Himmel!
Zunächst einmal ein zerklüftetes Gewirr von Häuserblökken da unten in der Tiefe, aus dem weiße und graue Turmfelsen aufsteigen, fast bis zur Höhe des Woolworth. Starr, eckig, fensterübersät. Nur die schneeweißen Dampffähnchen, die aus den Plattformen der Türme, aus den Gipfeln der pyramidenförmig sich verjüngenden Dächer und den hochgeführten Kaminen herausflattern, verraten, daß sich da drinnen ein unbekanntes Leben regt. Auf Menschen verfällt man kaum. Die Ameisen, die da unten in der Broadwayschlucht herumkrabbeln, die Autokäfer, die sich langsam hintereinander herschieben, die Hochbahnen, die aus den Steinbergen herausschleichen und auf schnurgeraden Strichen in der Ferne verschwinden, das alles spielt keine Rolle in dieser toten und schauerlich leeren Landschaft, in dieser ungeheueren Einsamkeit, in diesen rauchigen Abgründen. Wenn man nicht lange und scharf hinsieht, bemerkt man es überhaupt nicht.
Im Westen, Süden und Osten schimmert graues Wasser auf. Hier der Hudson, da die Upper Bay mit den flachen Inseln, da der East River. Die Felsenhäuser stürzen steil gegen das Wasser ab, zu ihren Füßen schieben sich die

Piers, einer neben dem anderen, in das unruhige Grau hinaus. Wie eine Hand mit fünfzig Fingern, denkt der junge Mann. Und an diesen und jenen Finger hat sich ein Spielzeug angeschmiegt, ein Überseedampfer.
So sieht das Südende von Manhattan aus. Aber die nördlichen Gegenden haben eine andere Gestalt. Da senkt sich das Gebirge in sanfter Kurve allmählich ab, die schachbrettartig hintereinandergereihten Blocks werden zehnstöckig, werden siebenstöckig, werden fünfstöckig, eine silbrig überglänzte Ebene weit hinaus bis dorthin, wo sich in der Ferne, um das Chrysler Building herum, das, wenn es morgen fertig ist, noch zwölf Stockwerke höher als das Woolworth Building in den Himmel ragt, ein neues Gebirgsmassiv erhebt und alsbald wieder in flacher Kurve abfällt, um sich jenseits des Harlem River in den verschleierten Niederungen der Bronx zu verlieren.
So weit die Augen reichen, nur Stein und Wasser, eintönige Farben, Weiß, Silber und Grau, majestätische Rhythmen. Und hinter den Wassern, wo die Klarheit in den Dunst des Himmels übergeht, unendliche Wüsten: Brooklyn, Queens, die Bronx, Hoboken, Jersey City, Richmond. Und gegen Osten ganz in der Ferne, nicht geschaut, nur geahnt, der Atlantische Ozean.
Oben am Himmel steht ein düsteres Gewölk, das sich kaum vorwärtsbewegt. Darunter treiben helle Schneewolken hastig hin. Eine, die so tief segelt, daß der junge Mann meint, sie würde, wie sie da von Brooklyn herüberfliegt, schon am Whitehall Building zerfließen, hebt sich an der Südspitze von Manhattan über der Battery leicht in die Höhe, schleift über die Dächer und fährt, nachdem sie die Spitze des Singer-Turms berührt hat, auf das Woolworth Building zu. Noch ist es eine Wolke, ein zusammengedrängtes graues Gebilde, aber nun löst es sich auf in Nebel und Frost, nun hüllt es lautlos den Turm ein und verdeckt Himmel und Erde. Der junge Mann

steht blind in der Wolke und wartet, daß sie vorübergeht. Wie er sich vorsichtig über die Brüstung beugt und hinabblickt ins Ungewisse, dringt leise wie aus einer anderen Welt das monotone Rauschen, die dunkle Melodie des Broadway durch den ziehenden Dampf zu ihm herauf, ganz leise. Er hält den Atem an und ist so ängstlich und froh, daß er dies alles erlebt.

Stümper ihres Faches

Der junge Mann sitzt gerade in der Badewanne, da klingelt das Telephon. Hach, du lieber Gott, dies elende Telephon! Es wird wieder ein schönes Theater werden! Wie ein begossener Pudel krabbelt er aus dem Wasser, hüllt sich in seinen Bademantel und tappt ins Zimmer. Der Apparat fällt fast um vor Geklingel. Aber er wandert erst einmal, der junge Mann, händeringend hin und her, wirft einen verzweifelten Blick gegen die Decke und hebt schließlich den Hörtrichter an sein Ohr.
Hallo?
Quak, quak, quak.
Das alte Lied! Kein Wort zu verstehen! Resigniert leiert er den Satz herunter, den er in solchen Fällen regelmäßig von sich gibt: Don't speak so quickly, please! I understand only a little bit English.
Aber die Stimme am Telephon beachtet das nicht im mindesten, sondern macht ruhig weiter: Quak, quak, quak...
Good Lord, sagt der junge Mann, nehmen Sie doch Vernunft an, Sie sind ja verrückt! Haben Sie mich verstanden? Sie sind ja vollständig... Da erscheinen in dem Telephon ein paar bekannte Worte: Quak... quak... in the lobby... quak, quak.

Hallo, what's the matter with the lobby?
Quak quak... Mr. Lundquist in the lobby... quak quak... quak... please come down in the lobby... quak quak...
Don't speak so...
Quak quak.
Oh devil! I can't understand... Sure, no, yes!
What do you mean by... quak...
Many thanks!
Der junge Mann hat das Gefühl, als funktioniere die Unterhaltung mittlerweile schon etwas besser. Der Prozentsatz derjenigen Worte, die er ungefähr unterscheiden kann, steigt von Minute zu Minute. Nach einiger Zeit glaubt er dahintergekommen zu sein, daß unten in der Halle ein Mr. Lundquist auf ihn wartet.
Just a moment! Just five minutes!... All right!
Nach ungefähr fünf Minuten saust er mit dem Expreß-Elevator vom vierzigsten Stockwerk hinab in die Halle. Wie er suchend von einer Gästegruppe zur anderen blickt, erhebt sich ein graubehuteter Gentleman aus einem Klubsessel und geht auf ihn zu. Es ist, vorausgesetzt, daß der junge Mann sich recht erinnert, derselbe, der ihn gestern, als er einen Betrunkenen, der immer wieder aus einer kleinen Cafeteria hinausgeworfen wurde, filmen wollte, ansprach und ihn freundlicherweise auf einige andere Objekte für seine Kamera aufmerksam machte. Sie hatten sich dann eine Weile unterhalten, so gut es ging. Es ging übrigens ganz leidlich, denn der Herr war Schwede von Geburt und sprach, da er noch nicht lange im Lande weilte, gleichfalls ein primitives Englisch. Ein Primitiver kann sich aber mit einem anderen Primitiven besser verständigen als mit einem Sprachkundigen. Um diesen Gentleman handelt es sich also.
Der Teufel soll mich holen, denkt der junge Mann, während Mr. Lundquist seine Hand schüttelt, wenn ich ihm

meinen Namen und mein Hotel genannt habe! Wie hat er mich bloß hier aufgetrieben? Morning, Mr. Lundquist! Glad, to meet you again!
Mr. Lundquist ist ebenfalls erfreut, den jungen Mann zu treffen. Er hat gerade nichts Besonderes vor und erlaubt sich, einen gemeinsamen Bummel durch die Stadt vorzuschlagen. Was hält der junge Mann davon? Soviel der junge Mann von einem Bummel durch die Stadt hält, sowenig hält er, wenn er die Wahrheit sagen soll, von Mr. Lundquist. Dieser etwas abgeschabte Mantel, diese eiskalten Augen, diese unerwartete Freundlichkeit... er weiß nicht, möglicherweise tut er dem Mann ja unrecht, aber er argwöhnt, daß hier Verschiedenes nicht stimmt. Hierzulande hat man meist etwas Vernünftigeres zu tun, als mit einem fremden jungen Mann durch die Stadt zu bummeln. Da stimmt etwas nicht. Immerhin könnte es ganz amüsant sein, sich zunächst einmal dem guten Mr. Lundquist anzuvertrauen und abzuwarten, was daraus wird. Er macht also kein Hehl daraus, daß er die Achte Avenue hinaufzuschlendern und über den Columbus Circle ein wenig in den Central Park einzudringen beabsichtige. Ein derartiges Unterfangen kann Mr. Lundquist nur billigen. Let us go!
Die Achte Avenue bietet außer dem Madison Square Garden Building mit seinen zwei Funktürmen nichts Beachtenswertes. Sie schlagen den Mantelkragen hoch, atmen Dampf aus ihren Mündern heraus und sprechen, während von Zeit zu Zeit Wolken feinen Schneestaubes über sie hinwegrieseln, von Gott und der Welt. Der junge Mann paßt scharf auf, ob nicht endlich der Pferdefuß, auf den er lauert, irgendwo zum Vorschein kommt. Aber nichts geschieht. Einmal schimpft Mr. Lundquist, ohne daß der junge Mann ihm Beifall zollt, aus Leibeskräften auf die Engländer, auf diese Räuber und Banditen, die er im Tod nicht leiden könne. Das bedeutet etwas, denkt der junge

Mann. So wilde Worte und ganz aus heiterem Himmel, jetzt muß man die Augen offen halten! Aber Mr. Lundquist beruhigt sich wieder, das Gespräch fließt harmlos weiter. Ein anderes Mal erwähnt er beiläufig, in seiner Heimat Schweden nähme man bei solchem Wetter den berühmten Schwedenpunsch zu sich. Haben Sie schon davon gehört?

O gewiß!

Do you like it?

O gewiß!

In Amerika gibt es keinen Schwedenpunsch.

O nein!

Und im stillen sagt sich der junge Mann: Aha, endlich! Weiter hat es also nichts zu bedeuten. Ich soll in ein Speak Easy, in eine dieser geheimen Alkoholkneipen, geschleppt werden, das ist alles. Hat lange genug gedauert, bis er damit herausrückte!

Aber merkwürdigerweise legt Mr. Lundquist keinen Wert darauf, das Thema Schwedenpunsch beizubehalten, geschweige denn, es vom Theoretischen ins Praktische zu variieren. Der junge Mann muß zugeben, daß er sich wahrscheinlich geirrt hat. Wie sie den Columbus Circle überqueren, ist er noch genau so klug wie vor einer halben Stunde.

Dann schlagen sie sich in den Central Park. Ein elendes Stück Grasland für europäische Augen mit noch elenderen Sträuchern und ein paar Felsbrocken, die verschämt aus der Erde herausgucken. Aber die Wolkenkratzerlandschaft, die sich, von Schneeböen überweht, blaß und kalt gegen den bleiernen Himmel erhebt, ist herrlich, besonders in dem Winkel der Fifth Avenue und der Fifty Ninth Street, wo die Vertikalen des Plaza Savoy Buildings, des Sherry-Netherland und des Ritz Towers wie weiße Felsnadeln hintereinander aufsteigen.

Ehe der junge Mann sich richtig daran sattgesehen hat,

ereignet sich ein kleiner Zwischenfall. Aus einem Seitenweg kommt ein verstörter Passant auf sie zu und redet sie ohne weiteres mit wirren Sätzen an. Der junge Mann versteht wieder einmal kein Wort, aber Mr. Lundquist antwortet dies und das, schüttelt den Kopf, sperrt den Mund auf und ist voller Mitgefühl. Dann fragt er den jungen Mann, ob er nicht wisse, wo das Hotel Allisson liege. Und der verstörte Passant fügt auch seinerseits, indem er den jungen Mann mit seinen verzweifelten Augen anstarrt, noch einmal den Namen hinzu: Hotel Allisson.

Keine Ahnung, sagt der junge Mann. Was es denn mit diesem Hotel auf sich habe?

Nun erklärt Mr. Lundquist ihm die Sache. Dieser Gentleman habe heute mit einem pretty girl im Hotel Allisson übernachtet und... da... also... kurz und gut... nun sei ihm die Uhr gestohlen, die Brillantnadel aus dem Schlips gezogen und die Brieftasche geraubt. Vor lauter Schreck habe er, als er es merkte, nahezu den Verstand verloren, sei auf die Straße gelaufen, erst um die, dann um jene Ekke, und könne nun, wo er wieder klar sehe, das Hotel nicht wiederfinden.

Und der Unglückliche flüstert noch einmal vor sich hin: Hotel Allisson, kleines Hotel.

Aber der junge Mann will Johannes heißen, wenn der Gentleman jemals eine goldene Uhr und eine Brillantnadel besessen hat. Dieser Kragen, dieser Speckhut, diese sogenannten Handschuhe! Menschenskind, such dir einen Dümmeren! Und er läßt Mr. Lundquist wissen, daß ein Hotel Allisson ihm unbekannt sei, außerdem wolle er weiter, hier komme es ihm verdammt kalt vor.

Sofort, sagte Mr. Lundquist, sofort. Aber das Girl habe diesem Gentleman obendrein noch zweihundert Dollar im Spiel abgenommen. Schrecklich.

Der Gentleman zieht, um das Spiel zu erläutern, einen

Dime aus der Tasche, legt ihn auf seinen Daumennagel und schnippt ihn, bitter lächelnd, in die Luft. Dann fängt er ihn auf und fragt Mr. Lundquist, ob er Kopf oder Wappen riete. Mr. Lundquist rät Kopf, und wie der Gentleman seine Hand öffnet, liegt der Kopf oben. Wenn es ernst gewesen wäre, hätte er gewonnen.
Was denn, sagt der Gentleman, es war doch ernst?
Bewahre, wehrt Mr. Lundquist ab.
Nein, ich habe es ernst gemeint. Sie müssen nun diesen Dollar von mir annehmen!
Damit holt er ein dickes Paket, das mit Gummischnüren umwickelt ist, aus seiner Rocktasche hervor, und wie der junge Mann genauer hinguckt, besteht das Paket aus lauter Dollarscheinen. Der Gentleman zieht einen heraus und überreicht ihn, während er in Wirklichkeit wohl immer noch an die Brillantnadel und die goldene Uhr denkt, dem überraschten Mr. Lundquist. Dann schiebt er das Paket wieder in seinen Rock und spielt gedankenvoll mit seinem Dime ein bißchen Kopf oder Wappen für sich selber. Mr. Lundquist blickt auf den Dollarschein in seiner Hand, blickt auf den jungen Mann, lacht und steckt das Papier in seine Hosentasche. Ob der junge Mann verstanden habe, wie das zugegangen sei?
Doch, dergleichen betreibe man in Deutschland auch.
Da murmelt der Gentleman, der in Gedanken versunken neben ihnen herschlendert, etwas von Schnürband aufgegangen und schlurft auf eine Bank los, um den Schaden zu beheben. Sogleich stößt Mr. Lundquist den jungen Mann an und flüstert aufgeregt, ob er gesehen habe, was der Kerl für Geld bei sich trage! Es sei ein Engländer, und wenn sie jetzt zusammenhielten, der junge Mann und er, dann könnten sie diesem verfluchten Briten sein ganzes Dollarpaket abgewinnen. Was? Kein Risiko, keine Gefahr, er wolle immer dies sagen, und der junge Mann müsse eben das Gegenteil raten, und dann so und manch-

mal so und so und so, that's all. Eine wundervolle Chance! Isn't it?
Vor lauter Erstaunen kann der junge Mann kein Wort herausbringen. Er läßt nur einen kurzen Zischlaut durch seine Lippen sausen.
Wir wollen es schnell einmal ausprobieren, fährt Mr. Lundquist flüsternd fort. Hier nehmen Sie diesen Dime und werfen Sie ihn hoch, dann will ich raten. Sie brauchen keine Angst zu haben! Nehmen Sie ihn doch. Nur zur Probe, nur als Spiel, for exhibition only! Hier!
Der junge Mann hat einen roten Kopf, seine Augen sind ganz schmal. Nachdem er den Dime mit einem Smash ins Gebüsch gefegt hat, öffnet er den obersten Knopf seines Mantels und stellt sich dicht vor Mr. Lundquist hin:
You damned poltroon, faucht er, you...! Warte, den anderen brauche ich auch noch! Hallo, dirty fellow, come along!
Es macht dem Engländer weiter nichts aus, daß er dirty fellow genannt wird. Er kommt heran, er kommt sogar, wie der junge Mann ihn mit hurry up und be quick anfährt, schnell heran. In seinem ganzen Leben hat der junge Mann noch kein so unverschämtes Gesicht gesehen.
Ihr verfluchten Halunken, sagt er, jetzt wollen wir einmal deutsch miteinander reden! Schämt ihr euch denn gar nicht, ihr Jammerlappen, ihr elenden Stümper? Das soll eine New Yorker Gaunerei sein, dies Kinkerlitzchen, das ihr da eben mit mir versucht habt? Das soll amerikanisch, das soll modern, das soll führend in der Welt sein? Ihr habt wohl gar kein Ehrgefühl mehr im Leibe, was? Mit so uralten, abgegriffenen, albernen Kunststücken wagt ihr euch heute noch an gebildete Leute heran? Und dazu noch mitten im Central Park? Nennt ihr das etwa witzig, nennt ihr das etwa smart, nennt ihr das etwa originell? Das ist einfach dumm, frech und dickfellig! Ihr solltet euch in dem Gebüsch da verkriechen und erst einmal einen Tag lang

über euch weinen! Ihr seid ja die Schandflecken dieser wunderbaren Stadt! Meint ihr, ich hätte hier in New York nichts Besseres zu tun, als mich mit solchen Hornochsen wie euch abzugeben? Was ist das für eine Unverschämtheit! Wenn ich euch schon einen ganzen Vormittag opfere, kann ich wohl erwarten, mit einem first class Schurkenstreich bedient zu werden. Statt dessen liefert ihr so eine Lotterei, über die sich unsere Großmütter schon amüsiert haben. Das ist Betrug, regelrechter Betrug! Seid ihr euch darüber klar? Man müßte euch direkt anzeigen, daß euch das Handwerk gelegt wird. Ich kann eine ganze Menge Spaß vertragen, aber dies geht mir denn doch über die Hutschnur! Marsch, zum Teufel mit euch, ihr erbärmlichen Geister, ihr Heuschrecken, ihr Sonntagnachmittagsgauner! Und Gnade euch Gott, wenn ihr mir noch einmal in den Weg lauft!
Der Engländer scheint sich, obwohl er kein Wort verstanden hat, darüber klar zu sein, daß hier nichts mehr zu hoffen ist. Er zieht sich langsam zurück, seine Augen werden tückisch. Aber Mr. Lundquist, der gleichfalls nichts verstanden hat, gibt das Spiel noch nicht verloren. Er hält dem jungen Mann eine verworrene Rede, in der die beiden Worte by mistake immer wiederkehren, und schließt mit der Aufforderung, in einen Pool-Room zu gehen und sich beim Billardspiel wieder zu vertragen.
Aber da verabreicht ihm der junge Mann eine Probe von seinen Fortschritten in der Landessprache. Er knöpft seinen Mantel zu und sagt, indem er sich zum Gehen wendet, kurz und gut: Go ahead, you son of a gun! Was auf deutsch ungefähr heißt: Hau ab, du Sohn einer Kanone!
Mr. Lundquist sperrt sein Maul auf und ist über diese Sachkenntnis so verdutzt, daß er nichts Besseres zu antworten weiß, als: All right, Sir! – – –
Nach einer Viertelstunde bleibt der junge Mann, der mit grimmigem Gesicht die Fifth Avenue hinunterspaziert

ist, vor einem Candy-Laden stehen und betrachtet sich lange Zeit in dem Spiegel, den der Inhaber zwischen all den gezuckerten Früchten und Konfitüren aufgebaut hat.
Hm, fragte er sich, ist mein Gesicht wirklich so dämlich, daß dieser Mr. Lundquist annehmen konnte, ich würde auf seinen Hokuspokus hereinfallen? Eigentlich nicht... wenn ich ehrlich sein soll. Gewiß, da schwebt noch so ein bißchen Traum und Lächeln und europäische Weichheit um die Augen herum, das fällt mir jetzt selber auf. Aber dämlich? Nein! Ein Stümper, dieser Bursche! Hat nicht einmal die simpelste Menschenkenntnis! Man kann sich richtig über ihn ärgern!

Halleluja

Wie der junge Mann am Sonntagvormittag bei einem Spaziergang durch den Black Belt von Manhattan, durch die schmutzig verschneiten Negerquartiere Harlems von der Lenox Avenue in die Hundredandthirtyseventh Street einbiegt, ist die Straße schwarz von Schwarzen. Im Hintergrund ragt der düstere Aufbau eines Leichenautos über die Menge empor: Ein Neger soll beerdigt werden. Es schneit noch immer. Und aus allen Fenstern der Mietskasernen hängen schwarze Köpfe heraus.
Der junge Mann drängt sich langsam vor. Bald gebraucht er die rechte, bald die linke Schulter. Nun sieht er, daß hinter dem Leichenauto noch ein offener Sechssitzer steht, der über und über mit Kränzen beladen ist. In der Haustür, vor der die Autos warten, haben sich zwei Neger postiert, jeder hält eine violette Fahne in der Hand, die seidenen Tücher wehen bis auf die Erde nieder. Aus dem ersten Stock ragt ein kunstreiches Reklameschild in die

Straße hinein. Es stellt einen eleganten Neger im Smoking dar, oben drüber und unten drunter verkünden große, mit elektrischen Birnen ausgefüllte Blechbuchstaben, dergleichen sei hier to hire. Über der Haustür sind zwei lattenumrahmte Papptafeln angenagelt: ›Tailor. Cleaning. One Dollar‹ und ›Tuxedoes for hire, Two Dollars‹. Den jungen Mann interessiert jede Kleinigkeit, die Reklameschilder, die Pelzmäntel der Negerdamen, die Baskenmützen, die den braunen, dünnbeinigen Mädchen seitlich auf den Ohren hängen, die violetten Fahnen mit ihren eingestickten Symbolen, die Feuerleitern, die vorn an den Häusern im Zickzack herunterkommen, der Pomp des Leichenautos, und was das weiße Fräulein anbelangt, das sich da vor ihm immer wieder auf die Zehen hebt... übrigens das einzige weiße Menschenkind weit und breit außer ihm selbst... oder gehört sie wahrhaftig auch...? Er beugt sich ein wenig vor, um das Gesicht besser sehen zu können. Ja, da soll nun einer wissen, ob das white or black bedeutet! Jedenfalls ist ihre Nase schmal und fein wie die einer Aztekin, und ihre Lippen sind keineswegs üppig, eher dünn. Eine diskret gebräunte Amerikanerin hat dieselbe Hautfarbe wie diese junge Dame. Von ihrem Haar kann er nichts sehen, weil sie ein dunkelrotes Kappenhütchen trägt, vor ihren Augen weht ein Stückchen blauer Tüll. Am verdächtigsten erscheint dem jungen Mann noch der rote Mantel mit dem schwarzen Krimmerpelz. Dies Rot von Kappe und Mantel, gerade diese Nuance von Purpur, macht ihn, er weiß nicht warum, mißtrauisch. Vielleicht darf er...

Aber da heben die beiden Neger in der Tür ihre Fahnen hoch, ein dritter kommt mit dem wehenden Sternenbanner aus der Dunkelheit des Hausflurs heraus, stellt sich neben das Leichenauto und senkt das besternte Tuch in den Schnee. Und nun schwankt der Sarg herbei, schwarz und silberbeschlagen. Das rote Fräulein macht den Hals lang und reckt sich schräg nach links hinüber, um an dem grauen Hut ihres Vordermannes vorbeisehen zu können. Diesen Augenblick benutzt der junge Mann. Er knickt in den Knien ein, duckt seinen Kopf vor und faßt sie ungeniert von unten ins Auge. Was hat sie für Wimpern! Lange, dichte Wimpern mit ein bißchen Schimmer darin. Das blaue Schleierchen reicht nicht sehr tief, nur bis zur Mitte der Nase. Da wirft sie, als spüre sie, daß sie beobachtet wird, einen Blick zur Seite, der junge Mann blinzelt schnell woanders hin, sie scheint ihn nicht bemerkt zu haben, sie achtet schon wieder auf das, was da drüben vor sich geht. Der junge Mann drückt die Zunge gegen seine rechte Backe und richtet sich wieder auf. Gerade fährt das Leichenauto ab. Die Menschenmenge, die so lange still gestanden hat, bewegt sich durcheinander. Da dreht die Rote sich um und mustert halb unwillig, halb neugierig sein Gesicht, dann zieht sie ihren Pelz vorn am Halse zusammen und geht in der Richtung auf Lenox Avenue davon. Sie hat also doch etwas... Schadet nichts. Da der junge Mann auf kein besonderes Programm eingeschworen ist, schlendert er hinter ihr her.

Ihr Pelzkragen steht hinten fast so hoch wie ihr Kopf. Sie biegt in die Lenox Avenue ein und biegt beim nächsten Block abermals um die Ecke. Nun wandern sie die Hundredandthirtyeighth Street entlang, der junge Mann und die Rote. Ist hier denn auch wieder etwas los? Wo wollen denn all diese Neger hin? Da vorn scheint sich ja etwas... ach so, eine Kirche, alles heilige Leute, Gott sei mit ihnen! Uns beide geht das ja weiter nichts an.

Doch, es geht sie beide eine ganze Menge an! Und wenn er bislang noch im Zweifel über die Rassenzugehörigkeit der Roten gewesen ist, so wird er jetzt aufgeklärt: Sie verschwindet mit der größten Selbstverständlichkeit linker Hand in dem Portal der Kirche. Er ist so verwirrt, daß er, ohne seine Schritte auch nur einen Augenblick zu verlang-

samen, gleichfalls in die Kirche hineingleitet. Insofern geht es auch ihn etwas an. ›Abyssinian Baptist Church‹ steht in goldenen Buchstaben über der Tür. Eine Negerkirche. Vielleicht wird er sofort hinausgewiesen. Wo ist die Rote? Die Rote geht die graue Sandsteintreppe hinauf, die gleich hinter der Eingangstür seitlich nach oben führt. Er tut, als kümmere er sich nicht um die scheuen und aufgeregten Blicke der Kirchgänger, die es offenbar nicht fassen können, daß ein Weißer sich so weit vergißt, ihre Kirche zu betreten, er geht in einer Art von verzweifelter Hartnäckigkeit hinter der Roten her. Sein Gesicht hat einen verschlossenen Ausdruck, aber nicht, weil er so wilden, sondern so unsicheren, ja besorgten Sinnes ist. Sie werden doch nicht glauben, ich wollte ihre Kirche schänden! Sie werden doch nicht über mich herfallen! Eine unheimliche Gesellschaft, diese dickmäuligen Christen mit ihren rollenden Augen! Ich hätte erst fragen sollen, ob man hier überhaupt so ohne weiteres hinein darf. Ach was, nur weiter, man muß sich nicht so anstellen!
Auf der Empore, deren Sitzreihen sich nach vorn absenken, tritt gleich ein weißbehandschuhter Neger im schwarzen Gehrock mit einer schwarzen, silberbedruckten Schleife vor der Brust auf ihn zu und komplimentiert ihn, der halb mit den Ohren auf seine freundlichen, aber unverständlichen Worte, halb mit den Augen auf die Rote achtet, zum Mittelgang. Dann ist er sich selbst überlassen. Die Rote schiebt sich in die dritte Bank hinein, wo noch einige Plätze frei sind. Der junge Mann auch.
Nun sitzt er da mit einem Gesicht, als sei dies alles nichts Neues für ihn, sein Mund ist ernst und andachtsvoll, die Rote geht ihn gewissermaßen nichts an. Aber als er sich mit der linken Hand behutsam wie zur inneren Sammlung über die Augen fährt, schielt er hinter dem Daumen heimlich zu ihr hinüber. Sie ihrerseits wendet sich ihm ganz unbefangen zu. Immerhin hat sie diesen Tüll vor ih-

ren Augen, und niemand, wenn er nicht gerade neben ihr sitzt, kann kontrollieren, wohin sie ihre Blicke richtet. Die Augen schimmern braun, das Weiße rundherum scheint klar zu sein. Übrigens sind die Lippen gar nicht so dünn, wie er dachte. Jetzt, wo er sie mehr von vorn sieht, merkt er, daß sie sich in der Mitte zu einiger Fülle runden, die Oberlippe hat sogar einen schönen und strengen Schwung, der dem ganzen Gesicht etwas Trotziges gibt. Die Augenbrauen sind auch trotzig. Mehr ein Jungen- als ein Mädchengesicht.
Aber der junge Mann hat sich nun genug gesammelt. Er läßt die Hände sinken und blickt diskret in der Kirche umher.
Die Empore, auf der er sitzt, zieht sich rechts und links wie der Rang eines Theaters um den Kirchenraum herum. Vom Schiff kann der junge Mann nicht viel sehen, weil er sich zu weit hinten niedergelassen hat. Vor der vierten Wand, ihm gerade gegenüber, schiebt sich unten ein marmornes Podium ein Stück in das Schiff hinein. Mitten auf dem Podium ist ein Predigerpult aus Messing aufgebaut. Rechts steht ein Tischchen mit Blumen, links eins mit der Bibel. In die Rückwand, die das Podium von der dahinterliegenden Sakristei scheidet, hat man eine Nische mit einer Art alabasterner Badewanne eingebaut. Es dauert eine ganze Weile, bis der junge Mann begreift, daß es sich natürlich, da er in einer Baptistenkirche ist, um das Taufbecken handelt. Gleichsam als Dach der Sakristei steigt wieder eine Empore, nicht ganz so hoch wie die des jungen Mannes, schräg nach oben. Sie ist noch leer. Darüber glüht ein großes rundes Fenster in puddingfarbener Buntheit auf.
Der junge Mann wird das Gefühl nicht los, als sähe die Rote ihn immerzu prüfend an. Aber wie er einmal hastig hinschaut, greift sie gerade mit einer trägen und weichen Bewegung – alle ihre Bewegungen, ihr Gang, das Neigen

ihres Kopfes, das Spiel ihrer Finger, alles ist so weich, als ob ein Tier es täte –, mit einer dieser weichen Bewegungen nach dem Gesangbuch, das in einem Schlitz am Rücken des Vordersitzes steckt. Er guckt noch einmal hin: Sie lehnt sich zurück und blättert in dem Buch. Er braucht sich vorläufig noch nichts einzubilden. Apropos: Auch für ihn ist, wie für jedermann, an der betreffenden Stelle ein Gesangbuch vorhanden. Ein Gesangbuch und ein Blattfächer. Da und dort wedeln die Leute sich schon Kühlung zú. Die Luft steht schwül und dumpf im Raum. Wenn er aber meint, die Buchstaben, mit denen die Fächer über und über geziert sind, bedeuteten etwas Geistliches, so hat er sich geirrt. Wie er beispielsweise den seinen genauer studiert, steht auf der einen Seite:

> Any mouth may have Pyrrahoe, and a forty
> the odds are 4 out of 5. Your teeth are only
> as healthy as your gums. Hanfor's for the gums!

Und auf der anderen:

> Clear velvety skin can be yours by proper
> cleaning. The right soap to ask for is Renosil.

Er kann nicht umhin, ein bißchen zu lächeln. Aber er läßt es doch gelten. Landesart, Landessitte. In anderen Kirchen dieser Stadt spielen sie, wie man ihm erzählt hat, anstatt auf Orgeln mit Jazzorchestern.

Der Platzanweiser mit der schwarzen Schleife hat alle Hände voll zu tun. Soweit der junge Mann sehen kann, ist die rückwärtige Empore bereits vollständig ausverkauft. Wo sollen nur die Leute untergebracht werden, die noch immer die Treppe hinaufschlurfen? Aber der Platzanweiser ist nicht umsonst mit dieser ehrenvollen Schleife und mit den weißen Handschuhen bekleidet, er verhilft jedem zu seinem Recht.

Da ist einer, der nimmt sich mit seinem länglichen Gesicht und dem sanft gescheitelten grauen Haar wie Henry Ford in eigener Person aus, nur daß er eben ein bißchen brauner ist als das Original. Auch Mr. Ford wird verstaut. Der Fette im Frack und weißer Weste, der sich für wunder was hält, ebenfalls. Die Frau mit den Klunkern an den Ohrläppchen, der Jüngling mit der Boxernase, der Mann mit dem Turmschädel, die winzige Alte, der idiotische Weißbart, sie alle finden noch ein Plätzchen. Man rückt zusammen, da und dort kann noch ein Klappstuhl stehen, man ist nett zueinander, es geht schon. – Lobe den Herrn, Schwester Hannah! – Halleluja, Bruder Scylla! – Nun kommen noch vier junge Damen mit modernen Kappen und Mänteln, sie sind noch sehr jung, eher gelb als braun, fast so hell wie die Rote, aber ihre Lippen springen dick hervor. Sieht geradezu verteufelt aus, diese Pariser Eleganz und die afrikanischen Urwaldgesichter! Hinter ihnen her wabbelt eine Matrone, die, ehe sie sich setzt, ihren Mantel umständlich auszieht. Da trägt sie denn eine grüne Bluse mit Keulenärmeln aus Großmütterchens Zeiten und eine zitronengelbe Rüsche um den Hals herum und vorn herunter. Der junge Mann hofft wenigstens, daß man dies Gefältel eine Rüsche nennt. Für das schwarze, flimmernde Hütchen, das sie mehr auf der Stirn als auf dem Kraushaar balanciert, wagt er keinen Namen zu ersinnen.

Es gibt soviel Bemerkenswertes zu sehen, Trauriges und Lächerliches, Häßliches und Schönes. Aber das allerschönste sind doch die beiden Kinder mit den großen, glänzenden Augen, die jetzt, von ihrem Vater geschoben, den Mittelgang entlangtappen, ein Junge und ein Mädchen. Der Vater klemmt sich noch auf ein Bankende, aber die beiden Kleinen lassen sich, scheu umherblickend und mit den Händen hinter sich tastend, nebeneinander auf der Treppenstufe nieder. Dunkelbraune Negerkinder mit Wollhaaren und Affenhänden. Ihre Mäntelchen sind zu kurz, ihre Umlegekragen könnten sauberer sein, doch sitzen sie so artig und feierlich da, so fremd und leise, daß der

junge Mann für ein paar Minuten alles übrige um sich her vergißt.
Da erhebt sich mit einem Male drei Reihen vor ihm ein Neger, der so schwarz ist, daß er schon beinahe grün aussieht, dreht sich um und fängt an, den Leuten, die in seiner Nähe sitzen, mit gedämpfter Stimme eine private Predigt zu halten.
Zuerst erzählt er ganz treuherzig von den Seligkeiten des himmlischen Paradieses. Der junge Mann versteht nur ganz ungefähr, worauf er abzielt, aber er merkt immerhin, daß es auch im Negerhimmel, wie in allen Himmeln, von denen er bislang gehört hat, sehr irdisch zugehen muß. Die Erzengel haben zum Beispiel goldene Flügel, die anderen nur weiße, und wer gerade Dienst tun und etwa Staub wischen soll, überzieht seine Flügel vorher mit grauen Schutzhüllen, ähnlich denen, die das Polstermeublement einer guten Stube alltags vor Verunreinigungen schützen. Im übrigen besteht die ewige Seligkeit aus einem einzigen ›fish fry‹: Man zieht hinaus ins Freie, macht Feuer an, brät Fische, verspeist soviel wie möglich und schwatzt stundenlang miteinander. Höhere Wonnen vermag der arme Neger sich kaum vorzustellen. Das alte Lied, meint der junge Mann, ob Dante seine visionären Gesänge vom Paradies ertönten läßt, ob ein Kind davon stammelt oder ob ein Neger sich's erträumt: Es kann immer nur verklärte Erdenlust sein, das liegt wohl im Wesen der Sache.
Die Zuhörer sind ganz Ohr. Zuweilen flüstert jemand Halleluja vor sich hin – natürlich wird das Wort englisch ausgesprochen und auf der ersten Silbe betont –, zuweilen sagt eine entschiedene Stimme Jämen, was Amen bedeuten soll.
An anderen Stellen der Kirche sind weitere Laienprediger, die sich vom Geist ergriffen fühlen, entstanden. Jetzt dreht es sich nicht mehr um das Paradies, sondern um die

Hölle mit ihrem Grauen. Der grünschwarze Neger, dem der junge Mann zuhört, gerät allmählich, wie er all die Schrecken herzählt, ganz außer sich, er reißt die Augen auf, zieht die beschränkte Stirn kraus vor Aufregung, hält die Fäuste neben sein vorgestrecktes Gesicht und stößt, während seine Stimme immer gutturaler wird, wilde und drohende Sätze hervor. Zuletzt ist seine Predigt nur noch ein heiseres Gurgeln. Rings um ihn herum fliegen Schreie hoch, die Rote ergreift den Fächer und läßt ihn hin und her wehen, auch sie ruft von Zeit zu Zeit mit tiefer und klagender Stimme all right und well und halleluja. Wo will das hinaus, denkt der junge Mann, das ist ja schrecklich, wir sind doch in einer Kirche! Aber er braucht keine Angst zu haben, mitten in der vollsten Ekstase sagt der Prediger plötzlich Jämen, ordnet seinen Mantel und setzt sich hin. Vorn hat er einen Bauch. Die Zuhörer sinken ebenfalls unter kurzen Jämen-Rufen in sich zusammen, und auch die anderen Prediger tauchen wieder in der Menge unter, jetzt der, jetzt der, jetzt der, es wird im Handumdrehen still, nur die Fächer vibrieren hin und her. Der junge Mann bezweifelt, wie er die gleichgültigen und ruhigen Gesichter in seiner Umgebung betrachtet, allen Ernstes, ob das, was er eben gesehen und gehört hat, Wirklichkeit gewesen ist. Erst Fanatismus, Geschrei und verzerrte Lippen, dann Jämen und dann mit einem Schlage Zufriedenheit und Gleichmut, als sei nichts geschehen. Seltsame Christen. War es ihnen nicht eigentlich ernst mit ihrer Aufregung?

Nun erscheint auf der Empore gegenüber eine verwachsene Negerin im schwarzen Talar und krabbelt hinter die Orgel, die links eingebaut ist. Dann tritt eine kleine Kapelle auf, fünf Negerinnen mit Cello, Posaune, Trompete, Violine und Bratsche. Sie nehmen zu Füßen der Orgel Platz und stimmen ihre Instrumente. Unmittelbar danach schreitet der Reverend unten aus der Sakristei heraus. Er ist ziemlich groß, weiß von Hautfarbe, hat lockiges braunes Haar, einen Scheitel in der Mitte und X-Beine. Sein Predigergewand besteht aus einem eleganten Cut. Er verkündet die Nummer des Liedes, das als Einleitung gesungen werden soll, und setzt sich solange auf einen Stuhl, der neben dem Taufbecken steht. Ein kleines Orgelpräludium, die Musik fällt traurig und verhalten ein, dann brandet der schrille Gesang der Gemeinde empor. Der junge Mann neigt sich gegen die Rote hin und hört sie neben seinem linken Ohr singen. Er muß seine Finger ineinander flechten und ein bißchen in sich hinein stöhnen, nicht als ob sie ihn betörte, vielmehr... Doch, sie betört ihn, sie tut ihm auf eine verdammte Weise weh, aber nicht durch ihren Wohllaut, sondern durch das Nasale und Knabenhafte, durch das Ungezähmte in ihrem Gesang, es ist auch kein Gesang, sie singt nicht, sie ruft gleichsam, ein Tier, das sehnsüchtig ruft. Gott im Himmel, es wird doch nicht die Liebe sein, was er in seinem Herzen spürt, oder irgend etwas Ähnliches? Nicht daß er wüßte. Es ist wohl nur das Ganze, all dies Abenteuer, daß er hier unter den baptistischen und unheimlichen Schwarzen sitzt und ihren bald rauhen, bald quäkenden Gesang hört, und hört, wie die eine Knabenstimme ruft und ruft. Als er zum ersten Male in seinem Leben einem Boxkampf zusah, erging es ihm ähnlich. Es sind ganz einfach die Nerven. Schließlich zieht er, um seinen Händen einen Halt zu geben, das für ihn bestimmte Gesangbuch aus dem Schlitz heraus und schlägt es auf.

Swell the anthem, raise the song;
Praises to our God belong;
Saints and angels join to sing
Praises to the...

Ach, und diese Musik! Jedesmal, wenn sie sich nach dem Schweigen, das am Ende einer Strophe eintritt, von neuem erhebt und weich und langgezogen in die Orgelmelo-

die einmündet, kommt es wie eine schmerzliche Krankheit über ihn. Er klappt das Buch zu und steckt es wieder weg.
Da dirigiert der Platzanweiser noch einen verspäteten Besucher durch den Mittelgang. Aus irgendeinem Grunde scheint ihm die Bank des jungen Mannes am lockersten besetzt zu sein. Er flüstert etwas die Reihe entlang, und alle rücken bereitwillig nach dem Gang hin zusammen. So entsteht rechts von dem jungen Mann ein kleiner Raum, in den der Neger sich hineinsinken läßt. Excuse me, Sir! Der junge Mann wird dadurch so dicht an die Rote herangepreßt, daß er die Wärme ihres Körpers durch seinen Mantel hindurch fühlt. Jede Bewegung, jeder Atemzug, den sie tut, teilt sich ihm mit. Sie singt und atmet tief, er fühlt es und versucht unwillkürlich, im gleichen Rhythmus zu atmen wie sie. Nun ist eine verborgene Gemeinsamkeit zwischen ihnen. Eine Anschmiegung, eine Vereinigung, eine Zärtlichkeit und alles mögliche. Und in seiner Beklemmung streckt er die Hand noch einmal nach dem Gesangbuch aus.

Hark! the voice of nature sings
Praises to the King of kings;
Let us join the choral song,
And the grateful notes prolong.

Wie das Lied zu Ende ist, zieht der Chor in die Kirche ein. Zunächst hört der junge Mann nur ein Gemurmel unter seiner Empore, dann verwandelt es sich in einen... er würde sagen, in einen gesungenen Trauermarsch, und dann erblickt er auch den Zug schon, der feierlich durch das Schiff schreitet und sich vor dem Podium teilt. Die Neger verschwinden links, die Negerinnen rechts in einem Türchen und kommen gleich darauf, immer noch singend, oben auf der Orgelempore zum Vorschein, wo sie sich, nachdem sie ihren Marsch haben verklingen lassen, raschelnd hinsetzen. Sie sind mit schwarzen Talaren bekleidet, die Negerinnen tragen überdies noch schwarze Kappen auf dem Kopf, die aussehen wie preußische Ulanenhelme, nur daß jeweils von dem Querbrettchen noch eine langgestielte Troddel herabhängt.

Nach einem kurzen Gebet gibt der Reverend mit seinem frommen Organ bekannt, wieviel verschiedene Klubs, wieviel Privatpersonen für die Kirche gestiftet haben, wer gestorben ist, und was dergleichen Dinge mehr sind. Inzwischen hat sich ein Heer von Kirchendienern auf die Beine gemacht und kleine Körbchen überall hin verteilt, die schnell durch die Bankreihen wandern, jeder legt seine Gabe hinein und hält das Geflecht dem Nachbar hin. Der junge Mann paßt, als so ein Körbchen in der Reihe vor ihm entlanggereicht wird, scharf auf, was man denn im allgemeinen spendet. Er kann sich nur über die Freigebigkeit wundern. Neben kleinem Silbergeld liegen Eindollar-, Fünfdollar-, ja sogar, wenn er sich nicht irrt, Zehndollarscheine. Da kommt das Körbchen, in das er sein Opfer tun soll, von links herangewandert, jetzt empfängt es die Rote, sie wirft einen Dollar hinein und hält es ihm hin. Wie er es anfaßt, berührt er, halb absichtlich, halb unabsichtlich, mit seinem kleinen Finger die bräunliche Hand. Die Rote blickt auf, ihre Mundwinkel verziehen sich ein bißchen, sie lächelt, aber er weiß nicht, ob verächtlich oder freundlich, es geht ja alles so schnell, der Korb muß ja weiterreisen. Jedenfalls ist der Dollarschein, den er hineinwirft, vollständig zerknittert. Sein Nachbar, der neuangekommene Neger, läßt sich jedoch Zeit. Er kann sein Portemonnaie nicht aufkriegen. Vielleicht versucht er sich heute zum ersten Male an so einem Instrument. Gewöhnlich trägt man hierzulande das Geld lose in der Tasche. So, nun nimmt er die Zähne zu Hilfe. Knapps, da ist es auf! Er verfügt über dicke Wulstlippen und wenig Kinn. The voice of nature sings...

Unten vor dem Podium hat sich so etwas wie eine Tauf-

gesellschaft versammelt. Ein gewissermaßen trauliches Bild: die pralle Mutter, der Vater mit einem uralten Frack und einem ebenso uralten Zylinder und der x-beinige Reverend, der das Steckkissen an seine Brust drückt. Er macht nicht viel Federlesens, sondern reicht der Mutter nach ein paar Worten das Baby, das seinen Schokoladenkopf verwundert hin und her dreht, zurück, säubert seinen Cut von den Fusseln und überdenkt das Kommende.
Nachdem er einige Male auf dem Podium hin und her gegangen ist, bleibt er hinter dem Pult aus Messing stehen, um mit sanften Worten seine Predigt zu beginnen. Er hat einen ausgezeichneten Start. Nächsten Donnerstag, sagt er, sei nun Thanksgiving Day. Jedermann in den Staaten äße an diesem Tage, dem schönen, alten Brauche folgend, seinen Turkey mit Cranverries, seinen Truthahn mit Preiselbeeren. Er selbst müsse jedoch darauf verzichten, er habe die Mittel nicht.
Die ganze Gemeinde seufzt von Herzen auf. Der arme, liebe, gute Bruder!
Aber, fährt der arme Bruder fort, so soll es auch sein. Ich bin ein Diener Gottes, und wer Gott dient, kann nicht gleichzeitig dem Mammon dienen. Das ist die Sache.
Jämen, Jämen! rufen zwei oder drei Stimmen hintereinander.
Wenn ich ein Bäcker wäre, könnte ich Geld machen, wenn ich ein Schuster wäre, könnte ich reich werden, wenn ich ein Bankclerk wäre, könnte ich Shares erwerben, aber ich bin ein Reverend, und so bin ich arm.
Bestätigendes Kopfnicken.
Und nun versucht er eine Viertelstunde lang, durch unzählige Beispiele seine notwendige Armut deutlich zu machen. Wenn auch da und dort wieder Halleluja gerufen wird, so muß der junge Mann doch seiner Verwunderung Ausdruck geben, daß der Herr im Cut immer nur von

seiner armseligen Person redet. Nachgerade könnte er dem Lieben Gott doch auch einmal die Ehre geben. Aber die Neger stoßen sich nicht im geringsten daran, im Gegenteil, sie stimmen ganz mit dem Reverenden überein, daß er alles in allem ein Mann von wunderbarer Tüchtigkeit ist, und daß sie sich glücklich preisen müssen, von so einem einzigartigen, zu jedem Opfer bereiten Gottesknecht geleitet zu werden. Jämen.

Der Reverend lächelt seiner Herde ermunternd zu, streicht sein Haar glatt, zieht seinen Cut zurecht, holt Atem und gibt zu verstehen, daß jetzt die Hauptsache zu erwarten sei.

I came to you, my friends, aus Selbstaufopferung und aus Drang nach Zusammenarbeit. I came to you aus Nächstenliebe und christlicher Barmherzigkeit. I came to you... Oh, er weiß so viele Gründe für sein Kommen, aber am liebsten spricht er doch von selfsacrifice and cooperation. Er spricht unaufhörlich weiter, immer dasselbe und noch einmal dasselbe, nur mit anderen Wendungen. Und die Neger sind begeistert von ihm. Die Zurufe werden erregter, da und dort springt einer auf, schlägt die Hände überm Kopf zusammen und fällt mit einem verzückten Halleluja auf seinen Platz zurück, andere rutschen hin und her, sagen all right und well und wedeln mit den Fächern, wieder andere stoßen kleine Glücksschreie aus, die ganze Kirche fängt an, unter den Wellen der Frömmigkeit, die der Reverend aussendet, durcheinanderzuwogen.

Da tritt er, nachdem er seine Hände eine Weile vor sein Angesicht gehalten hat, an den Rand des Podiums vor und läßt seine Stimme zu einem Donner anschwellen. Ich kam zu euch, und siehe, ihr habt es nicht verdient. Ich kam zu euch, und siehe, ihr seid alle miteinander Sünder und Bösewichte. Children of sin and sorrow, filled with dismay! O ihr Gauner und verlorenen Christen, ihr Mörder und

Diebe, o ihr Verblendeten und Irrenden, wartet nur, wenn sich die Hölle vor euch öffnet, dann wird sein Heulen und Zähneklappern unter euch.
Und nun ist er in seinem Fahrwasser. Das Thema Hölle scheint sich in dieser Kirche großer Beliebtheit zu erfreuen. Aber die Bilder, die die Laienprediger beschworen, waren Kindereien gegenüber den Greueln, die er, der heilige Mann, jetzt der erschrockenen Gemeinde vorstellt. Woher er nur all die Schreckensszenen hat? Und je länger er in Schwefeldämpfen und haarsträubenden Martern wühlt, um so dröhnender wird seine Rede, um so wütender und zügelloser werden seine Gebärden. Das Haar fällt ihm ins Gesicht, er schwitzt, er schüttelt sich und droht, seine Stimme überschlägt sich vor Heiserkeit, nun rutscht sein Cut nach hinten, es sieht aus, als wolle er ihn überhaupt abstreifen, seine Hemdsärmel kommen zum Vorschein, er stampft mit den Füßen, teilt nach allen Seiten Hiebe aus und wirft den Cut wieder nach vorn, er schlägt sich, die Zähne zusammenbeißend und den Kopf geduckt vorwärtsstoßend, zehnmal hintereinander mit der rechten Faust in den linken Handteller, daß sein Haar nur so auf und ab wippt, jetzt erstickt er fast vor Abscheu über die Sünde und Verruchtheit dieser Welt, gleich darauf brüllt er wieder los wie ein Rasender.
Und die Gemeinde bleibt ihm die Antwort nicht schuldig.
Du lieber Himmel, denkt der junge Mann, indem er nervös mit den Fingern an seinem Munde spielt, das kann er doch ebensogut in Ruhe vortragen, darum braucht er sich doch nicht so aufzuregen! Aber er denkt es nicht überlegen und lächelnd, sondern in einiger Sorge. Zugegeben, daß der Reverend anfangs mehr eine komische Figur machte, aber jetzt, wo er sich in diese schäumende Wildheit hineingesteigert hat, wirkt er so fürchterlich, daß der junge Mann immer mehr in sich zusammenkriecht. Auf

so etwas war er nicht gefaßt. Wenn es nämlich in dieser Weise weitergeht, kommt es bestimmt noch zu Mord und Totschlag. Nein, es ist wirklich nicht mehr zum Lachen, weiß der Satan!
Die Glücksrufe haben sich unter den Drohungen des Seelenhirten in Schmerzensschreie verwandelt. Hilfe! Erbarmen! Sie fahren hoch und halten die Köpfe schief und weinen laut, sie unterbrechen den Redner mit traurigem Aufheulen, sie winden sich unter seinen Beschimpfungen und sind todunglücklich. Ganze Bankreihen werfen röchelnd die von Feuchtigkeit glänzenden Köpfe zurück und wieder nach vorn, zurück und wieder nach vorn. Lord help me! Looord help me! Mit einem Male fängt eine alte Negerin an zu kreischen, so grauenvoll, als würde ihr der Bauch aufgeschlitzt. Im nächsten Augenblick wälzen sich an allen Ecken und Enden zuckende Frauen unter Todesschreien in den Gängen und zwischen den Bänken herum. Männer hämmern sich mit ihren Gesangbüchern, die sie mit beiden Händen ergriffen haben, im Takt auf den Schädel und brüllen Lord help me! Herr erbarme dich! Loord! Looord! Und immer wieder schrillen diese kranken Weiberschreie, diese endlos langen, unmenschlichen Schreie dazwischen. Der junge Mann muß sich die Ohren zuhalten, ihm wird ganz elend zumute, er versteckt das Gesicht zwischen seinen Armen und schluckt krampfhaft seinen Speichel herunter. Ein paarmal ballt er die Fäuste, um gleichfalls um sich zu schlagen. Aber er kommt, wie seine Nägel sich ins Fleisch krallen, immer wieder zur Besinnung.
Da stößt etwas Weiches gegen seine Füße, er blinzelt an seinem Arm vorbei: Wahrhaftiger Gott, es ist die Rote! Er hat sie gar nicht mehr beachtet vor all dem Wirbel, und nun liegt sie unter der Bank, ihre Kappe hat sich verschoben, das Schleierchen ist weggerissen, die Augen sind gräßlich verdreht, sie schreit noch nicht, sie zuckt nur, ihr

Mund steht offen, aus ihrer Kehle dringt ein gepreßtes, höher und höher pfeifendes Röcheln heraus, die Zuckungen werden schneller, sie tritt gegen die Bank und gegen die Beine des jungen Mannes und jetzt... jetzt erlöst sich das Röcheln in einen tierischen Schrei. Das Grauenvolle ist, daß ihre Stimme nicht wie die anderen in dem tobenden Meere untergeht, der junge Mann hört sie, mag er auch die Fingernägel noch so fest in die Ohren drücken und mit den Füßen trampeln, unablässig neben sich gellen.

Schließlich springt er auf, um wegzustürzen, seine Unterlippe hängt zitternd herab, weg, nein, nein, nur weg! Aber es ist unmöglich, vorwärtszukommen. Alles wütet in Krämpfen durcheinander. Der Neger, der vorhin sein Portemonnaie mit den Zähnen geöffnet hat, ist so außer sich geraten, daß er an einer Säule hochklettert, oben die Zähne fletscht, einen Schrei herausgurgelt und wieder herunterrutscht, um abermals hochzuklettern, zu schreien und herunterzurutschen. Andere schlagen so blindlings um sich, daß sie niedergeworfen und festgehalten werden müssen. Jener Henry Ford und der Dicke im Frack, die Frau mit den Klunkern an den Ohrläppchen und der Kerl mit dem Turmschädel, der Boxer und der Weißbart, der Säulenkletterer und die Rote ... die Rote auch, sie hatte so lange Wimpern mit ein bißchen Schimmer darin... die Rote mit den... mit den verdrehten Augen, hach, guck nicht hin... sie alle sind nicht mehr voneinander zu unterscheiden. Die mißhandelte Bestie bäumt sich im Wahnsinn auf. Lord help me! Gott hilf mir! Gott? Welcher Gott ist gemeint? Der junge Mann steht totenbleich da und weiß es nicht. Es ist ihm auch gleichgültig. Laßt mich doch hinaus! Aber mit Christentum hat das Ganze nichts zu schaffen, soviel ist sicher. Diese weißen Augen... Laßt mich hinaus! Ich kann nicht mehr! Mein Gott und Vater, ich kann... nicht... mehr!

Er tritt in einem Anfall von Wut und Abscheu rücksichtslos auf die Leiber, er rutscht ab, fällt hin und kriecht auf allen vieren fort, unter ihm bläst ein Mund ekelhaften Schaum aus den Winkeln heraus, es riecht nach Negerschweiß, er reißt sich wieder hoch und tappt weiter, aber er kommt nicht durch, er muß es aufgeben. Menschenskind, sagt er sich, einen Augenblick noch! Es muß ja gleich vorbei sein, es kann ja nicht mehr lange dauern, dies ist der Höhepunkt, und dann wird es bergab gehen.

Aber wie der Reverend plötzlich seine Arme wie zwei Flügel hochreckt, daß die Manschetten weit aus den Rockärmeln herausgucken, wie er vom Podium herabsteigt und mit verklärtem Gesicht ein Stück in die sich wälzenden und brüllenden Schwarzen hineinschreitet, wie er mit der letzten Kraft seiner Lungen verkündet, es gebe eine Rettung für alle, die herbeikämen und sich unters Kreuz beugten, wie der Chor auf der Empore aufsteht und die erregende und doch so süße Melodie von Mercy's Call anstimmt, wie die Musik sich dazwischenschmiegt und die Orgelbässe die Kirche in ihren Grundfesten erbeben lassen, da bricht vollends der Welteruntergang herein. Geheul, Gestampf, splitterndes Holz, blutige Zungen, nackte Raserei, epileptische Verrenkungen, Gekreisch, zerfetzte Schreie. Und immer wieder dringt die fanatische Stimme des Reverenden, diese unbeirrbare, erbarmungslose Posaunenstimme, die auffordert, sich dem Gnadenthron zu nahen, siegreich durch.

Der eine und andere nimmt sich auch zusammen, taumelt auf und zwängt sich durch die Brandung von Menschenleibern nach vorn. Der Reverend hat die erste Sitzreihe geräumt. Jeden, der sich aus dem Gewimmel herausringt, empfängt er mit einem Händedruck und schiebt ihn, ohne mit seinen Beschwörungen aufzuhören, auf die leere Bank. Noch elf Plätze sind frei, ruft er, elf Plätze in dem

Evangeliumszug, in the Gospel Train, der ohne Aufenthalt in den Himmel fährt! Noch neun Plätze! Hier bekommen Sie Ihr Ticket! O come along! Noch neun Plätze! Noch sieben Plätze! Come along!
Und endlich... endlich macht sich eine gewisse Erschöpfung bemerkbar. Das Gebrüll flaut allmählich ab, der Aufruhr sinkt zusammen. Noch fünf Plätze, ruft der Reverend, noch vier Plätze! O come, sinner, come, there's room for thee!
Die Empore beruhigt sich zuerst. Röcheln, Stöhnen, das hin und wieder zu einem ersterbenden Klagelaut wird, schnelles Atmen. In vielen erwacht, kaum daß sie wieder zu sich gekommen sind, die Neugier. Sie recken die Hälse, um die Bekehrten zu sehen.
Unten im Schiff schießen dagegen immer noch hohe Schreie empor, und das dumpfe Gepolter, das die zuckenden Leiber machen, wenn sie gegen den Fußboden oder an die Bänke schlagen, ist auch noch nicht verstummt. Aber der Chorgesang und die Musik gewinnen mehr und mehr die Oberhand. Man nimmt wieder Platz, die Bänke ordnen sich wieder, man legt den Kopf zurück und fächelt sich Kühlung zu. Nun setzt der Chor sogar einen Augenblick aus, die Kapelle auch, die Orgel geht in ein leises Summen über. Und aus einer Art Stille schwebt die einlullende, goldbraune Altstimme der Vorsängerin auf, es ist nicht einmal eine schöne Stimme, sie kommt aus der barbarischen Kehle einer Negerin, aber sie macht, daß sich dem jungen Mann das Herz zusammenkrampft, sie steigt langsam in die Höhe, immer höher, bis sie mit einem unbeschreiblich hilflosen Wehlaut bricht, um sich dann, nachdem aus dem goldenen sozusagen ein silberner Klang geworden ist, noch ein wenig höher zu schwingen, dort oben einige Sekunden mühsam zu verweilen und schließlich, während der Chor vorsichtig einfällt, wieder abzugleiten:

O come and rest, come and rest,
Heavy-laden, guilt-oppressed!
O come and rest, come and rest,
Hark, 'tis mercy's call!

Dann übernimmt das dunkle Cello die Führung.

Der Reverend hat noch drei Plätze zu vergeben. Er blickt umher, winkt mit den Händen seiner ausgestreckten Arme und ruft halb singend, halb predigend: Come, says Jesus' sacred voice, come, and make my paths your choice! Noch zwei Plätze! Two souls! Come along!

Da wird es links neben dem jungen Mann, der nun im Mittelgang steht, unruhig, er sieht hin. Die Rote zieht sich an der Bank hoch, kommt auf die Knie und richtet sich wie eine Schlaftrunkene auf. Dann erwacht sie. Ihre Augen sind verstört. Das Schleierchen baumelt seitlich an der Kappe herab. Sie legt ihre linke Hand unters Kinn und schiebt sich, ohne jemanden zu beachten, nachdenklich aus der Bankreihe heraus, schiebt sich, den rechten Ellbogen vordrückend, an dem jungen Mann vorbei, verschwitzt, die Lippen blutig, den Mantel voller Staubflekken, und verschwindet im Hintergrund der Empore.

I will guide you to your home, weary pilgrim, hither come!

Gleich darauf kommt sie unten zum Vorschein. Der Reverend geht ihr entgegen, reicht ihr die Hand und geleitet sie an ihren Platz. Die Orgel verklingt. Schweigen. Jemand hustet, andere müssen auch husten, aus einer Ecke dringen die stöhnenden Atemzüge einer Frau. Dann fängt ein verborgenes Glockenspiel geheimnisvoll an zu gongen und wiederholt ganz langsam und leise die Melodie von Mercy's Call. Ding dong... dang dong... ding ding dang...

Der Reverend gibt den Bekehrten einen Wink, sie erheben sich und wandeln in feierlichem Zuge hinter ihm her aus der Kirche hinaus.

Der Gottesdienst ist zu Ende.
Wie der junge Mann auf der Straße sein ganz zerkrumpeltes Hütchen wieder zurechtzubiegen versucht, ärgert er sich, daß er sich nicht gleich erkundigt hat, was denn nun aus den Bekehrten wird. Ob sie die Rote nun in das Taufbecken legen? Er könnte ja immer noch jemanden hier auf der Straße ansprechen. Aber er getraut sich's nicht. Nein, er will auch nicht mehr an sie denken... die entsetzliche Stimme, die hochgedrehten Augen, o Mensch, sei still davon! Dabei weiß er ganz gut, daß er dies alles nicht so schnell wieder loswerden wird.
Und außerdem hat er abscheuliche Kopfschmerzen.

The Havana Special

In dieser Nacht fegt ein Schneesturm über New York. Der junge Mann liegt, geduscht und frottiert, im Bett, vierzig Stockwerke über der Achten Avenue, die Eiskörner prickeln in Schauern gegen die Fensterscheiben, das eingebaute Radio spielt kleine Tanzmelodien, die Früchte auf dem Nachttischchen riechen nach fremden Ländern, er kann denen nicht beipflichten, die behaupten, die amerikanischen Hotelzimmer seien unbehaglich.
Über die Bettdecke hat er einen Haufen ›Folders‹ gestreut, schön bebilderte Werbeschriften von allen möglichen Städten und Landschaften, ausgearbeitete Trips, Fahrpläne der Eisenbahngesellschaften, der Reedereien und Autobuslinien. Er hat sie vorhin aus dem großen Gestell gezogen, das unten in der Halle zu allgemeinem Gebrauch errichtet ist. Nun wühlt er darin herum und versucht, sich schlüssig zu werden, wohin er morgen reisen soll. New York ist ihm zu kalt.
Am interessantesten findet er vorläufig die Fahrpläne.

Während sie sich in Deutschland, dem Lande der Dichter und Phantasten, so sachlich wie irgend möglich darstellen, geben sie in Amerika, wo die Nüchternheit zu Hause sein soll, das Romantischste ab, was man sich denken kann. Sie lesen sich geradezu wie Bücher mit lyrischen Gedichten. Zunächst einmal heißen die großen Züge nicht einfach ›F. D. 27‹ oder ›E. 153‹, sondern ›Wölfin‹, ›Zwanzigstes Jahrhundert‹, ›Dixie Flieger‹, ›Zwielicht Expreß‹, ›The Motor City Special‹, ›Karibische Post‹, ›Abendglocke‹, ›Nordufer Expreß‹ und so fort. Ein Name immer lockender und verheißungsvoller als der andere. Lauter Überschriften von abenteuerlichen Balladen und Wildwestfilmen. Man kann sich direkt an ihnen berauschen. Aber die eigentliche Lyrik erscheint erst, wenn es an die Beschreibung des betreffenden Zuges geht. Hier zum Beispiel:

Sein Name ist ›Der blaue Komet‹.
Er rennt von New York nach Atlantic City.
Es gibt keinen schöneren Zug an der Seeküste.
Dieser blaue Streifen ist ein Geschmeide innen und außen, ein bunter Edelstein von der vernickelten Lokomotive bis zum leuchtenden Schlußzeichen am Aussichtswagen.
Seine Farben lassen die Bläue des Ozeans und des Himmels mit dem warmen Gelb des Sandstrandes zusammenklingen.
Jeder Wagen trägt den Namen eines Kometen.
Im Aussichtswagen finden Sie bequeme Korbstühle, im Rauchwagen Sessel aus blauem Leder.
Für Damen ist ein besonderer Salonwagen eingerichtet.
Die Räder laufen in so wundervollen Lagern, daß Sie nicht die leiseste Erschütterung verspüren.
Auserlesene Speisen für wenig Geld.
Besondere Bedienung.

›Der blaue Komet‹ bietet Ihnen, mit einem Wort, alle Behaglichkeit und das ganze Vergnügen eines Luxuswagens, ohne daß Sie Luxuspreise zahlen müßten.

Central Railroad of New Jersey

Schade, denkt der junge Mann, daß Atlantic City nur drei Stunden von New York entfernt ist! Mit dem ›Blauen Kometen‹ möchte ich wohl einmal reisen. Aber drei Stunden südwärts ist zu wenig.
Er zerdrückt eine kalifornische Weinbeere im Munde und nimmt den nächsten Folder vor:
»Niagara's Gorge Trip. Carved by the Centuries the Great Gorge of the Niagara River is a scenic spectacle enchanting and inspiring in its grandeur...«

Zu nördlich, auf dem Rückweg vielleicht!

»To the Panama Canal. When you have viewed the Panama Canal, you have beheld one of the four most manmade marvels of the world...«

Zu südlich, Geld langt nicht!

»San Francisco, California. As the Liner glides gracefully through the Golden Gate and circles the waterfront of San Francisco, you realize...«

Darüber ließe sich reden.

»See Hawai!«

Mensch, viel zu weit.

»Go to Cuba! Go, if you possibly can! The loveliest land, that human eyes have ever seen...«

An Cuba habe ich nun beim besten Willen nicht gedacht. Unter uns: Wo muß man Cuba eigentlich auf dem Globus suchen. Warte einmal, da ist ja eine Karte eingeheftet...

Aha, zwischen Florida und Panama im... wie heißt das Meer?... im Golf von Mexiko, richtig! Und was für Städte gibt es da? Santiago de Cuba, Matanzas, Havanna. Sieh einer an, da liegt Havanna! Übrigens habe ich doch vorhin einen Fahrplan... ich habe doch so etwas mit Havanna ge... Hier ist er schon:

»The Havana Special. Jetzt drei Stunden schneller. Der schnellste Zug der Welt über 1 500 Meilen und mehr. The Havana Special verfügt über die neuesten Verbesserungen der Pullmanausrüstung. Klubwagen, Speisewagen, Damensalon, Bad, Schlafwagen, Bar. Sie gewinnen einen vollen Geschäftstag zwischen New York und Havana. Florida, East Coast Railway.«

Das Gedicht, entscheidet der junge Mann, ist mäßig, aber die Sache selbst höchst beachtenswert. Abgesehen davon, daß die Strecke, die der Havana Special durchbraust, mit Stationen geziert ist, die einem das Herz höher schlagen lassen – Charleston, Savannah, Jacksonville, St. Augustine, West Palm Beach, Miami, Key West –, darf man auch noch von Key West vermittels der ›Direct train-to-steamship connection‹ ganze sechs Stunden auf einem P. & O.-Dampfer über die Straits of Florida fahren. Was will man mehr? Den ersparten Geschäftstag schenke ich euch. Summa summarum dauert die Reise von New York nach Havanna vierundvierzig Stunden. Immer nach Süden. Auf Cuba wachsen die Ananas wie anderswo die Runkelrüben. Unglaublich!
Er haut auf die Bettdecke, daß die Folders auf die Erde rutschen. A glorious, a magnificent, a splendid trip! Wann geht der Havana Special aus New York ab? Sechs Uhr fünfzig nachmittags, Pennsylvania Station. Wollen gleich mal...
Ohne sich zu besinnen, hebt er den Hörer seines Telephons ab und bittet das Office, ihm für morgen abend ein

Ticket nach Havanna zu besorgen. All right, to Havana with the Havana Special... well... to Key West, well, and thence P. & O. Steamship... Beg your pardon?... Sure! Room 4036... Good night, Sir!
Offen gestanden, kommt er sich Gott weiß wie vor, wie er da kurz und gut diese Fahrkarte bestellt. Vor zehn Minuten dachte er noch, Havanna läge irgendwo in der Gegend von Indien. Und nun fordert er einfach eine Fahrkarte dorthin. Tschum bum! Im Radio singt eine hohe Männerstimme, umspielt von zärtlichen Saxophonen und leisen Trommelwirbeln, ›The sweetest story ever told‹. Der junge Mann kann sich nicht helfen, aber er muß es einmal aussprechen, daß er das Leben im großen und ganzen erträglich findet, daß er... Nein, er muß noch irgend etwas anstellen, sein Herz ist so von Übermut erfüllt. So schießt er denn mit angekrümmten Beinen einen Purzelbaum durchs Bett, verfehlt aber die Richtung und fällt mit einem ziemlichen Plumps auf die Erde. Dann hebt er, auf den Folders sitzend, den Hörer noch einmal ab und sagt glückstrahlend zu dem Fräulein, er könne nicht umhin, sie zu lieben. I'm in love with you, little, little girl! Good night, little girl, good night! Und dann stellt er den Lautsprecher ab, springt, nachdem er sich noch schnell im Spiegel die Zunge herausgestreckt und sich einen widerlichen Fatzken genannt hat, ins Bett, knipst das Licht aus und liegt stocksteif unter der Decke. In seinem Kopf schweben lauter Städte, Meere und Landschaften durcheinander, so traumhaft, so fern: Golf von Mexiko, Cuba, Havana Special, Caribbean Sea, Key West, Straits of Florida, Cuba... St. Augustine... Havanna, Palmen... blaue Wasserflächen... dunkelhäutige Menschen... schimmernde Häuser... Havanna... Havanna...

Die Räder rollen und rollen, Eisen klirrt, von Zeit zu Zeit tönt ein langgezogenes Geheul, dunkel wie der Laut

einer Sirene, durch die Nacht, dann ein monotones Geläut, dann wieder das weiche Rollen der Räder. Der Havana Special rauscht nach Süden.
Gegen zwölf Uhr wacht der junge Mann in seinem Bett von einem furchtbaren Stoß auf. Sein Kopf wird so hart gegen die Rückwand geschmettert, daß er im ersten Augenblick an ein Eisenbahnunglück denkt. Aber wie er das Schnapprouleau hochschiebt und seine Nase an die Fensterscheibe drückt, sieht er draußen ein erleuchtetes Schild vorbeigleiten: Washington. Und nun merkt er, daß der Zug sich schneller und schneller in Bewegung setzt, er hört das Sirenengeheul und das Geklingel, alles ist in Ordnung. Es war nur eine Station. Washington. Diese verdammten amerikanischen Lokomotivführer! Sie haben die Angewohnheit, mit einem so brutalen Ruck anzufahren, daß alles, was nicht niet- und nagelfest ist, durcheinandergeworfen wird. Natürlich bumst, wer schlafend daliegt, mit seinem Schädel, dem Gesetz der Beharrung zufolge, gegen die Wand und schreckt hoch. Aber der junge Mann weiß Abhilfe. Er stopft sein zweites Kissen, für das er sowieso keine Verwendung hat, nicht unter, sondern hinter seinen brummenden Kopf und hofft zu Gott, auf diese Weise ohne Gehirnerschütterung davonzukommen. Von den Schädelstößen abgesehen, fühlt er sich in seiner Schlafkoje mordswohl, wenn er den Ausdruck einmal gebrauchen darf.
So ein Pullmanwagen weist tagsüber keine einzelnen Abteile auf. Mittendurch geht ein Gang, rechts und links sind die gepolsterten Sitzplätze, immer zwei einander gegenüber, breite Sofas sozusagen. Bei der Verwandlung in einen Sleeper zieht der Neger, der den Wagen betreut, die beiden Sitzpolster auseinander und füllt die Lücken hinten und vorn mit den abnehmbaren Rückenlehnen aus, so daß eine einzige schöne Liegefläche entsteht. Wer von den beiden Passagieren am meisten bezahlt, darf nachts auf die-

sem Diwan, der selbstverständlich mit blitzsauberer Wäsche bezogen wird, schlafen. Der andere, wenn er überhaupt vorhanden ist, muß in das obere Bett klettern, das sich bildet, indem der Neger eine gewölbte Klappe, die bei Tage vom oberen Fensterrand schräg zur Mitte der Decke hinaufgeht, bis zur Waagerechten herunterläßt und eine Matratze darauflegt. Dann wird am Kopfende des unteren Bettes eine Zwischenwand bis zur Decke hochgezogen, die es von der nächsten Lagerstatt abscheidet, und schließlich ein dunkelgrüner Vorhang, der in der Mitte einen Schlitz zum Auf- und Zuknöpfen hat, von oben bis unten vor das Ganze gehängt. Damit gut. Wenn man einen für die Nacht hergerichteten Pullmanwagen betritt, sieht man einen langen schmalen Gang vor sich, dessen Wände rechts und links aus leise wehenden Vorhängen bestehen. Die Ladies and Gentlemen schlafen nun in diesen Gehäusen kunterbunt durcheinander, wie es gerade kommt. Man zieht die Schuhe aus, schlüpft ganz angezogen in seine Koje und knöpft den Vorhang zu. Dann muß man zusehen, wie man da drinnen, wo es zwar ziemlich breit, aber nicht eben hoch ist, seine Kleider vom Leibe bekommt und sich für die Nacht herrichtet. Manche lernen es nie.

Der junge Mann hatte, als er gestern abend den Kopf zum ersten Male durch die Vorhangspalte steckte, von außen nach innen, und sein Quartier in Augenschein nahm, den Mund skeptisch vorgeschoben und die Stirn gerunzelt: Hm, bißchen primitiv! Aber dann hatte er getan, was die anderen auch taten. Und es dauerte gar nicht lange, da merkte er schon, wieviel mehr Spaß es macht, in so einer primitiven Koje zu hausen, als in einem komfortablen Schlafwagenabteil. Es ist gleichsam eine Improvisation, ein Kamp, man schläft beinahe in einem Zelt. An dem grünen Vorhang sind zwei Bügel für Mantel und Anzug befestigt, vor dem Fenster schaukelt eine kleine Hängematte, in die man seine Wäsche legen kann, und an Kopf- und Fußende gibt es zwei schmale Borde für das Reisebesteck und sonstige Kleinigkeiten. Den Spiegel empfindet er schon als überflüssigen Luxus, und von der Klingel wird er grundsätzlich keinen Gebrauch machen.

Nun liegt er also da, warm, todmüde und so richtig geborgen. Draußen zischt die Luft am Wagen entlang, es knistert an den Scheiben. Mag es Schnee oder Regen sein, hier im Zelt braucht er nichts zu befürchten. Was wollte er doch gleich...? Seine Augen sind ganz verschwollen von Schlaf, er kann seine Gedanken nicht mehr recht zusammenhalten... Ach so, er wollte eben noch einmal einen Blick in den Gang werfen, wie es da um Mitternacht aussieht. Seine Finger knöpfen, nachdem er sich mühsam auf die Seite gewälzt hat, die Vorhangspalte auf. Er beugt seinen Kopf hinaus: gedämpftes Licht, die grünen Tücher schwingen, wenn der Zug sich in eine Kurve legt, langsam hin und her, unten gucken verschiedenartige Schuhspitzen hervor, derbe aus gelbem Leder und zierliche aus Flechtwerk und Schlangenhaut, schräg gegenüber zeigt sich sogar ein nackter Männerfuß, der wahrscheinlich von der Matratze heruntergerutscht ist, ohne daß der betreffende Besitzer etwas davon bemerkt hat. Gott steh mir bei, versucht der junge Mann in seiner Schläfrigkeit zu denken, was mögen in so einem Schlafwagen alles für Liebesgeschichten hinter den Vorhängen passieren! Man müßte einmal eine ganze Nacht wach bleiben und... und... beobachten... was... da... alles... Aber er ist so müde, daß er den Satz nicht zu Ende bringt. Am liebsten machte er sich nicht einmal die Mühe, den Kopf zurückzuziehen, am liebsten schliefe er so ein, wie er hier gerade ist. Er schließt die Augen und läßt sein Gesicht in der Spalte hinuntergleiten, bis das Kinn auf der nächsten Knopfstelle eine Weile Halt findet. Aber wie der Körper dann

immer schlaffer wird, sinkt er doch allmählich ins Bett zurück.
Die Räder rollen und rollen, Eisen klirrt, von Zeit zu Zeit tönt das langgezogene Sirenengeheul durch die Nacht. Dann wieder das weiche Rollen der Räder... Der Havana Special rauscht nach Süden.

Am anderen Morgen blinzelt der junge Mann durch die Vorhangspalte, um in Erfahrung zu bringen, wie er sich nunmehr zu benehmen hat. Er kennt ja die Schlafwagengebräuche noch nicht. Eine Viertelstunde lang erfolgt nichts, nur der Neger geht einige Male lautlos hin und her. Aber dann tappst der Herr, dessen Fuß heute nacht aus dem Bett heraushing, leidlich angezogen, doch ohne Kragen und mit wirrem Haar, dem Waschraum ›For Men‹ zu, der am Anfang des Wagens eingerichtet ist. Hinten befindet sich, was niemanden überraschen wird, die entsprechende Institution ›For Women‹. Wie noch ein zweiter Gentleman in derselben Kostümierung den Gang entlangschlurft, fährt der junge Mann beruhigt in seine Kleider und macht sich, sein Necessaire unterm Arm, gleichfalls auf den Weg.
Um die eine Hälfte des Waschraums läuft ein schwarzes Ledersofa herum, auf dem man gemütlich sitzen und rauchen kann – im Wagen selbst ist das Rauchen verboten –, um die andere eine Serie vernickelter Waschbecken mit Hähnen für heißes und kaltes Wasser, mit Spiegeln, gläsernen Borden und zahllosen Handtüchern. Man entblößt sich und seift, ohne sich voreinander zu genieren, nach allen Regeln der Kunst an seinem Adam herum. Wer fertig ist, spült das Becken aus, reibt es mit einem Handtuch blank und hinterläßt den Platz in bester Sauberkeit. Obwohl nirgends eine Vorschrift hängt, die dergleichen anordnet, entzieht sich niemand seiner Pflicht. Es leuchtet dem Amerikaner offenbar auch ohne Vorschrift ein, daß

der Nächste die Waschgelegenheit ebenso nett vorfinden möchte wie er selbst.
Als der junge Mann wieder in den Wagen kommt, hat der Neger das Bett schon abgeschlagen und in einen Sitzplatz zurückverwandelt. Er schiebt die Richmond Times-Dispatch, die jemand auf sein Köfferchen gelegt hat, in die Rocktasche und geht, da der Neger ihm versichert, das Frühstück sei serviert und warte auf ihn, in den Speisewagen.
Nachdem er sich an Früchten und allerlei Knusprigem erquickt hat, läßt er sich in der menschenleeren Lounge nieder und betrachtet die Landschaft. Es schneit nicht mehr, dafür treibt ein Regenschauer nach dem anderen über die abgeernteten Baumwoll- und Maisfelder dahin. Gerade fliegt mit einer Holzkirche und einem Gewirr von Blockhäusern, schiefen Telegraphenmasten, Kinos und Tankstellen die Station Contentnea vorüber. Er sieht auf der Karte nach und stellt fest, daß er bereits durch North Carolina fährt. Den winterlichen Bezirken ist er nun entflohen. Vielleicht liegt auch die Regenzone bald hinter ihm. Eigentlich toll, daß man in zwei Tagen aus dem New Yorker Schneesturm in die kubanischen Palmenwälder reisen kann!
Bis zum Mittagessen zeigt sich draußen immer das gleiche Bild: Regenwolken, traurige Felder, Sümpfe, Waldstücke und zuweilen kleine Städte. Einmal kreuzt eine spiegelglatte Autostraße den Schienenstrang und verliert sich in der Ferne, ein uralter Fordwagen, beladen mit einer Traube von zerlumpten Negern, schlittert darüber hin. Dann und wann steht ein verlorenes Negerhäuschen mitten in der Einsamkeit, eine Bretterbude mit einem außen hochgemauerten Schornstein. Auf keiner Veranda fehlt der Schaukelstuhl, und meist hängt auch noch eine Schaukelbank, auf der sich bunte Kinder amüsieren, von der Decke herunter. Ein Häuschen ist wie das andere. Man kann sie

fix und fertig von einem Chikagoer Department Store beziehen. Katalognummer 1287. Manchmal liegt statt des Hauses auch nur ein Aschenhaufen da, aus dem der steinerne Schornstein als melancholisches Wahrzeichen aufragt.

Obwohl es sich um den östlichsten Osten handelt, sieht die Gegend ziemlich wildwestmäßig aus, die Siedlungen, die Blockhäuser, die Holzkirchen, die schiefen Telegraphenmasten, die Schaukelstühle und die Autofriedhöfe, alles macht einen so unfertigen, einen so vorläufigen Eindruck, daß man meinen möchte, die Leute seien erst vor ein paar Monaten hier angekommen und hätten sich nur erst einmal ein Dach über dem Kopf schaffen wollen.

Nachmittags ändert sich die Szenerie. Hinter North Charleston, das sich lediglich aus ein paar kümmerlichen Palmen, einigen Schuppen und einer schnurgerade in den Wald führenden Autostraße zusammenzusetzen scheint, verschwinden die Felder mehr und mehr. Dafür drängt sich ein dünner Baumwuchs an die Schienen heran, Föhren und Eichen, zum Teil abgestorben, zum Teil mit den lang herabwehenden Fetzen des Baumbartes behangen, graue Gespensterwälder. Die Wirbelstürme haben breite Lücken hineingerissen, der junge Mann muß an die französischen Wälder denken, auf denen das Artilleriefeuer des Weltkrieges gelegen hat. Übereinandergekrachte Stämme, aufgesplitterte Stümpfe, wucherndes Gesträuch.

Dann kriecht der Sumpf in den Wald hinein. Neben dem Bahndamm ziehen sich Tümpel und Seen hin, das Wurzelwerk der Bäume steht im Wasser. Wenn der Zug vorbeidonnert, fängt der Wasserspiegel an zu zittern, erschreckte Schildkröten rudern ins Dickicht, ein weißer Reiher schwingt sich mit langsamen Flügelschlägen auf und läßt sich auf einem toten Baum nieder, der seine bleichen Äste über die grünen Baumwipfel emporkrümmt.

Obwohl der Nachmittag fortschreitet, wird der Himmel heller und heller. Man ahnt hinter den weißlichen, von kreisenden Raubvögeln durchflogenen Schleiern, die im leichten Bogen herabhängen, schon das Blau.
Wie der Zug sich nach einer Stunde rückwärts in den Sackbahnhof von Savannah schiebt, bricht wahrhaftig die Sonne aus dem Dunst hervor. Noch ein wenig gedämpft, noch nicht in ihrem vollen Glanze, aber es ist doch die Sonne.
Fünf Minuten Aufenthalt, ein paar Reisende steigen ein, der Boy von Western Union, der auf jeder Station am Zug entlangläuft, bekommt ein paar Telegrammaufträge, der Schaffner schlägt dreimal mit einem Eisenstück auf die Puffer und ruft sein langgezogenes All aboard! Ein Ruck, ein Krachen, das sich schnell verliert, der Havana Special fährt weiter.
Nun kommen wieder endlose Wälder. Der junge Mann weiß nicht, was er von der Sache halten soll, so weit er zwischen den Stämmen hindurchblicken kann, ist nur Wasser und wieder Wasser zu sehen. Die Bäume können doch nicht jahraus, jahrein von einem solchen See umspült werden, ohne zusammenzufallen. Auf der Karte ist in dieser Gegend der Altamaha River verzeichnet, er wird wohl die Ufer überschwemmt haben. Eine merkwürdige Landschaft, wie dem auch sei: dunkelgrüne Eichen und fremdartige Bäume, auch vereinzelte Föhren mit mächtigen Nadelbüschen, weiße Astgerippe, Schlingpflanzen, Baumbart bis herab ins Wasser, so schmutziggrau und unbeweglich, dazwischen Sträucher mit feuerrotem Laub und am Grunde kleine Inseln aus niedrigen Fächerpalmen oder was das nun ist. Und dann die blauschwarzen Stare, blitzend im Gold der Sonnenkringel, die Reiher, die beim Fliegen den Kopf zurücklehnen, die unbekannten Sumpfvögel und die Schildkröten. So geht es fort.
Da bemerkt der junge Mann, daß die Wasserfläche nicht

mehr ruhig steht, sondern in ungewissen Wirbeln weiterzieht und um die Stämme herumfließt. Das Fließen wird immer deutlicher, immer stärker, immer gurgelnder, bis plötzlich der Wald wegsinkt und ein breiter Strom sich auftut. Es dröhnt unterm Zug, eine Brücke. Die Wassermassen wühlen sich schlammig darunter hin, am Ufer sind Bäume vornübergesunken, im Astwerk, das von der Flut durchströmt wird, hängt Binsenkraut, Stroh, Buschwerk, ein Balkenkreuz und sonstiges treibendes Gut. Ein umgestürzter Baum kommt angeschwommen, stößt mit der Wurzel ans Ufer und dreht sich langsam um sich selbst.

Dann hört das Dröhnen auf, der Wald steigt wieder hoch, das braune Wasser quirlt und fließt wieder um die Stämme herum.

Wälder, Wälder, Sümpfe, Wälder... Die Isolatoren aus grünem und weißem Glas oben an den Telegraphenstangen glitzern wie märchenhafte Geschmeide in der Sonne. Immer wieder leuchtet so ein durcheinanderschimmernder Haufen von Kristallen am Fenster vorbei. Jetzt... jetzt... jetzt... und die Drähte schwingen sich von einem zum anderen hin, endlos, die Räder rumoren eintönig weiter... rum rum... rum rum... rum...

Kein Wunder, daß der junge Mann allmählich müde wird. An und für sich hat er auch nichts dagegen, daß ihm die Augen zufallen. Wer schlafen will, den soll man, wenn irgend angängig, schlafen lassen. Aber es schickt sich wohl nicht, es gerade in der Lounge, die jetzt voll besetzt ist, zu tun. Man weiß es ja nie genau von sich selbst, vielleicht schnarcht man, vielleicht klappt einem sogar die Kinnlade herunter. Schlafen? Schon recht! Aber nicht hier in der guten Stube.

Er hat sowieso das Gefühl, als errege er bei den Mitreisenden einiges Ärgernis, weil er, anstatt sich, dem Beispiel der Allgemeinheit folgend, auf jeder Station eine Zeitung zu kaufen und seine Nase hineinzustecken, den ganzen Tag über nur so dasitzt und zum Fenster hinausträumt. So etwas tut man in Amerika eben nicht. Man macht Dollars, oder man treibt Sport, oder man geht ins Kino, oder man liest die Zeitung, sonntags findet etwas Religion statt. Alles andere ist vom Übel. In gewisser Weise ist es ja auch wirklich vom Übel, muß der junge Mann zugeben. Wer träumt und über das Ganze nachdenkt und in sich hineinsinnt, verliert, wie er an sich selbst erfahren hat, mehr und mehr die Fähigkeit, zu lachen und sich vorwärtszudrängen. Das Denken paralysiert den Instinkt, die Wachsamkeit, den Willen. Und gerade auf diese drei kommt es in den Staaten an. Dein Gehirn hat Hunger? Halt ihm eine Zeitung hin, das genügt. In Europa haben wir die uralte Philosophie und die dunklen und süßen Worte der Dichter. Aber wir haben auch die Krankheit und das Hinabsinken. Amerika ist gedankenlos, Amerika ist, um es beim richtigen Namen zu nennen, primitiv, aber es ist berauscht von Kraft und Jugend und Tätigkeit. Wem soll man den Vorzug geben?

Ach ja, man kommt vom einen aufs andere. Der junge Mann erhebt sich, schlendert, nachdem er seine Hosenbeine zurechtgeschüttelt hat, in seinen Wagen, der, beiläufig, St. Nicholas heißt, und läßt sich in die Polster fallen. So vieles ist heute an ihm vorbeigezogen, das Nahe schnell, das Ferne langsamer... so vieles... Wem man den Vorzug geben soll? Er ist gewiß ein guter Europäer, aber da lebt auch dies bißchen Sehnsucht nach der Unbeschwertheit in ihm, diese geheime Freude an der Gedankenlosigkeit, die so wunderbar jung ist, dies verstohlene Jasagen zu allem Unproblematischen, Törichten, blindlings Lebendigen, diese kleine Liebe zu Amerika. Ach ja ja... gute Nacht...

Er kommt erst wieder zu sich, als der Waiter durch den

erleuchteten Wagen geht und, nach rechts und links blikkend, ruft: First call for Dinner... First call for Dinner!
Hallo! What's the next stop, waiter?
Daytona, Sir.
Thank you.
First call for Dinner!... First call for...
Die eiserne Tür pufft ins Schloß.
Draußen steht die stockfinstere Nacht.
Während der junge Mann geschlafen hat, ist ein neuer Passagier in St. Nicholas eingestiegen und hat sich auf dem Sitz schräg gegenüber häuslich eingerichtet, ein schwarzhaariges, gelblichblasses Kerlchen von achtzehn oder neunzehn Jahren. Mit seinem abgewetzten Anzug, dem schief geknoteten Schlips und den fahrigen Bewegungen paßt er so gar nicht in den gedämpften Luxus des Havana Special hinein. Und nun zieht er auch noch die Jacke aus und präsentiert sich in Hemdsärmeln. Mir persönlich kann es ja gleich sein, denkt der junge Mann, während er die Seife aus seinem Köfferchen holt, um sich fürs Abendessen ein bißchen frisch zu machen, aber mich wundert, daß die Damen nicht gegen soviel Freiheit protestieren. Holla, was ist denn los? Hat er seine Brieftasche verloren?
Der Hemdsärmelige tastet mit einem Male an seiner Jacke herum, greift in alle Taschen, steht auf, fährt mit den Händen in seine Hosentaschen, schlägt sich ein paarmal gegen die Brust, streicht mit den Fingern verstört durch die schwarzen Haare und sucht dann hastig auf seinem Sitz herum. Wie er nichts findet, preßt er die Lippen zusammen und durchwühlt die Jacke noch einmal. Dann reißt er seinen Handkoffer unter dem Sofa hervor, ein uraltes Ding aus braunem Segeltuch, schnallt ihn zitternd auf und wirft den Inhalt durcheinander.
Es steht zu vermuten, sagt sich der junge Mann, daß er sein Geld vermißt, der arme Teufel. Man wird es ihm ge-

stohlen haben. Nun bin ich doch neugierig, was er weiter anstellt.
Aber da verklärt der Hemdsärmelige sich, man kann es nicht anders ausdrücken, er verklärt sich, er atmet auf, seine Augen strahlen, er hat den Schatz, den er schon verloren glaubte, wiedergefunden: ein Päckchen Zigaretten.
Soviel über die Vermögensverhältnisse dieses Reisenden.
Ob der Havana Special, denkt der junge Mann lächelnd, während er sich im Waschraum die Hände abtrocknet, wohl schon jemals von einem Fahrgast beehrt wurde, der wegen eines zerknitterten Zigarettenpäckchens erbleichte und zitterige Hände bekam? Dann zieht er seinen Schlips zurecht, bringt die Seife zurück und geht in den Speisewagen. Aber ihm ist nicht ganz wohl in seiner Haut, er ist mit dem Hemdsärmeligen noch nicht fertig, er schämt sich sogar ein bißchen, daß er die Sache so lächelnd betrachtet hat. Sie ist ja alles andere als lächerlich, nicht wahr?
Der befrackte Ober empfängt ihn wie gewöhnlich mit einer ernsten Verbeugung und geleitet ihn an ein Tischchen, wo der Negersteward den Lehnstuhl abzieht und ihn, wie er sich setzt, unter seinem Allerwertesten zurechtrückt. Eine Dienstleistung, die von dem Betroffenen nicht besonders geschätzt wird. Er kriegt einen roten Kopf und schämt sich abermals. Aber der Neger fährt fort, ihm vorn und hinten zu dienen, er legt die Speisekarte und den Notizblock, auf den man seine Wünsche schreibt, vor ihn und gießt Eiswasser in ein Glas.
Die Sache ist unter anderem die, daß er hier sitzt und sich ein Small Sirloin Steak kommen läßt, während der arme Teufel sich mit seinen drei Zigaretten in den Waschraum schleicht, woselbst...
Da öffnet sich die Tür des Speisewagens, und herein

kommt, den Kopf vorschiebend, unrasiert, ungekämmt, hemdsärmelig, der arme Teufel. Hemdsärmelig, so wahr Gott uns helfe! Er bleibt in der Tür stehen und blinzelt mit seinen Buster Keaton-Augen scheu in den Lichterglanz. Die schimmernden Tische, das Kristall, die eleganten Gäste und die lange Reihe der Negerstewards... ob er sich nicht doch lieber wieder zurückzieht? Es ist doch mehr, als er ertragen kann. Da eilt auch schon strengen Angesichts der Ober herbei. Der junge Mann erhebt sich halb von seinem Sessel, um sich ins Mittel zu legen, wenn der Ober den Eindringling, was zu erwarten ist, mehr oder weniger energisch hinausweisen wird. Aber es ereignet sich ein Wunder. Der Ober ist nur herbeigeeilt, um sich vor dem Hemdsärmeligen zu verbeugen, genau so höflich zu verbeugen wie fünf Minuten früher vor dem jungen Mann. Dann geleitet er ihn an ein Tischchen, wo der Negersteward den Lehnstuhl abzieht und ihn, wie er sich setzt, unter seinem Allerwertesten zurechtrückt. Wenn der Hemdsärmelige nicht etwa ein inkognito reisender Prinz von Haiti ist, begreift der junge Mann, der aus Europa kommt, diese Szene nicht im mindesten. Er stellt sich vor, sie begäbe sich beispielsweise in einem Berliner Luxushotel. Du meine Güte! Im übrigen kann von einem Prinzen nicht die Rede sein. Er schreibt, nachdem er die Speisekarte eine Viertelstunde lang studiert und sich vom Ober, der ihm bereitwilligst zur Seite steht, hat beraten lassen, nur eine einzige Zeile auf den Bestellzettel. Und wie der Neger ihm das Gewünschte bringt, ist es das Billigste, was die Karte aufweist: Cream of Tomato, zwanzig Cents. Aber er wird deshalb nicht von oben herab behandelt, im Gegenteil, man bemüht sich um ihn, als hätte er ein Fünf-Dollar-Menü gewählt. Der Ober tritt noch einmal an seinen Tisch heran und erkundigt sich, ob es ihm schmeckt, und der Neger gießt, kaum daß er einen Schluck Eiswasser genommen hat, das Glas wieder voll.

Dem jungen Mann bleibt nichts anderes übrig, als sich unausgesetzt zu wundern. Und am meisten wundert er sich, daß sich außer ihm niemand wundert.
Vielleicht hängt es mit einer Einrichtung zusammen, die man in Amerika Demokratie nennt.
Es ist gar nicht so leicht, sich hierzulande in den Luxuszügen zurechtzufinden.
Aber darum sollte er sich sein Steak doch schmecken lassen. Er tut es auch, er bestellt sich sogar noch Tips of Asparagus dazu, obgleich er vermutet, damit einen kulinarischen Fauxpas zu begehen.
In Daytona, wo der Zug gegen neun Uhr hält, geht er zur Tür, um frische Luft zu schöpfen. Da schlägt ihm ein so köstliches Aroma entgegen, daß er vor Überraschung auf der Wagentreppe stehen bleibt und immer wieder diesen warmen Duft, der nach Zimt und Vanille schmeckt, durch Mund und Nase einschlürft. In den Büschen der Anlagen glühen dunkle Dolden auf, rot, violett und blau, die Daytonaer spazieren in Hemdsärmeln und Strohhüten auf dem Bahnsteig umher, und die Bäume, die gegen den Nachthimmel aufragen, sind lauter Königspalmen. Der junge Mann kann es gar nicht fassen, es ist ja der Süden, es ist Florida, es ist das Paradies.
Aber in die lauen Windstöße und in das Rascheln der Palmenblätter, in das Gelächter und den Zigarettendampf, in die runden Gaumenlaute, die die jungen Damen mit der größten Leichtigkeit aussprechen, und in die gesummten Melodien tönen unbarmherzig die drei metallischen Schläge des Zugführers hinein. All aboard! Die Lokomotive heult auf und läutet. Weiter.
Jedesmal, wenn der junge Mann in dieser Nacht durch das Anfahren aufgeweckt wird, läßt er das Rouleau hinaufschnellen, öffnet das Fenster ein wenig und atmet die tropische Luft ein, die, obwohl als Zugwind in seine Koje blasend, lau und angenehm über seine Brust streicht. Und

jedesmal hört er neben dem Grummeln der Räder noch ein anderes brummendes Geräusch. Er versucht nachzudenken, woher es wohl kommen mag, aber seine Augenlider sind so dick und schwer, daß er immer wieder einschläft.

Es wird Mitternacht, es wird ein Uhr, es wird zwei Uhr. Der junge Mann schläft.

Miami, Florida City, Plantation, Marathon... Der junge Mann schläft.

Seit ein paar Stunden donnert der Havana Special nun schon über die Keys, über diese durch große und kleine Brücken zu einer phantastischen Bahnstrecke verbundenen Inselchen, die, wenn man sie auf der Landkarte betrachtet, wie eine Perlenschnur vom südlichen Zipfel Floridas in den Golf von Mexiko hineinhängen... Der junge Mann schläft.

Endlich, gegen halb sieben, wälzt er sich, wohlgefällig in sich hineinstöhnend, auf die Seite, öffnet das rechte Auge und fingert, noch halb im Traum, am Fenster herum. Das Rouleau raschelt in die Höhe. Was ist das?

O nein, flüstert er gegen die Scheibe, Menschenskind, nein!

Draußen steht eine unerhörte Vision von Stille und Unendlichkeit: das Meer, graublau und klar und spiegelglatt bis in die fernste Ferne, der Morgenhimmel, graublau und feucht und dem Meer sich leise entgegensenkend. Und Himmel und Meer so vollkommen übereinstimmend, so gänzlich und ohne jede Trübung ineinander übergehend, daß es ist, als gebe es nur einen einzigen Äther oben und unten. Und quer durch diese ungewisse Klarheit schwimmt langsam ein großer, schwarzer Vogel mit rotem Kopf und weißlichen Flügelspitzen. Nun bewegt er die biegsamen Schwingen ein einziges Mal schwerfällig auf und ab, und nun schwimmt er wieder dunkel dahin. Dahin und vorbei.

Der junge Mann schiebt das Fenster hoch und streckt den Kopf hinaus, um ihn noch länger zu sehen, aber er ist schon über den Zug hinweggeflogen.
Nach einer Weile tauchen in der Fahrtrichtung violette Striche auf, die schnell größer und heller werden. Es sind Koralleninselchen, bewachsen mit niedrigem Gesträuch, über das sich blau und weiß blühende Schlingpflanzen geworfen haben. Einige Palmensilhouetten zeichnen sich federleicht am Himmel ab. Der Zug dampft vorbei.
Dann öffnet sich wieder das grenzenlose, spiegelglatte Meer. Aber es ist schon nicht mehr grau, sondern zärtlich überhaucht von wechselnden Farben. Jetzt sieht es beinah hellgrün aus, jetzt spielt ein leichtes Rosa hinein, jetzt taucht ein blauer Flecken auf, daneben ein dunkelgrüner und weiter hinten ein schwarzer, und jetzt ist wieder das unwirkliche Hellgrün da. Vielleicht leuchtet der Widerschein des verschieden gefärbten Grundes durch das flache Wasser herauf. Jetzt wieder das Rosa, hier vorn das Rosa, und weiter hinten der verschwebende grüne Schimmer.
Hello, what's the matter?
Er fährt herum. Eine schwarze Hand greift durch die Vorhangspalte und zupft energisch an seiner Bettdecke. Seven o'clock, Sir! Der Neger geht durch den Wagen und weckt seine Leute auf.
Wie der junge Mann zum Waschraum schlurft, entdeckt er auch die Ursache des summenden Geräusches, über das er heute nacht zuweilen nachgegrübelt hat. An der Decke des Wagens kreisen große Propeller und erregen einen erfrischenden Luftzug. Der ganze Wagen dröhnt wie ein Bienenkorb.
Auch im Waschraum dreht sich so ein Ding herum und fächelt den nackten Leibern Kühlung zu.
Der junge Mann blickt immer wieder zum Fenster hinaus,

um auch ja alle morgendlichen Verwandlungen des Lichtes und des Äthers wahrzunehmen.
Das Meer tritt zurück, eine Bucht schneidet in die Insel ein, eine Brücke führt darüber hin, eine Autostraße läuft neben dem Bahndamm her.
Wie er sich den Butterfly bindet, entdeckt er, am Spiegel vorbeischielend, in der Ferne weiße und gelbe Häuser, flache Dächer, Gittermasten, Lagerschuppen, Palmen, einen Wasserbehälter auf einem Holzgerüst und, über die Dächer emporragend, Masten, Schornsteine und Aufbauten von Überseedampfern. Es ist sieben Uhr fünfunddreißig. Sieben Uhr vierzig soll der Havana Special in Key West sein.

Der schwarze Schal

Die weiße ›Northland‹ der P. & O.-Linie ist nicht sehr besetzt. Auf den beiden unteren Promenadendecks haben sich alles in allem vielleicht hundert Passagiere eingefunden. Einige werfen an Steuerbordseite Nickels ins Hafenbecken und haben ihren Spaß daran, die Neger, die in einem kleinen Boot hocken, hinterherspringen und unter Wasser um die Beute kämpfen zu sehen. Andere, die meisten, stehen an Backbordseite, um das Getümmel am Pier zu betrachten, zu winken und bye bye zu rufen.
Auf dem Bootsdeck, wo der junge Mann sich mit seiner kleinen Filmkamera achtern bei der Flagge aufgestellt hat, herrscht, obwohl es erst halb neun Uhr vormittags ist, bereits eine unheimliche Hitze. Darum wagt sich auch kein Mensch hierher. Aber der junge Mann kann vorläufig gar nicht genug Sonne kriegen. Außerdem hat er von hier oben einen herrlichen Blick über den Zollschuppen hinweg auf die Schiffe und die bunte Stadt Key West.

Jetzt werden die Brücken zurückgezogen, ein beängstigend dicker Offizier in weißer Uniform mit zwei goldenen Streifen am Arm beugt sich neben dem jungen Mann über die Reling – seitwärts, da es vorwärts des Bauches wegen nicht geht – und ruft etwas hinunter. Dann klatscht die dicke Manilatrosse ins Wasser, die Schraube läßt hinter dem Schiff einen Wirbel aufkochen, am Pier flattern Tücher, und langsam entfernt sich die ›Northland‹, zitternd und innen brummend, vom Bollwerk, erst seitwärts, dann allmählich, während der Bug noch weiter abdreht, mit vorsichtiger Fahrt voraus. Der junge Mann hat seinen Kinoapparat vorm Auge, richtet ihn nacheinander auf die Menschen unten, auf die schwarzen Träger und auf den Havana Special, der unbeachtet am Ufer steht, und läßt den Film abschnurren. Stop! Genug! Wieviel Meter?

Aber da bewegt sich mit einem Male jemand neben ihm, eine Frau, eine bräunliche junge Frau in einer gelb- und schwarzgestreiften Jacke. Sie winkt, ohne ihn zu beachten, aufgeregt zum Land hinüber. Er geht ein bißchen beiseite, rückt sein Hütchen, das er beim Filmen in den Nacken geschoben hat, zurecht und überlegt, ob es nicht schicklicher wäre, die junge Frau überhaupt allein zu lassen. Seiner Meinung nach wird sie nämlich gleich in Tränen ausbrechen. Mit der einen Hand winkt sie, in der anderen hält sie ein Köfferchen aus schwarzem Lackleder, ihr Gesicht, ihre Schultern, ihre Finger, alles zuckt vor Erregung. Sie ist keine Amerikanerin, dazu gebärdet sie sich viel zu exaltiert. Diese gleichmäßig braune Haut, die auch der helle Puder nicht verbergen kann, und diese großen Augen findet man nur bei Spanierinnen. Wahrscheinlich stammt sie aus Havanna oder Santiago.

Aber er möchte doch zu gern wissen, wem das Gewinke und die Aufregung eigentlich gelten. So tritt er denn, obwohl er sich klar ist, daß er sich jetzt nicht gerade wie ein Gentleman benimmt, leise hinter sie und folgt der Richtung ihres Blickes. Ach natürlich, den meint sie! Den langen Herrn da neben dem Schild von Western Union, der sein Taschentuch im Kreise schwingt. Er sieht gut aus. Weißer Anzug, eleganter Strohhut, gelbe Schuhe. Nun legt er seine Hände trichterförmig vor den Mund und ruft ein fremdartiges Abschiedswort herauf. Die Frau stößt einen Schrei aus, reißt den schwarzen Seidenschal, den sie sich um den Hals geschlungen hat, ab und winkt mit ihm, indem sie leidenschaftliche Worte vor sich hinstammelt, dem Herrn zu. Sie küßt die Seide und winkt abermals, und der Herr salutiert mit seinem Strohhut, er hält ihn vor sein Herz, richtet sich stramm auf und steht unbeweglich da. So erweisen die Amerikaner sonst ihrer Flagge die Ehrenbezeigung. Der junge Mann vermutet, daß der Schal ein Abschiedsgeschenk des eleganten Herrn ist. Und nun hat sie ihn geküßt.

Er zieht sich auf den Zehen zurück, macht einen Bogen um die Frau und betrachtet sie von der Seite. Da geht es schon los. Die Tränen laufen ihr übers Gesicht, ihre Lippen sind geöffnet, ihre Augenbrauen schmerzlich hochgezogen, ihr Kinn bebt, sie weint. Bald winkt sie, bald verdeckt sie mit dem Rücken der Hand, die den Schal hält, ihr Gesicht.

Die ›Northland‹ hat unterdessen ihr Manöver beendet und gleitet davon, sie läßt den weißen Fels, der vor der Hafenausfahrt aus dem Wasser ragt, rechts liegen und wendet sich im großen Bogen den Petroleumtanks der Texas Company zu. Da gibt die junge Frau es auf und hustet und schluchzt, ohne sich zu genieren, laut heraus. Der Pier ist hinter dem Zollschuppen verschwunden. Sie verbirgt ihr Gesicht nicht mehr, ihre Hand hängt herab, alles ist ihr gleichgültig, sie weint und weint. Jetzt geht sie ein paar Schritte zurück, preßt ihr Gesicht seitwärts gegen

ihre Schulter und winkt noch einmal mit dem Schleier irgendwohin. Ihre Augen sind blind von Tränen. Der junge Mann hat noch nie in seinem Leben einen Menschen so weinen gesehen.
Vielleicht hat sie vorhin das Köfferchen mit ihren nervösen Fingern nicht richtig zugedrückt, vielleicht ist das Schloß fehlerhaft konstruiert, jedenfalls stürzt der Deckel, wie sie abermals einen Schritt zurückweicht, plötzlich herab, und der ganze Inhalt fließt auf den Boden. Auch das ist ihr gleich, sie weint und winkt und weiß von nichts. Der Kofferdeckel schleift hinter ihr her. Wenn der junge Mann nicht sofort zuspränge und das eine und das andere Stück erwischte, würde alles miteinander, die leichte Wäsche, die Zeitschriften, die Pantöffelchen, die Taschentücher und die Papiere, über Bord wehen. Aber so hält er die Bescherung einigermaßen mit seinen Armen beisammen, nimmt ihr das Köfferchen aus der Hand und packt alles, so gut es geht, wieder hinein. Unterdessen besinnt sie sich auch und merkt, was geschehen ist. Sie bückt sich zu ihm herab und greift, während ihr immer noch die Tränen über Kinn und Hals laufen, mit zitterigen Händen zu. Einige Sachen entreißt der Wind ihnen wieder, ein Spitzentaschentuch flattert wahrhaftig in die See, aber im großen und ganzen retten sie die Habseligkeiten wieder in das Köfferchen hinein.
Sie hat sich soweit gefaßt, daß sie imstande ist, sich bei dem jungen Mann zu bedanken. Obwohl ihre etwas gebogene Nase sich gerötet hat, obwohl ihre Wimpern tränenverklebt sind, obwohl sie den Puder halb weggeweint hat, ist sie immer noch ungewöhnlich schön. Natürlich erbietet sich der junge Mann, das Köfferchen in ihre Kabine zu bringen. Oh, don't put yourself out on my account, sagte sie. Aber dann fügt sie hinzu, sie wohne in Stateroom 114, und geht voran. Nach drei Schritten faßt sie sich jedoch an ihren Hals, sieht an sich hinunter, sieht sich

erschrocken um und ruft: Der Schal? Where is my shawl?
Der Schal ist verschwunden. Der junge Mann fragt, ob sie ihn nicht in ihrer Aufregung mit in das Köfferchen gepackt hat. Zeigen Sie bitte einmal her!
Er stellt das lederne Ding auf sein Knie, sie hebt den Dekkel hoch und wühlt darin herum. Kein Schal ist zu finden. Da quellen ihr die Tränen schon wieder aus den Augen. Auch das noch, jammert sie, auch das noch! Nein, es ist ja nicht möglich, ich muß ihn wiederfinden! Auch dies Letzte noch! Wo ist er? Bitte suchen Sie ihn! Es ist absolut nötig, daß ich ihn zurückbekomme.
Der junge Mann tut wirklich sein Bestes, aber es ist nicht viel zu machen. Irgendwelche Schlupfwinkel, in denen der Schal sich versteckt haben könnte, gibt es auf dem glatten Deck nicht. Um ihr seinen Eifer zu beweisen, hebt er wenigstens die Klappstühle hoch, die an der Reling lehnen, wirft überflüssigerweise eine Taurolle um, läuft ein Stück nach vorn und faßt in die Ventilatoren hinein. Alles vergeblich. Sie selbst trippelt auch umher und guckt in jede Ecke. Der Schal ist auf und davon. Der junge Mann glaubt, daß er längst im Hafenbecken von Key West schwimmt. Er gibt das Suchen auf und ergreift das Köfferchen, um es in die Kabine zu tragen. Sie legt die linke Hand, zwischen deren Fingern ein Taschentüchlein hervorquillt, auf ihre Augen, schüttelt den Kopf und schluchzt mit schnellen Atemstößen vor sich hin. Die Passagiere, denen sie auf der Treppe begegnen, bleiben stehen und blicken die Weinende mitleidig an. Soviel ist sicher, denkt der junge Mann in seinem Sinn, sie muß den weißen Herrn verflucht liebhaben. Alles andere geht ihn nichts an.

Nach einer Stunde, als Key West schon längst unter den Horizont gesunken ist, schlendert der junge Mann an

Backbordseite über das Promenadendeck. Die Sonne glüht nur so auf die Planken. Alle Liegestühle stehen auf der anderen Seite, wo Schatten ist, oder vorn auf dem Observation-Deck, über das der Luftzug pfeift. Da sieht er in dem Drahtgitter der Reling etwas flattern, einen schwarzen Fetzen. Natürlich ist es der Schal! Ein Windwirbel muß ihn oben weggesogen und hier unten gegen das Gitter geworfen haben. Da wird die junge Frau sich aber freuen. Er scheint nicht einmal zerrissen zu sein. Mmm... riecht aber verführerisch! Und so weich! Good Lord, was für ein Parfüm! Nun, sie wird sich freuen!
Er geht nach oben. Die Tür von Kabine 114 führt auf das obere Promenadendeck. Wie er anklopft, bleibt alles still. Er klopft noch einmal, niemand rührt sich. Sie ist offenbar nicht zu Hause. Er macht sich auf die Suche. In Ladies' Lounge ist sie nicht, auf dem Observation-Deck ist sie nicht, in der langen Reihe der auf den Deckstühlen Liegenden auch nicht, in der Veranda achtern auch nicht... nein... doch, das ist sie ja! Sie hat nur ihre Jacke ausgezogen und lieber einen weißen Pullover übergestreift. Ihr Gesicht ist neu gepudert, ihre Augen haben sich beruhigt und sind ganz klar. Man merkt ihr die Aufregung, die sie vorhin hat durchmachen müssen, kaum noch an. Der junge Mann hat sie im ersten Augenblick geradezu im Verdacht, daß sie, wie sie da in dem Korbstuhl sitzt und mit dem uralten Gentleman plaudert, schon beinahe nicht mehr an ihren Kummer denkt.
Er tritt vor sie hin und überreicht ihr, leise Excuse me, madam! murmelnd, den Schal. Seiner Meinung nach hat er es zwar höflich, aber auch ein bißchen vorwurfsvoll gemurmelt. Gebe Gott, daß er ihr unrecht tut!
Sie blickt erstaunt auf, nimmt ihn zögernd mit ihren Fingerspitzen hin, besinnt sich und sagt dann: Indeed! My shawl! Thank you so very much! Muchas gracias, señor! Und dann schiebt sie ihn nachlässig hinter ihren Rücken.

All right. Noch etwas? Nein. Der junge Mann ist entlassen. Aber bevor er um die Ecke biegt, dreht er sich noch einmal um. Sie achtet nicht mehr auf die Worte, die der Gentleman ihr erzählt, sie sieht hinter dem jungen Mann her und denkt über irgend etwas nach. Unwillkürlich bleibt er stehen. Was will sie denn nun eigentlich? Hat sie ihn etwa aufgefordert zu bleiben, to take a seat? Keineswegs. Warum sieht sie dann mit ihren großen kubanischen Augen noch hinter ihm her? Der Satan soll wissen, was mit ihr los ist.

Die See ist wie ein seidenes Tuch, so schimmernd, so nachgiebig. Dann und wann hebt sich die Seide langsam ein wenig in die Höhe und senkt sich ebenso langsam wieder hinab, gleich darauf wird das eintönige Rauschen der Bugwelle eine Sekunde lang unterbrochen, es klatscht, die ›Northland‹ zittert kaum wahrnehmbar, und dann geht das Rauschen wieder weiter.

Der junge Mann bemüht sich schon eine ganze Weile, die silbernen Striche, die von Zeit zu Zeit zwanzig bis dreißig Meter weit schnurgerade über die tintenblaue See hinblitzen, mit seinem Kino aufzunehmen. Es sind fliegende Fische, die wie Schatten über das Wasser huschen und diese silbernen Striche hinter sich herziehen. Aber das ist gar nicht so einfach. Wenn er vorn steht, verabreden sich die Tiere, nur achtern aufzutreten. Postiert er sich achtern, so zeigen sie sich vorzugsweise vorn. Schließlich versucht er, ihnen von der Mitte des Bootsdecks aus beizukommen. Aber da sind ihm die Rettungsboote zu sehr im Wege. Am besten läßt sich die Sache noch vom oberen Promenadendeck aus bewerkstelligen. Schade, daß es nicht höher ist. Je tiefer der Wasserspiegel unter ihm liegt, um so eher kann er seinen Apparat senkrecht von oben auf die Fische richten. Wie wäre es denn, wenn er einmal versuchte, über die Reling zu klettern, sich mit der einen

Hand an dieser Eisenstange festzuhalten und mit der anderen, während er sich möglichst weit nach außen hängen läßt, den Apparat zu bedienen. Er braucht nur auf einen Knopf zu drücken, dann läuft der Film schon ab. Daß er seine Versuche gerade in nächster Nähe von Kabine 114 anstellt, hat wohl nichts weiter zu bedeuten. Allerdings scheint sie augenblicklich bewohnt zu sein. Das kleine Fenster, das vorhin geschlossen war, steht jetzt offen, dafür ist die Jalousie innen herabgelassen.

Er setzt sich rittlings auf die Reling und überlegt, wie er nun weiterkommen soll. Unten schwimmen Blüten von Königspalmen vorüber, gelbe Büschel, die im Blau des Wassers golden aufleuchten, eine rosa Qualle blüht leicht aus der Tiefe herauf, die Bugwelle rauscht, setzt aus und rauscht wieder fort.

Da steigt so ein komisches Gefühl in ihm hoch, es ist ihm, als sähe ihn jemand an. Er mag sich nicht direkt umdrehen, er richtet es vielmehr so ein, daß er, wie er nun weiterklettert, unauffällig über seine Schulter schielen kann. Und da sieht er, daß die Stäbe der Jalousie in der Mitte auseinandergebogen sind. Zwei Augen glitzern aus dem Dunkel heraus. Sein Herz fängt an zu klopfen. Aber er tut so, als merke er nichts. Der Schweiß läuft ihm übers Gesicht.

Natürlich ist es nun so eine Sache mit seinem Filmen. Wer weiß, ob er sich nicht ein etwas forscheres Aussehen gibt, ob er nicht ein bißchen verwegener, als es sonst seine Art ist, außenbords herumturnt. Es bedeutet ja schließlich keine Kleinigkeit, wenn ein junger Mann fühlt, daß zwei Frauenaugen mit einem goldenen Glitzern in der Tiefe ihn beobachten. Seine Aufnahmen werden wohl nicht besonders gelingen.

Immer wieder horcht er nach hinten.

Nach einer gewissen Zeit hört er die Jalousie hochschnurren. Und wie er wieder über seine Schulter schielt, steckt die Kubanerin ihre gepuderte Nase zum Fenster heraus. Sie richtet ihre Augen gleichgültig dahin und dorthin, bis sie schließlich zu ihrer Verwunderung bemerkt, daß da jemand in ihrer Nähe an der Arbeit ist. Oder will dieser junge Mann gar über Bord springen? Nun kommt ihr ganzer Kopf zum Vorschein. Ihre Schultern sind fast nackt, an ihrer Brust kann der junge Mann gerade noch ein bißchen Spitze und gelbe Seide wahrnehmen. Aber er gibt sich immer noch den Anschein, als ahne er nichts von ihrer Existenz, er ist ganz an seine Filmerei hingegeben, er kneift die Augen zusammen und späht scharf nach unten, daß ihm ja nichts Wichtiges entgeht.

Da erhebt sie ihre verschlafene Stimme und erkundigt sich leise, ob er auch nicht ins Wasser falle bei seiner gefährlichen Beschäftigung. Er dreht erstaunt seinen Kopf herum, erkennt sie und lacht nur: Not at all, madam! Und dann fallen ihr noch eine ganze Menge Fragen ein, und er antwortet ihr dies und das. Unter anderem gibt sie, wenn er sie recht versteht, ihrer Bewunderung Ausdruck, daß er so gut klettern und sich so ohne weiteres über die Reling schwingen könne.

O la la, don't mention it, madam!

Es läßt sich nicht vermeiden, daß er sie, wenn er ihr antwortet, auch ansieht. Gerade im Ausland muß man bemüht sein, sich nett und höflich zu benehmen und seinem eigenen Lande Ehre zu machen. Ihr Mund hat eine Form, wie sie ihm noch nie bei einer Frau in Wirklichkeit begegnet ist. Im Kino gibt es manchmal Frauen mit solchen Lippen. Sie hat sie karminrot gemacht, und es steht ihr gut. Das Rot des Mundes, das Braun ihres Gesichtes, das Gold ihrer Augen und das Geflimmer der schwarzen Haarsträhnen, die ihr über Augen und Nase hängen... verdammt noch einmal, es handelt sich diesmal um die schönste Frau, die ihm jemals unter die Augen gekommen ist. Und sie beugt sich, so wahr er hier auf der Reling sitzt,

aus ihrem Kabinenfenster heraus und unterhält sich mit ihm und hat, wenn ihn nicht alles täuscht, gewissermaßen ihr Wohlgefallen an ihm. Wenn er ein Seemann wäre, würde er sich jetzt nicht scheuen, den gräßlichen Fluch ›Bloody Christ‹ auszusprechen.
Sie sind so unglaublich geschickt, sagt sie mit ihrer ausländischen Stimme, aber ich möchte wohl wissen, ob Sie so schmal und biegsam – slender and flexible – sind, daß Sie imstande wären, durch dies Kabinenfenster hindurchzukriechen?
Was hat sie gesagt? Durch dies Kabinenfenster hindurchzukriechen? Meint sie ihr eigenes Fenster?
O doch, antwortet er und lacht wie einer, der schon am Verblöden ist, sure.
Sie hat es selbst gesagt, sonst würde er es nicht für möglich gehalten haben. Alles in allem ist er der Ansicht, daß es jetzt dreizehn schlägt. Er reckt, während er von der Reling herunterrutscht und den Kinoapparat auf den Boden stellt, den Kopf und blickt nach vorn und blickt nach hinten: kein Mensch zu sehen. Die Sonne glüht ja auch zu wahnwitzig herunter. Und wenn doch jemand kommt, der Bootsmann oder ein Matrose, soll es ihm auch gleich sein. Jetzt ist alles gleich.
Und ob ich dazu imstande bin, antwortet er und stellt sich, seinen hellblauen Pullover zurechtzerrend, vor dem Fenster auf.
Sie fährt mit der Zunge über ihre Lippen, zieht sich zurück und singt aus der Dämmerung der Kabine heraus, es sei aber schwerer, als es aussehe.
Es ist auch gar nicht so einfach, sich durch ein enges Fenster, das sich etwa in Schulterhöhe von einem befindet, hindurchzuzwängen. Die Füße haben an der weißlackierten Eisenwand keinen Halt und können nicht nachhelfen. Sie zappeln nur hilflos in der Luft herum. Jedenfalls hat er die Arme erst einmal durch, den Kopf auch, die Schultern

auch. Jetzt mit den Ellbogen innen gegen die Wand gestemmt, den Bauch eingezogen und ordentlich abgedrückt, dann muß er doch durchrutschen!
Aber es gelingt nur halb. Die Hüften klemmen sich fest. Er hängt zwischen Himmel und Erde. Vielmehr... zwischen Erde und Himmel, der Himmel ist unter ihm, der Himmel, die Sterne, die Hölle, die ewige Seligkeit, man darf ihn jetzt nicht so genau danach fragen, die Welt hat sich auf den Kopf gestellt.
Direkt unter dem Fenster, in dem er hängt, steht ein Sofa, und auf dem Sofa ruht sie, die Kubanerin, angetan mit ein wenig Seide und sonst nichts. Ihre bräunliche Haut dunkelt da und dort hindurch. Und er schwebt über ihr und kann nicht vorwärts und nicht rückwärts, wie sehr er sich auch abmüht. Dabei liegt sie in einer Weise da, die ihn halb verrückt macht. Das Blut braust in seinen Schläfen und zuckt an seinem Halse. Möglicherweise ist es doch die Hölle.
Die junge Frau hat die hellen Lider über ihre Augen gesenkt und rührt sich nicht, nur ihre Nasenflügel bewegen sich beim Atmen, und ihr Bauch, den sie eingezogen hat, zittert ein bißchen. Sie wartet auf ihn, und er kommt nicht. Ihr Mund lächelt, und er kommt nicht. O Urvater in deinem Paradies! Er windet sich zur Seite und bäumt den roten Kopf stöhnend auf, aber es hilft nichts. Da öffnet sie ihre Augen eine Kleinigkeit und betrachtet durch den von den Wimpern verschleierten Spalt die geschwollenen Adern auf seiner Stirn, die harten Muskeln an seinen Kiefern, die Sehnenstränge an seinem Halse. Und während er noch unter dem Brausen und Klopfen undeutlich denkt, daß er viel darum gäbe, o je o je... wenn er sich... o je o je... darauf verstünde, zu deuten, was jetzt, wo... aaah... wo ihre Augen so prüfend über sein Gesicht gleiten, in ihr vorgeht, greift sie, immer ihn ansehend, mit einer tastenden Handbewegung über ihren Kopf weg un-

ter das Sofakissen und holt ein schwarzes Tuch darunter hervor, ein schwarzes seidenes Tuch, einen Schal. Dann hebt sie sich ihm entgegen, schlingt den Schal um seinen Nacken und versucht, zurücksinkend, ihn zu sich herunterzuziehen. Eine Sekunde lang erinnert er sich, daß der Schal derselbe ist, mit dem sie... dann läßt er sich los, rutscht und... und... na, was ist denn das? Seine Beine hängen... da soll doch gleich... seine Beine hängen irgendwo draußen fest. Er tritt und zuckt, aber es hilft nichts. Jemand hat sie gepackt, jemand hat seine Arme um sie geschlungen und zieht sie zurück. Er kann sich nicht einmal umdrehen, um festzustellen, wer es ist. Weg da, verfluchter Hund! Aber der verfluchte Hund läßt sich durch kein Zappeln und Rabautern beirren, er zieht aus Leibeskräften weiter. Halunke! stöhnt der junge Mann in sich hinein und versucht, während seine Lippen idiotisch in die Tiefe lächeln, damit die bräunliche Frau nichts merkt, sich mit seinem zusammengekrümmten Bauch festzuhalten. Seine Beine wogen hin und her, seine Seele flucht. Halunke, wenn ich dich zu fassen kriege! Ich beiße dir die Nase ab, ich...!

Hilft alles nichts, er gleitet langsam hinaus. An dem einen Ende seines langen Labans zieht die rohe Kraft des verfluchten Hundes, an dem anderen das zarte Verlangen der Kubanerin. Ach ja, wie er doch die Roheit verabscheut, wie doch sein ganzes Sinnen und Trachten auf das Zarte und Schwache gerichtet ist! Aber der Sieg neigt sich, wie meistens, der brutalen Macht zu. Die Kubanerin hat den Schal um ihre Hand gewickelt, sie preßt die Finger zusammen, sie schwebt sogar ein Stückchen mit in die Höhe. Da gibt der junge Mann das Spiel verloren und senkt schnell den Kopf vornüber, daß die Schlinge abrutscht und das geliebte Wesen aufs Sofa zurückfällt. Dann macht er seine Schultern schmal und läßt sich, damit die Sache ein Ende nimmt, zähneknirschend hinausziehen.

Sowie er die Füße wieder auf dem Boden hat, fährt er, ohne seinen Pullover, der sich bis zur Brust hochgestreift hat, in Ordnung zu bringen, herum und geht auf den verfluchten Hund los, um ihn mit einem fuchsteufelswilden Tritt über die Reling zu befördern. Aber der verfluchte Hund ist gar kein verfluchter Hund, sondern der über alle Maßen dicke Offizier mit seiner weißen Uniform und den goldenen Streifen.

Good gracious, Sir! lacht er und schlägt die Hände vor seinem Bauch, der rund ist wie ein Luftballon, zusammen. Dachte, Sie könnten nicht wieder heraus! Wollte auch einmal ein gutes Werk tun. Scheine nicht das Richtige getroffen zu haben, was?

Dabei blinkert er dem jungen Mann mit seinen wässerigen Augen so vergnügt zu, daß dieser, obwohl ihm der Mund noch offen steht vor Entrüstung, es nicht über sich bringt, ohne weiteres seine Faust in dies unschuldige Mondgesicht zu pflanzen. Er bemüht sich sogar, den Fluch, den er schon auf der Zunge hat, wieder hinunterzuschlucken. Sollte der Kerl wirklich nur aus Spaß und Dummheit zugegriffen haben? Da kneift der Dicke, als ginge ihm erst jetzt ein Licht auf, das linke Auge zu, hebt sich auf die Zehen und neigt sich mit dem rechten gegen das Kajütenfenster. Kaum hat er einen Blick hineingeworfen, da duckt er sich zusammen, schlägt, ohne den jungen Mann noch einmal anzusehen, den Kragen seiner weißen Uniformjacke hoch und schleicht, vornübergebückt und mit beiden Händen abwinkend, so schnell wie möglich davon. Gleich darauf fällt mit leisem Rrritsch das Rouleau hinter dem Fensterchen herab.

Der junge Mann steht unbeweglich da. Nur sein Kopf wendet sich mit kleinen verwunderten Bewegungen bald dem Kinoapparat auf dem Boden, bald der Reling, bald der Ecke, um die der dicke Offizier verschwunden ist, bald dem verhängten Kajütenfenster und bald seinen eigenen hilflosen Händen zu.

Nachdem sich die ›Northland‹ vorsichtig zwischen dem Castillo del Morro und der Punta in die Bahia von Havanna hineingeschoben hat, gleitet sie schnell im Halbkreis um die weiße Stadt herum und macht in der Ateresbucht unmittelbar neben dem Hauptbahnhof fest.

Unten auf dem Pier stehen einige Leute und winken herauf. Vom Schiff wird zurückgewinkt, man ruft und lacht. Am lautesten ruft die Kubanerin, die, angetan mit einer gelb und schwarz gestreiften Jacke, vorn am Bug neben der dunkelblauen, sternübersäten Flagge steht und ihren schwarzen Seidenschal hin und her schwenkt, daß er wie eine toll gewordene Schlange durch die Luft fährt. Ramón, ruft sie, Ramón! Hallooo, Ramón! Und dann fügt sie noch etwas Spanisches hinzu.

Einer der Herren unten auf dem Pier, der dunkle mit dem schneeweißen Panama, hört wohl ihre Stimme, kann sie selbst aber noch nicht entdecken. Er läßt, während er zögernd in die Brusttasche greift und sein Taschentuch halb herausholt, seinen Blick suchend am Schiff entlangwandern.

Ramón!

Da erkennt er sie und schwingt ihr sein Tuch entgegen. Seine Zähne leuchten, das schwarze Fairbanksbärtchen steht ihm ausgezeichnet. Ein bildhübscher Bursche.

Bald wird der Schal um den Hals geknotet, bald wieder aufgezogen und im Kreise gedreht, bald hängt er lang an der Schiffswand herab, während wirbelnde Worte hin und her fliegen, bald weht er hoch überm Kopf, bald fährt er wieder in Schlangenlinien durch die Luft.

Der junge Mann sieht, über die Reling gelehnt, dem Gewinke eine Weile zu, dann steckt er die Hände in die Hosentaschen und geht pfeifend nach achtern.

Das ist eben die heiße Liebe des Südens, sagt er sich, das ist hierzulande eben so, und es hat ja auch, was nicht verkannt werden soll, seine angenehme Seite. Übrigens könnte ich ganz gut meinen Kinoapparat noch einmal aus dem Koffer herausholen und versuchen, die beiden zu filmen, wenn sie sich unten um den Hals fallen. Erstens wird es sicher sehr interessant wegen der Leidenschaftlichkeit, und zweitens habe ich dann doch eine nette Erinnerung an... an... nun, nennen wir sie, in Ermangelung ihres wirklichen Namens, Doña Fé. Eine nette Erinnerung an Doña Fé.

Havanna Habana Havana

Obwohl es noch nicht einmal Mittag ist, fühlt sich der junge Mann schon müde. Er liegt in der Halle seines Hotels im Schaukelstuhl, über ihm, an einer Säule, wendet sich ein surrender Propeller langsam von einer Seite zur anderen, es sieht aus, als taste der Kopf eines großen Insektes hilflos in der Luft herum. Die Halle ist nach dem Parque Central und der Avenida Ignacio Agramonte hin offen. Die Sonne flimmert in den Palmen und stürzt an den weißen Hauswänden herab, Auto rauscht hinter Auto vorbei, ein Zeitungsjunge ruft ununterbrochen die ›Semana‹ und den ›Mundo‹ unter den Arkaden aus, die Straßenbahnen klirren vorsichtig über die Schienenkreuzung, der warme Geruch von Ananas und Bananen, der in der Avenida steht, haucht von Zeit zu Zeit herein und macht den jungen Mann noch schläfriger.
Er ist heute morgen durch Alt-Havanna gewandert, durch die engen, von verworrenen Drahtleitungen überspannten Gassen mit den Büros, Läden, Barbierstuben, Speisehäusern und Werkstätten, die alle nach der Straße zu

offen sind, er hat ein bißchen in die Höfe mit den Palmen und Bananenbäumen geguckt, er hat die Chinesen, die das Hemd über die Hosen herabhängen lassen, beobachtet, wie sie in den dunklen Höhlen der Plättereien den Wäschestücken mit dampfenden Walzen und Bügeleisen zu Leibe gehen, er hat die braunen Verkehrspolizisten unter ihren Sonnenschirmen studiert, die bei der geringsten Stockung vor Ungeduld mit den Füßen stampfen, Schimpfworte ausstoßen und am liebsten mitsamt dem Schirm in die Luft sprängen. Er ist den Malecon entlanggeschlendert, diese einzigartige Prachtstraße, die sich in flachem Bogen am Golf von Mexiko hinschwingt, rechts die See, die Brandung, die steilen, in der Sonne funkelnden Spritzer, die schnell noch ein Stück am Ufer entlanglaufen, ehe sie zurückfallen, das dunkelgrüne Felsgestein und die klare Linie der Ufermauer darüber, links die weißen und gelben Paläste mit den kunstvoll vergitterten Fenstern, dem bunten Majolikastreifen, den Säulen und Balkonen, er hat eine wehmütige Melodie gehört, ein paar zögernd aneinandergereihte Töne, die er nun nicht wieder vergessen kann, ein winziges Mädchen saß, als er an den Palästen hinstrich und im Vorbeigehen in die Fenster guckte, in einem dieser dämmerigen Zimmer vor einem altmodischen Tafelklavier und ließ die Melodie so kläglich aufschweben, daß er einen Schritt zurücktrat und zuhörte, er konnte nur den schmalen Rücken, den bräunlichen Hals und das schwarze Haar wahrnehmen, die Töne wurden immer langsamer, die Kleine war todmüde, sie sank immer mehr in sich zusammen, sie hätte so gern die Hände in ihren Schoß gelegt und einmal gar nichts getan, aber dann schlug die dicke Mutter, die sich in einer Ecke im Schaukelstuhl wiegte, unwillig mit dem Unterarm auf die Lehne, und gleich klimperten die Töne, während die spielenden Fingerchen bald rechts, bald links von dem mageren Körper sichtbar wurden, wieder schneller

dahin... la dididom, la dididim, du laladim du laladim du laladom... er hat eine Weile zwischen den Negern mit den rosa und hellblauen Hemden auf der Ufermauer gesessen und die Versuche eines Anglers verfolgt, der eine lange Schnur wie ein Lasso über seinem Kopf schwang und das mit einem Bleigewicht und dem Köder versehene Ende weit ins Meer hinausschleuderte, um es dann Stückchen für Stückchen wieder einzuholen... ein runder Strohhut hob und senkte sich auf den Wellen, Korkstükke, Papier, Holz, Palmenblüten schaukelten darum herum, es roch nach Tang und Fischen, die Neger schwatzten... wenn er die Prachtstraße entlangblickte, bäumte sich in der Ferne das bronzene Pferd des schwarzen Generals Antonio Maceo auf seinem Sockel zum Himmel empor, am anderen Ende des Bogens, gegen Osten, leuchtete das schneeweiße Castillo del Morro jenseits der Hafeneinfahrt auf, und draußen auf dem Wasser dümpelten drei Tonnen auf und ab, zwei rote und eine schwarze, die vor Nässe silbrig glänzte.
All die Farben und Bilder schweben nun in seinem Kopf langsam durcheinander, er hat die Augen halb geschlossen, die kleine Melodie schleicht dahin, er glaubt die See rauschen zu hören, die Tonnen auf den anlaufenden Wogen tanzen und sich schwerfällig hin und her bewegen zu sehen, und in die Erinnerungsbilder mischt sich behutsam die Wirklichkeit mit dem Summen des Propellers, dem leisen Klirren der Bestecke seitwärts im Speisesaal, dem warmen Ananasgeruch und dem Gesang des Zeitungsjungen. Der Parque Central schwankt auch ein wenig, die Avenida auch, die Säulen der Arkaden neigen sich zur Seite, und die Autos gleiten wie dunkle Schatten vorbei. Sein Körper schläft schon, aber das Hirn lebt noch ein wenig.
Komisch, denkt er, daß die Autos nicht ein einziges Mal zusammenstoßen...

Dann wandert wieder die wehmütige Melodie durch seinen Kopf... la divididom, la dididim... dann ist gar nichts da, dann denkt er wieder, daß hier schon mindestens fünf... wenn es mit rechten Dingen zuginge... schon mindestens fünf Zusammenstöße... Junge, das war aber, wie es war! Um Haaresbreite!
Du laladim... Ziemlich geschickte Jungen, diese farbigen Fahrer! Sie hupen nicht, auch strecken sie die Arme nicht heraus, und irgend jemand rettet sie doch.
Er läßt, ohne die Lippen zu öffnen, ein schläfriges Lachen in seinem Munde entstehen.
Da gleitet vom Prado her ein schneeweißes Kabriolett in das Durcheinander hinein. Am Steuer sitzt eine blutjunge Amerikanerin mit hellroten Lippen... Hellrote Lippen... ein dunkelgraues Kleid... ein weißer Ausschnitt... eine dunkelgraue Kappe nebst seitlich angebrachter weißer Blume... weiße Handschuhe mit schwarzen Keilen in den Stulpen... hellrote Lippen... la dididom... eine blutjunge Amerikanerin... Sie windet sich sofort wieder aus dem Strom heraus, hält auf das Hotel zu und stoppt. Das Sitzleder ihres Wagens leuchtet scharlachrot herüber.
Ehe der junge Mann, der plötzlich ganz wach geworden ist, einen anderen Gedanken zustande bringt als: Herrgott, wie schön, wie unglaublich schön, wie kühl und hell unter all den dunklen Menschen, wie schön, sie ist ja so schön, daß man es überhaupt nicht... nein, und außerdem hängen noch ein paar hellblonde Haare wie ein zarter Schleier über ihren Augen, auch das noch... ehe der junge Mann auch nur Zeit hat, sich anständig hinzusetzen, ist sie schon ausgestiegen und, mit einem hellroten Täschchen in der Hand, an den Schalter des Managers getreten, der sie nach einigen Worten mit einer diskreten Handbewegung an ihn, den jungen Mann, verweist.
Sie kommt wahrhaftig auf ihn zu. Er versucht, das Ganze

mehr oder weniger für einen Traum zu halten und so in seinem Schaukelstuhl liegenzubleiben, wie er nun einmal daliegt. Aber, wie sie nur noch drei Schritte von ihm entfernt ist und kein Zweifel mehr obwalten kann, daß sie es, wenn auch nur, wie zu vermuten steht, irrtümlicherweise, tatsächlich auf ihn abgesehen hat und daß sie kein Traum, sondern eine duftende Wirklichkeit ist, erhebt er sich erschrocken und sagt leise vor sich hin, dies gebe ein Unglück. Um einen Irrtum handelt es sich jedoch nicht, denn die junge Dame fragt ihn, indem sie ihren schräg gelegten Kopf leicht vorbeugt und die Fingerspitzen ihrer rechten Hand etwa in der Höhe ihrer Brust in den Teller der linken legt, mit süßer Stimme, ob sie das Vergnügen habe, mit ihm selbst zu sprechen. Dabei nennt sie, so wahr er da steht, seinen Namen, allerdings auf englisch, was beinah ein Hohn ist, aber doch im großen und ganzen seinen eigenen Namen.
Er antwortet, allerdings, er sei dieser Betreffende, sure, und macht eine deutsche Verbeugung und hat gleichzeitig so ein Gefühl, als sehe sein Gesicht in diesem Augenblick nicht gerade sehr intelligent und weltmännisch aus.
Well, sagt sie und knöpft ihre rote Tasche auf, um einen kleinen Notizblock herauszuholen, sie ihrerseits sei Miß Kelly. Ich bin sicher, daß Sie nichts dagegen haben, wenn ich in ›The Havana Evening Telegram‹ ein paar Zeilen, a little story, über Sie veröffentliche. Wie lange bleiben Sie in Havanna?
Ein Interview! Das erste Interview seines Lebens! So etwas nennt er einmal ein Ereignis, den Donnerschlag auch! In seinem Vaterland ist noch niemand auf den Gedanken verfallen, ihn zu interviewen. Aber in Havanna, am Ende der Welt, schickt ihm die Zeitung gleich die schönste Reporterin in einem schneeweißen Kabriolett entgegen! Woher sie bloß wissen mögen, daß er hier eingetroffen ist? Er wohnt doch ganz zurückgezogen in seinem Hotel, spricht

mit keinem Menschen und spaziert nur still für sich in der Stadt herum, ohne von seiner wenigen Person das mindeste Aufheben zu machen. Diese Teufelskerls von Amerikaner bringen auch alles heraus!
Aber wie er dergleichen Miß Kelly gegenüber zum Ausdruck bringt und, nachdem sie sich beide in ihre Schaukelstühle gelegt haben, hinzufügt, er könne es fast nicht glauben, daß sein Ruhm schon bis Havanna gedrungen sei, klärt sie ihn dahin auf, daß sie jeden Morgen hierher komme und von dem Manager erfahre, ob ausländische Gäste im Hotel abgestiegen seien. Diese, ob berühmt oder nicht berühmt, zu interviewen, sei ihre Pflicht, man bezahle sie dafür. Was den jungen Mann betreffe, so sei sie wahnsinnig traurig, ihm sagen zu müssen, daß sie seinen Namen heute zum erstenmal gehört habe. Trotzdem könne er sich darauf verlassen, daß sie eine überaus nette Story über ihn schreiben werde. Heute abend im Evening Telegram. Sie kommen aus Deutschland?
Yes, sagt der junge Mann, der gewissermaßen noch immer aus den Wolken fällt. Er hat schon wieder das Gefühl, seinem Gesicht nicht die nötige Intelligenz mitzuteilen.
Wie gefällt Ihnen Havanna? Sind Sie in Geschäften hier? Welchen Dampfer haben Sie genommen? Sie waren zuerst in New York? Was halten Sie von New York? Bitte erzählen Sie mir etwas von Ihrem Ruhm?
Unterdessen ist der junge Mann auf der Erde angekommen, er sitzt auf seinem Schaukelstuhl und beantwortet Miß Kellys Fragen in aller Bescheidenheit.
Ach, nichts von seinem Ruhm! Das war nur ein Scherz. Er schreibt zuweilen ein paar Verse auf ein Blatt Papier, zuweilen auch kleine Geschichten, wirklich, es ist nicht viel los damit. Ein Verleger stellt Bücher daraus her und verkauft sie an einige Leute aus dem Publikum.
Titel? fragt Miß Kelly.

Nein, es hat keinen Zweck, sagt er, die Titel sind auch ziemlich blödsinnig, ich merke es jetzt selbst. Terrible titles. Lassen Sie uns lieber von Havanna sprechen!
As you like it.
Sie fragt, er antwortet, und da er mit dem Zeitungswesen einigermaßen vertraut ist und also weiß, was Miß Kelly etwa braucht, stellt er ihr, soweit seine sprachlichen Fähigkeiten es ihm gestatten, weise Aussprüche und artige Komplimente über die Staaten und über Havanna zur Verfügung.
Nun müßte die Reporterin schon besonders unbegabt für ihr Fach sein, wenn sie nicht nach ein paar Sätzen merkte, daß sie diesmal einen Fall zu verarbeiten hat, der nicht mit den üblichen fünf Zeilen erledigt werden kann. Hier ist nicht irgendein eiliger Mr. Soundso nach Havanna gekommen for a short business visit, while in the city he is making his headquarters at the Hotel Soundso, he will sail north tonight on the S. S. ›Ulua‹ of the United Fruit Company, hier handelt es sich um einen Hundert-Zeilen-Mann, hier gibt es etwas zu lachen, hier ist eine Fülle von Stoff, hier kann sich ihr schriftstellerisches Talent bewähren. Sie braucht nicht einmal viel zu fragen, die Füllfeder fliegt übers Papier, eine Pointe reiht sich an die andere. Manchmal unterbricht sie den jungen Mann und versichert ihm, es werde eine wahnsinnig gute Story, die beste, die sie je geschrieben habe!
Schließlich macht sie einen Punkt, schraubt ihren Halter zu und schiebt den Notizblock in das Täschchen. Dann erklärt sie, die Haare von der Stirn wegblasend, es tue ihr sinnlos leid, aber sie müsse heute morgen noch wahnsinnig viel arbeiten, vielen Dank, war nett von Ihnen, mir so wahnsinnig gute Sachen zu sagen! Good bye!
New Yorker Tempo in Havanna. Zu geschwind für den jungen Mann. Er könnte sich denken, daß ein anschließendes Plauderstündchen mit Cocktails und allem mög-

lichen äußerst belehrend gewesen wäre. Aber sie hat keine Zeit. Ein Jammer.
Da geht sie hin mit ihren amerikanischen Girl-Schritten, sie ist ihr eigener Herr, sie verdient einen Haufen Geld, sie hat draußen ihr Auto stehen, Miß Kelly von The Havana Telegram. Good bye, Miß Kelly!
Aber sie dreht sich in der Tür um und kommt noch einmal auf ihn zu: Wie ist es, haben Sie nicht Lust, heute bei mir zu Abend zu essen? Oder sind Sie schon verabredet?
Da hat er zum dritten Male das Gefühl, ein vollständig unintelligentes Gesicht zu machen. Seine Lippen murmeln mechanisch: das nicht, im Gegenteil, er sei ihr sehr zu Dank verpflichtet. Wahnsinnig gern, Miß Kelly.
All right. At nine o'clock?
At nine o'clock, Miß Kelly.
Here is my card and my adress. Bye bye!
Gleich darauf springt der Motor des weißen Wagens an und geht, nachdem er zweimal aufgeheult hat, in ein ungeduldiges Brummen über. Miß Kelly beugt sich vor, schaltet, kuppelt ein und schießt weich davon...
Wie der junge Mann fünf Minuten vor neun im Smoking, aber sonst barhäuptig, weil es so warm ist, in einem Taxi den Malecon entlangsaust, kommt ihm die Sache doch ein bißchen abenteuerlich vor. Er ist zwar so weit über die amerikanischen Gepflogenheiten unterrichtet, daß er keinen Anstoß daran nimmt, wenn eine junge Dame einen Herrn ohne weiteres zu sich einlädt, das nicht, aber er hat da so allerlei über das American Girl gelesen und gehört, an das er sich jetzt erinnern muß. Von Liebe, hat man ihn belehrt, will so ein Girl überhaupt nichts wissen, es legt es nur darauf an, einen Mann zu fangen, zu heiraten und ihn dann bis zum letzten Cent auszupressen, erbarmungslos. Denken Sie an Chaplin, denken Sie an Fatty, denken Sie an hundert andere! Hüten Sie sich um Himmels willen, auch nur die geringste Andeutung zu machen, daß eine

junge Dame Ihnen sympathisch ist! Keine übertriebenen Komplimente! Keine allzu große Aufmerksamkeit! So etwas wird gleich als Eheversprechen ausgelegt, und der amerikanische Richter versteht in diesem Punkt, wie in allen anderen, die Ladies angehen, absolut keinen Spaß. Wenn Sie irgendeine Gans auf der Straße zufällig ein bißchen genauer ins Auge fassen, wendet sie sich womöglich an den nächsten Policeman und läßt Sie verhaften. Sie können froh sein, wenn Sie mit hundert Dollar davonkommen. – Außerdem hat der junge Mann in New York den Film ›Golddiggers of Broadway‹ gesehen, in dem er diese Warnungen aufs schrecklichste bestätigt fand, noch dazu mit Tanz und Gesang und alles in natürlichen Farben.

Wenn diese Miß Kelly nun, trotz ihrer roten Lippen und blonden Haare, etwas Ähnliches plant? Wenn sie nun gespürt hat, wie entzückt er von ihr ist, und ihm mit der kühlen Sachlichkeit, die den Amerikanerinnen eigen sein soll, eine Falle stellt? Möglich ist alles.

So schwebt er denn klopfenden Herzens im Lift durch die Stockwerke des Appartment-Hauses an der Avenida del General Antonio Maceo empor, in dem Miß Kelly wohnt. Nachdem er sich zweimal verfahren und fünfmal an verkehrten Orten geklingelt hat – das Appartment-Haus ist ein Wolkenkratzer mit unzähligen kleinen Wohnungen und Zimmern –, findet er endlich die richtige Tür.

Miß Kelly läßt sich noch einen Augenblick entschuldigen, an ihrer Stelle macht ihre Freundin, Miß Woodruff, die Honneurs. Sie bittet den jungen Mann, sich in dem als Cuban Sitting Room eingerichteten Wohnzimmer ganz zu Hause zu fühlen. Auch sie ist, wie sich alsbald herausstellt, am Evening Telegram tätig, aber in der Anzeigenabteilung, wo man natürlich besser bezahlt wird als in der Redaktion. Dafür sieht sie auch entsprechend verbraucht,

abgearbeitet und resigniert aus. Wenn sie übrigens nicht so viele Fachausdrücke einflechten wollte, brauchte er nicht immerzu in seinem Wörterbuch, das er vorsichtshalber eingesteckt hat, herumzublättern.
Dann erscheint Miß Kelly mit ihren roten Lippen. Das Kleid, das sie trägt, ist aus schwarzer Seide und ohne Ärmel. Sie hat sich ein bißchen gepudert, ihre Zähne sind feucht und glänzen, ihr Haar flimmert.
Haben Sie schon aus dem Fenster geschaut? Nein, wir wollen erst essen. Wie gefällt Ihnen mein Cuban Sitting Room? Kinder, kommt zum Essen!
Was für ein Temperament! Sie geht voran ins Eßzimmerchen, sie wiegt sich, sie summt, sie schwingt die Arme, sie ist von einer charmanten Ungezogenheit. Mit einem Male fährt sie herum und sieht dem jungen Mann streng in die Augen: Haben Sie meine Story gelesen?
Oh, sure!
Was halten Sie davon? – Ich glaube, Sie sollen hier sitzen. Sie sind aus Deutschland, Sie trinken Bier, ich weiß es.
Auf ihr Händeklatschen hin trägt eine kubanische Dienerin das Essen auf.
Der junge Mann erlaubt sich anzumerken, die Story stelle schon deshalb das Wunderbarste dar, was je über ihn geschrieben worden sei, weil sie so vieles enthalte, was er selbst noch nicht gewußt habe.
Aber Sie haben es mir doch selbst erzählt.
Es sollte jedenfalls etwas anderes bedeuten. Möglicherweise rührt es daher, daß er immer ganz treuherzig yes gesagt hat, wenn er eine Frage nicht verstand. Ihr Wohl, meine Damen! Chin chin!
Seit Miß Kelly im Zimmer ist, hat der junge Mann keine Lust mehr, das Wörterbuch zu gebrauchen. Er redet darauflos, mag es richtig sein oder nicht. Die jungen Damen bemühen sich zuerst, ihre Heiterkeit zu verbergen, aber nachdem er selbst über eine Dummheit, die er noch recht-

zeitig merkt, gen Himmel lacht, tun sie desgleichen. Es wird ein lustiges Abendessen.
Zum Schluß, bei der Torte, verhehlt sich der junge Mann nicht mehr, daß er ganz bezaubert von seiner Gastgeberin ist. Miß Woodruff redet sie mit June an. Vergessen sind die Warnungen, er hält mit seiner Sympathie, wie er es einmal nennen will, nicht hinterm Berge, seine Ohren glühen, er macht ihr ganz einfach den Hof, und wenn sie daraufhin die Policia antelephoniert, kann er es auch nicht ändern. June, es gibt keinen Namen, der so dunkel und samten wäre wie dieser. June.
Beg your pardon?... Ach, noch nicht viel. Einige Kirchen, das Capitol, die Punta, den Malecon... die Stadt ist ja so unheimlich groß, sechsmalhunderttausend Einwohner, wie er im Führer gelesen hat. Wer kein Auto besitzt, kann in anderthalb Tagen, und länger weilt er noch nicht hier, nur wenig gewinnen.
Nun weiß Miß Kelly auch, was jetzt unternommen wird. Hallo, sie will mit dem jungen Mann eine Autofahrt durch Havanna machen, take a drive around Havana. Do you like it?
Absolutely. Er glaubt, daß es ungefähr das Großartigste ist, was ihm passieren kann. Kommt Miß Woodruff auch mit?
Leider nicht, sie hat heute nacht noch eine Verabredung mit ihrem Freund.
Ist der junge Mann traurig darüber? Hand aufs Herz! Nein, flüstert er beiseite, nein.
Jetzt kommt der Blick aus dem Fenster an die Reihe, Miß Kellys Stolz. Was der junge Mann schon in der Sonne des Vormittags von drüben gesehen hat, sieht er nun von hüben bei Nacht: zu seinen Füßen die schimmernde Avenida del General Maceo, den spiegelnden Asphalt und die surrenden Autos, dann, wenn er nach rechts blickt, das Reiterdenkmal mit etwas Palmenpark darum herum,

dann die dreiflammigen Kandelaber des Malecon, anfangs groß und dreieckig, allmählich kleiner und kleiner werdend und schließlich in der Ferne wie ein Strich in der Nacht vergehend, und ganz zuletzt, kaum zu erkennen in der Finsternis, das weit vorgeschobene Castillo del Morro. Wo der Maleconbogen anfängt, sich herumzuschwingen, leuchten die Paläste rötlich und gelb von innen heraus. Weiter hinten verlieren sie sich im Dunst der Nacht. Nur das Reklametransparent, das plötzlich über den Dächern dasteht und ebenso plötzlich auslischt, um gleich darauf wieder da zu sein, behauptet sich mit violetten Strahlen, aber auch nur ungewiß. Und aus einer verhängten Ferne wogt die Dünung des Golfes von Mexiko gegen dies illuminierte Ufer an, so schwarz, so leise rauschend, so gleichgültig. Darüber die halbverhüllten Sterne.
Der junge Mann könnte noch lange in die Meeresdunkelheit hinaussehen, aber wie Miß Kelly hinter ihm den Schlager singt: Don't wait too long, und ein paar schlürfende Tanzschritte dazu macht, reißt er sich weg...
Dann sitzen sie, ohne Hut und Mantel, wie sie eben sind, in dem schneeweißen Kabriolett und fliegen die Uferpromenade entlang. An der Punta biegt Miß Kelly rechts in den Prado ein, in diese phantastische Straße, die in der Mitte, wo die Fußgänger promenieren, ganz aus Mamor gemacht ist mit blühenden, duftenden und von singenden Zikaden erfüllten Bäumen, mit Marmorbänken und zwei Reihen von Kandelabern.
Der Wagen kommt hier nur langsam fort. Alles promeniert. Auch die Autos. Die Luft ist erfüllt von dem Gemurmel der hundertfältigen Gespräche. Es hört sich an wie das Rauschen eines schnell fließenden Stromes. In der Mitte die Fußgänger, rechts und links die Autos, und abermals rechts und links unter den Arkaden und an den Schaufenstern hin wieder Fußgänger, alles Männer,

meist in schwarzen Hosen und hellen Hemden, oben auf dem Kopf den flachen Strohhut. Ein unglaubliches Gewimmel. Keine einzige Frau. Allenfalls eine o-beinige Negerin, die sich vergebens bemüht, mit ihrem vorgedrückten Bauch auf irgendeinen Strohhut Eindruck zu machen.
Ist das jeden Abend so? fragt der junge Mann.
Miß Kelly unterbricht den Singsang, den sie gegen ihr Steuerrad summt, einen Augenblick und sagt: Jeden Abend, den unser Gott werden läßt.
Wovon sprechen sie denn in aller Welt? Ist etwas Besonderes los? Sie sind ja so aufgeregt!
Von Politik und Liebe, von Liebe und Politik. Aufgeregt sind sie hierzulande immer.
Und die Frauen werden zu Hause eingeschlossen?
Eine Handbewegung an den Häuserfronten hinauf: Wo hat der Herr seine Augen?
Da stehen auf den schmalen Balkonen, die sich entweder vor den ersten Stockwerken als durchgehende Horizontalen hinziehen oder vor jedem Zimmer zierlich und gesondert vorspringen, die Señoras und Señoritas in der Nacht, schauen auf das Getümmel herab, lächeln und schlagen ihre Fächer, nachdem sie die schwarze Seide blitzschnell entfaltet und ein paarmal zitternd vor ihrer Brust hin und her bewegt haben, wieder lautlos zusammen. Das Licht, das hinter ihnen aus den Fenstern dämmert, und der Abglanz der Straßenbeleuchtung lassen eine Bühnen-Atmosphäre um sie her sein, in der das Glitzern ihrer Augen und das schwache Leuchten ihrer Schultern und Arme nur noch verführerischer wirkt.
Nun umrundet das Kabriolett den kleinen Parque Central, in dem es nur so wimmelt von Männern, und treibt am Capitol, dem Regierungsgebäude von Havanna, hin, das blaß und marmorn in die Dunkelheit hineinsteigt, dann geht es nach rechts durch eine Straße, die Dragones

heißt, dann wieder nach rechts, und dann weiß der junge Mann nicht mehr, wo er ist.
Ein Bursche mit ölig glänzendem Haar schiebt einen Leierkasten, der wie ein Klavier auf Rädern aussieht, langsam im Gossenstein entlang, ein anderer dreht die Kurbel. Die wilde Musik, die aufbraust, wird von hellen und aufreizenden Glocken durchtrillert und durchklingelt. Es dröhnt, daß man unwillkürlich die Schultern hochzieht.
Vorbei.
Zeitungsboys singen mit ihren heiseren Jungenstimmen gegeneinander, hie ›Pais‹, hie ›Telegram‹.
Vorbei.
Grelle Farbenkleckse, Kinoplakate, Tangofetzen, Geschrei von Streitenden, Lichtreklamen von unten nach oben zuckend.
Vorbei.
Der junge Mann läßt seine Augen an den Balkonen entlanggehen, er blickt dahin, dorthin und überallhin, wo etwas Helles und Buntes aufflammt. Aber alles dreht sich wie ein flimmernder Wirbel an ihm vorbei, ohne daß er es recht aufnimmt.
Das einzige, was immer klar und unverändert bleibt, ist Miß Kellys Gesicht neben ihm. Wenn er die Stirn, die Nase, den Mund, der sich jetzt beim Singen öffnet und schließt, jetzt anspitzt, um zu pfeifen, jetzt sich blitzschnell verzieht, weil um ein Haar ein Zusammenstoß erfolgt wäre, wenn er die flatternden Haare, das Ohr und den Hals ansieht, dann bedeutet ihm die ganze Stadt Havanna mit ihren Balkonen und Lampen, mit ihren Schaufenstern und Menschenströmen, mit ihren Orgeln und Stimmen nicht mehr als irgendein Jahrmarktskarussell, das glitzernd und brausend an ihm vorbeischwebt. Er fühlt nichts anderes, als daß er neben diesem schönen Menschenkind sitzt und fährt und fliegt und schwebt und

fährt. Er ist verliebt, er träumt, er ist betrunken vor Verliebtheit und Traum.
Mit einem Male weichen die Lichtstreifen rechts und links zurück, und der Parque Central öffnet sich wieder vor ihm. Oder sollte... nein, es ist der Parque Central! Miß Kelly läßt das Auto in langsamer Fahrt an den Varietés entlangrollen, die ringsherum ihre erleuchteten Rachen aufsperren. Dann kommt ein Kino, über dessen Eingang ein Negerorchester in einer Art von Loggia hockt. Da die Loggia sowohl nach dem Theaterraum als auch nach der Straße hin offen ist, kann man, ohne hineinzugehen, auch draußen ein wenig an dem Ohrenschmaus teilhaben, den die Neger mit klappernden Holztrommeln, weinenden Saxophonen und synkopisch summenden Banjos bereiten. Der junge Mann wundert sich nur, wie die Zuhörerschaft es fertigbringt, die prasselnden und zuckenden Rhythmen über sich ergehen zu lassen, ohne in den Knien einzuknicken und die Beine, wenn auch nur andeutungsweise, hin und her zu schlenkern. Sie stehen ganz ruhig da, die Hände in den Hosentaschen. Er selbst bringt es beim besten Willen nicht fertig, still zu bleiben, seine Fußspitzen tippen gegeneinander, seine Ellbogen pressen sich im Takt an seinen Körper.
Sure, wir können ja aussteigen und irgendwo eintreten, nur um einen Blick hineinzuwerfen, sagt Miß Kelly und stoppt, indem sie ihn lachend ansieht, vor einem Varieté, das den Namen ›Pubillones‹ führt. Eigentlich möchte der junge Mann immer weiter treiben, diese halb wirkliche, halb geträumte Empfindung, dieser Flug, diese selige Illusion soll nie aufhören. Aber die Musik, die von drinnen gedämpft herausklingt, das Gelächter, die dumpfen Beifallssalven sind zu verführerisch, als daß man einfach daran vorbeifahren könnte. So steigen sie denn aus und gehen, nachdem sie an dem Kassentempelchen zwei Karten für den billigsten Platz erstanden haben, an grellen

und altmodischen Plakaten vorbei, eine düstere Treppe zum Olymp oder, wie man sich hier ausdrückt, zum Paraiso hinauf.

Die Galerie ist schwach besetzt, ebenso der dritte Rang, auch Tertulia genannt. Der zweite Rang dagegen, dessen Brüstung mit südamerikanischen Fahnen geschmückt ist, der erste Rang, die Logen mit den eisernen Gittern und die Sitzreihen des Parketts in der Tiefe sind vom einen Ende bis zum anderen ausverkauft. Lauter spanische Familien mit vielen Kindern, sogar mit Babies. Hunderte von Fächern gaukeln wie Schmetterlinge hin und her, alle möglichen Händler wandern durch die Gänge und bieten Eis, Zigaretten, Kekse und Caramelli an, die Kinder krabbeln auf den Knien ihrer Väter und Onkels herum, fallen herunter und brüllen, vor der Bühne, die augenblicklich leer ist, vollbringt eine Negerkapelle mit gestopften Trompeten, Banjos, Klarinetten, einigem Schlagzeug und zwei Kesselpauken einen herrlichen Radau, die Luft riecht nach Plüsch und Puder. Plötzlich ertönt ein Pistolenschuß, die Musik bricht ab, der Saal verfinstert sich, zwei Scheinwerfer zischen auf und beleuchten die beiden Trapeze, die oben in der Kuppel hängen, mit weißem Licht. Dann fährt aus dem Orchester der Pfiff einer Trillerpfeife hoch, und zwei helle Mädchen, die bis auf einen winzigen, mit rosa Pailletten besetzten Hüftgürtel und zwei Tellerchen vor den Brüsten vollkommen nackt sind, tanzen auf die dämmerige Bühne, verneigen sich und klettern an einem schrägen Tau zu den Trapezen hinauf. Die Klarinetten spielen einen leisen und langsamen Walzer, begleitet von kaum hörbaren Paukenschlägen. Nummer vier, flüstert Miß Kelly dem jungen Mann ins Ohr und hält ihm, mit dem Daumennagel die betreffende Stelle unterstreichend, den Programmzettel hin. Er nickt und liest: Clara y Babe, Doble Trapecio. Dann blickt er wieder zur Kuppel empor.

Die beiden Mädchen sitzen auf den vernickelten Trapezstangen und schaukeln sich im gleichen Rhythmus gegeneinander. Dann zeigen sie ihre lautlosen Kunststücke, sie hängen und drehen sich hoch, sie fallen und fliegen, sie lassen sich los und fangen sich wechselseitig wieder auf. Es sieht so spielerisch und graziös aus, als geschehe es ganz von selbst, die Pailletten glitzern, die gepuderten Mädchenkörper schimmern. Unter ihnen ist kein Netz ausgespannt. Wenn sie abgleiten, sind sie verloren. Nun nimmt die Größere das Ende eines etwa zwei Meter langen Strickes zwischen die Zähne und läßt sich mit erhobenen Armen hintenüberfallen. Im nächsten Augenblick hängt sie in den Kniekehlen an der dünnen Stange, den Kopf nach unten. Der Strick pendelt hin und her. Da schwingt sich die Kleine gleichfalls rückwärts herum, löst sich vom Trapez und fliegt mit flachgebogenem Körper auf ihre Partnerin zu, deren Hände sie mit einem kleinen Angstruf ergreift. Dann gleitet sie, eine Hand unter die andere setzend, an dem Strick herunter, ganz bis ans Ende. Nachdem sie dort eine Weile gehangen hat, zieht sie sich mit einem leichten Klimmzug hoch, schiebt das untere Ende des Strickes in ihren Mund und senkt erst den linken und dann, nach kurzem Zögern, auch den rechten Arm seitwärts zur Waagerechten ab. Ihre Beine sind wie die einer Ballettänzerin mit herabgedrückten Fußspitzen umeinander geschlungen. Sie dreht sich, über der Tiefe schwebend, langsam um sich selbst. Totenstille im Saal. Jedem tun die Vorderzähne weh. Jetzt zieht die obere ihren Bauch eine Kleinigkeit ein und streckt ihn wieder aus, zieht ihn ein und streckt ihn abermals aus und abermals und abermals. Auf diese Weise bringt sie das lange Pendel allmählich ins Schwingen. Es schwingt, während sich ein Saxophon mit gepreßtem Weinen in das Gedudel der Klarinetten mischt, höher und höher. Mit einem Male gellt ein Schrei aus der Kuppel herab, ein weißer Körper saust durch die Luft, der Strick ist gerissen, das Publikum im Parkett spritzt dumpf auseinander. Aber da brodelt die Musik auf, Paukenschläge, schrille Flöten, Trompetenstöße, der Körper fängt sich ein paar Meter über den Zuschauern und pendelt wieder, sich drehend, hin und her. Es war nur ein Bluff, der Strick hat sich nur plötzlich um das Zehnfache verlängert. Eine Sekunde lang Stille, dann fängt jemand an zu lachen, und dann lacht und applaudiert alles, während die Leute, die zur Seite gesprungen sind, beschämt auf ihre Plätze zurückkriechen. Nur eine Frau, die gerade unter dem Trapez gesessen hat, muß hinausgebracht werden. Dem jungen Mann ist beinah das Herz stehengeblieben, er atmet auf. Aber da zuckt ein noch tieferes Erschrecken durch ihn hindurch. Er merkt, daß Miß Kelly sich an ihn gelehnt und seinen Arm mit beiden Händen umklammert hat, jetzt, wo sie sich wieder aufrichtet und ihre Hände zurückzieht, merkt er es erst richtig. Ein heißes Gefühl steigt in seiner Brust hoch. Er wagt nicht, sie anzusehen. Wenn er in diesem Augenblick ein paar richtige Worte zur Hand hätte, ein paar vorsichtige, vieldeutige Worte, ein paar lächelnde Worte, dann hätte er vielleicht gewonnen. Aber wie er sich auch hin und her besinnt, ihm fällt nichts ein. Nicht einmal etwas auf deutsch. Sein Kopf summt, er kann den Arm, den sie angefaßt hat, nicht bewegen. Manchmal sagt man es, ohne sich etwas dabei zu denken, aber er sitzt wirklich da, als hätte ihn der Blitz getroffen.

Unterdessen sind die beiden Mädchen wieder in die Kuppel geklettert, haben den Logen Kußhände zugeworfen, haben sich an dem schrägen Tau auf die Bühne herabgelassen und sind mit ihren Balletteusenschritten in den Kulissen verschwunden. Die Musik lärmt auf, dann wieder ein Pfiff mit der Trillerpfeife: Eine neue Nummer beginnt.

Diesmal kommt ein Mann mit einem weißen Spitz hereingegangen, der Mann in der Hocke, der Hund aufrecht auf den Hinterbeinen, so daß beide etwa gleich groß sind. Ein Diener trägt einen Tisch, einen Stuhl, eine Stehleiter, ein Bett und sonstige Geräte hinter ihnen her. Aber Miß Kelly sagt leise, ob sie nicht fortgehen wollten, dies gebe doch nur eine Tierquälerei – a cruelty to animals. Sie sehe dergleichen nicht gern, draußen sei es viel schöner, on Principe Hill, in the residential Section or in ›Sanssouci‹.

Was ist ›Sanssouci‹?

Oh, Lichter in den Bäumen, music, dancing, strum of guitars, scintillation, all the gaiety of Paris. Wahnsinnig nett.

Der junge Mann wüßte nicht, wohin er lieber ginge. Wie sie Arm in Arm die graue Treppe hinuntertappen und Miß Kelly wieder ein Liedchen vor sich hinträllert, fällt ihm etwas Wunderbares ein. Pst, etwas verflucht Wunderbares. Wenn sie diese trällernde und summende Angewohnheit hat, dann darf er sich vielleicht etwas Ähnliches erlauben. Daß er nicht schon längst daran gedacht hat! Daß ihm das nicht schon vor zwei Minuten eingefallen ist, als er sich vergeblich auf ein paar zärtliche Worte besann! Die Sache ist kurz und gut die: Wozu gibt es denn die Grammophonplatten mit den amerikanischen Tanzschlagern? Wozu gibt es denn all die bittenden und fragenden und gewährenden Refrains? Wozu hat er das Zeug denn zu Hause immer und immer wieder gehört? Wozu schweben die Melodien denn in seinem Kopf herum? Internationale Verständigung durch Tanzschlager. Er steckt vor Freude seine linke Hand in die Hosentasche und kneift sich in den Schenkel. Dann summt er versuchsweise die erste beste Melodie, die ihm einfällt, vor sich hin: ›You... made... me love you.‹ Nur die Melodie. Einmal und, wie Miß Kelly verstummt, noch einmal. Dabei drückt er ihren Arm eine winzige Idee an seine Brust. Kennt sie die Weise? Und vor allen Dingen: Kennt sie auch den Text, der dazu gehört? Sie geht schweigend neben ihm die Treppe hinunter. Sie wird ihm doch, um Himmels willen, nicht böse sein, sie wird doch einen Scherz verstehen? Ihr Arm liegt unbeweglich in seinem. Aber auf der letzten Treppenstufe fängt sie mit der gleichgültigsten Miene der Welt wieder an zu summen. Der junge Mann beugt seinen Kopf vor, um ja herauszubekommen, worum es sich handelt. Das kennt er. Sei mal ruhig, das kennt er doch! Einen Augenblick! Jawohl, es ist der Slow Fox: ›I love to hear you singing.‹

Wieder steigt dies heiße Gefühl in ihm hoch. Sie sagt: I love to hear you singing. Ist es möglich? Geht sie wirklich auf das Spiel ein? Hat sie wirklich gleich erfaßt, was er meint? Es kann doch kein Zufall sein, daß ihre Antwort gerade so und nicht anders ausgefallen ist! I love to hear you singing... Das bedeutet doch: weiter! Das bedeutet doch: meinethalben weiter! Das bedeutet doch: Fahr fort, mein Junge!

Die Nacht ist noch lang, es gibt noch so viele schöne Lieder, warte nur, Miß Kelly! Da dada daaa... you made me love you...

Der Motor brummelt, sie federn wieder langsam an den Lichtern und vielfältigen Geräuschen der Straßen vorbei. Raschelnde Palmenblätter, ein taghaller Platz. Dann um die Ecke: eine dunkle Gasse, vergitterte Zimmer mit trüben Lampen, eins hinter dem anderen, plötzlich eine barocke Kirche mit flimmernden Türmen, dann Arkaden, dann wieder ungewisse Dunkelheit. Der junge Mann grübelt unablässig darüber nach, was für einen Refrain er jetzt anstimmen soll. Ob Miß Kelly zum Beispiel den Fox Trot ›Why can't we two be sweethearts‹ kennt? Er will einmal einen Versuch machen. Nachdem er sie scheu von der Seite angesehen hat, hält er die Hand vor den Mund und pfeift die sehnsüchtige Melodie ganz hoch und fein

zwischen seinen Fingern hindurch. Sie scheint nichts zu verstehen, sie gibt nicht einmal besonders acht, sie stößt ihn an und macht ihn auf eine Inschrift aufmerksam, die an der Ecke eines Hauses vom Dach bis zur Erde angebracht ist: Jesus Bar. Dann zeigt sie mit halb herumgeworfenem Kopf nach hinten und sagt: Iglesia dei Christo. Sie meint die graue Kirche hinter ihnen.
Jesus Bar gegenüber der Christus-Kirche, denkt der junge Mann, ein starkes Stück, alles was recht ist! Aber wie wäre es, June, wenn du jetzt einmal zuhören würdest? Und er pfeift die Melodie ein zweites Mal.
Die Gasse mündet auf einen unordentlichen Platz. Miß Kelly lenkt den Wagen links herum, sie gleiten an einer langen, von Lagerschuppen unterbrochenen Mauer hin, zuweilen öffnen sich Durchblicke auf den Hafen, auf ruhende Schiffe, auf Masten, Schornsteine und Ventilatoren. Dann geht es wieder links herum und von neuem in das Gassengewirr hinein. Ein Platz, eine Kirche mit flimmernder Fassade und zwei Türmen. Columbus Cathedral, sagt Miß Kelly im Vorbeihuschen. Oh, antwortet der junge Mann zerstreut. Schon wieder ein Platz, in der Mitte ein prunkvolles Bauwerk. Miß Kelly winkt mit den Augen hinüber: Presidential Palace. Der junge Mann sagt: Yes. Um die Ecke. Eine Gasse, so schmal, daß man befürchten muß, der Wagen bleibe stecken. Miß Kelly erklärt, es sei die Peña Pobre Street, die engste Straße von Havanna. Der junge Mann macht wieder: Oh. Dann fahren sie an der Hafeneinfahrt entlang. Drüben heben sich die weißen Felsen von La Cabaña und Castillo del Morro aus dem dunklen Wasser herauf. Miß Kelly bedient den Gashebel und die Fußbremse, ihre Hände liegen auf dem zitternden Lenkrad, sie fährt und fährt. Weiß sie denn gar nicht, daß er auf ihre Antwort wartet, daß er überhaupt nichts Vernünftiges mehr denken kann, daß er nicht das mindeste Interesse für die engste Straße und alles mitein-

ander hat? Er pfeift seine Frage zum dritten Male durch die Finger. Wenn sie wieder nicht darauf antwortet, muß er es mit etwas anderem versuchen. Still!
Sie singt! Sie singt endlich, den Kopf im Takt von einer Seite auf die andere senkend, mit la lala und hm mm m eine leise Antwort in sich hinein! Aber wie er auch die Ohren spitzt und die Augenbrauen herunterdrückt und sich besinnt, er hat die Melodie noch nie gehört. Und vielleicht hängt gerade von ihr alles Weitere ab. Er rutscht auf seinem Sitz hin und her und überlegt, was er tun soll. Eine ganz fremde Melodie. Was für ein Sinn, was für Worte mögen dahinterstecken? Möglicherweise bedeutet es ja: Ich weiß nicht, was Sie wollen, Sir. Möglicherweise sogar: Lassen Sie mich bitte in Ruhe! Eine Situation, um sich den Daumen auszureißen. Die internationale Verständigung ist unterbrochen. Er sieht Miß Kelly mit krauser Stirn und verzweifelten Augen an und wagt, wie sie einmal zu ihm herüberblickt, geradezu mit den Schultern zu zucken, ein Millimeter nur. Sie verzieht keine Miene, aber in ihrem Lala, das sie unbekümmert weitersingt, taucht hier und da ein undeutliches Wort auf, ein Wort, ein Satz, ein Reim. Und nach einer kleinen Pause fängt sie noch einmal von vorn an, leise: I can't do without you... Wort für Wort verstanden! Das meint sie also! Es geht noch weiter, aber danke schön, es genügt ihm schon! Er sitzt ganz steif da und beißt die Zähne zusammen vor Zittern. I can't do without you... das könnte man in diesem Fall vielleicht übersetzen mit: Soll ich etwa den Anfang machen? Eine Antwort, für die er sie gleich küssen möchte. Sie sieht freilich nicht so aus, als ob sie sich's ohne weiteres gefallen ließe. Ihr Gesicht ist finster, sie starrt geradeaus und hat die Unterlippe zwischen ihren Zähnen. Mit einem Male tritt sie den Gashebel hinunter, der Wagen macht einen Sprung, im nächsten Augenblick fegen sie mit aufheulendem Motor bei der Punta um die Ecke und

sausen im Fünfzig-Meilen-Tempo den Malecon entlang. Diesmal in umgekehrter Richtung. Aber der junge Mann hat keine Angst vor ihrem finsteren Gesicht, er versteht so gut, wie es jetzt in ihr aussieht. Und er mag sie deshalb nur noch lieber leiden. Er ist ja so glücklich! Nun öffnet sie mit einem energischen Handgriff die Schutzscheibe. Die Luft zischt an seinen Schläfen hin. Aber sie kühlt nicht. Somebody loves me... somebody loves me... Ach je, es ist, als ob sich das Rauschen der See, die sich dunkel zu seiner Rechten regt, und das Vibrieren des Wagens ihm mitteilten. Ein kribbeliges Gefühl fliegt durch seine Nerven auf und ab. Unter Umständen träumt er nur, von ungefähr überfällt ihn eine süße Besinnungslosigkeit, dann wacht er wieder auf. Da ist die dumpfe Nacht, die ruhelose Stadt, der tropische Himmel, das Unbekannte. Dann und wann leuchtet ihm eine unerwartete Helligkeit entgegen, irgend etwas Wunderbares, zwei glitzernde Mädchen in der Kuppel eines Theatersaales, Musik, eine Kirche, Schiffe, Presidential Palace, Miß Kellys Haar unter einer elektrischen Lampe.

Er lehnt sich zurück und singt von hinten gegen das flatternde Haar: I dream of June with the light blond hair... Eigentlich heißt es Jeanie, aber er singt June. Die Ereignisse haben ihn so betrunken und tollkühn gemacht, daß er nicht nur die Melodie, sondern auch die Worte vorbringt... of June with the light blond hair... Aber dann weiß er nicht, wie es weitergeht. Gut, einen anderen Song! Keine Pause! Immer weiter! So reiht er denn... zzzt, das war der Parque Maceo... so reiht er eben all die Anfänge, die ihm einfallen, nach einer selig auf und ab gehenden Melodie aneinander: My sunday girl... my sunday girl... my one and only... if I had a girl dom dom... like you... my lucky star... my wi-ild Irish rose... I'm in heaven when I see you smile... my little

gipsy sweetheart... my melancholy baby... say say say... that you love me...
Und Miß Kelly läßt ihn gewähren, ja sie bewegt ihre Schultern sogar ein bißchen hin und her, als schmiege sie sich in die Worte und Klänge, die hinter ihr laut werden, wohlig hinein. Aber von Zeit zu Zeit nimmt sie sich zusammen und gibt einen knappen Befehl: Bitte strecken Sie Ihren Arm hinaus!
Er tut's und denkt, indem er ruhig weitersingt: Wieso Arm hinaus? Sie will doch nicht etwa ins Meer fahren?
Nein, sie biegt scharf links herum.
Weshalb soll ich eigentlich meinen Arm hier rechts hinaustun, während Sie links einbiegen?
Das kommt in dieser Stadt nicht darauf an. Die Hauptsache ist, daß man überhaupt ein Zeichen gibt. Ob ich nach rechts oder links will, werden die Leute ja schon merken.
Aha! – Was war das eben für ein Denkmal?
Maine Memorial.
Thank you.
Wie sie sich voreinander schämen! Wie sie den Schein aufrechthalten, die Melodien hätten gar nichts zu bedeuten! Wie unwirklich ihre Liebe noch ist! Wenn sie so miteinander sprechen, bringen sie es nicht über sich, auch nur die geringste Zärtlichkeit in ihre Stimme zu legen. Im Gegenteil, sie befleißigen sich einer besonders sachlichen Höflichkeit. Wie jung sie sind! Was für Umstände sie machen! Wie sie den Augenblick der Hingabe immer mehr hinauszögern! Wie sie die Ungewißheit lieben! Wie sie die Liebe lieben! Wie töricht sie sind! Wie klug sie sind!
Die Straße steigt an, der Motor brummt von Sekunde zu Sekunde tiefer, aber schließlich schafft er es doch, ohne daß Miß Kelly zu schalten braucht. Moderne Häuser, bescheidene Vorgärten, Bäume. Mit einem Male verirrt sich der Fahrweg in ein verworrenes und unbeleuchtetes Ge-

lände, der Wagen humpelt über Löcher und Sandhaufen, noch ein Ruck, stop.

Sie halten an einem Abhang, Havanna liegt zu ihren Füßen und leuchtet still. Hunderttausend Lichter, mit einem gewaltigen Wurf in die Nacht gesät.

Dies ist Principe Hill, sagt Miß Kelly.

Sie schieben sich hoch und setzen sich auf das zusammengelegte Verdeck, um einen freien Ausblick zu haben. In der Nähe zeigen sich helle Häuservierecke, die in unregelmäßigen Stufungen abfallen und kleiner und grauer werden, um schließlich in der dumpfen, bis an den Horizont reichenden Schwärze zu vergehen. Dazwischen ziehen sich lange Lichterschnüre hin, biegen herum, teilen sich und schlingen sich durcheinander. Wo sie sich schneiden, entstehen weiße Flecken, aus denen silbrige Schatten emporgehen, Kirchtürme, Kuppeln und schmale Wolkenkratzer. Da und dort in der Ferne läßt ein Haufen von rötlichen Punkten ein schwaches Glühen aufschwelen, das sind die Vorstädte. Ganz links läuft ein unsäglich weicher Bogen von aneinandergereihten Lampenmonden herein und wieder fort: der Malecon. Dahinter steht dunkel und ungeheuer der Golf von Mexiko.

Sie sagen nichts, die beiden.

Nach einer Weile gleiten sie langsam auf ihre Sitze hinunter, Miß Kelly schaltet den Rückwärtsgang ein und wendet. Ihre Manöver sind jetzt von einer trotzigen Verwegenheit. Mag das Getriebe krachen, bruch brach, mag der Wagen mit einem Satz vorwärtsspringen wie ein plötzlich gesporntes Pferd, mögen die Räder hinten wegrutschen, was kümmert sie das! Meint jemand, sie sei ein sentimentales Mondscheingirl? Das möchte sie keinem geraten haben. Im übrigen hat sie einfach Hunger.

Nun sausen sie durch eine lange Straße mit spanischen Häusern. Das einzige, was dem jungen Mann auffällt, ist ein quer über den Fahrdamm gespanntes, blutrotes Trans-

parent: Jesus Nazareno Tel. E. 207. Diesmal ist er es, der Miß Kelly darauf aufmerksam macht. Schon wieder Jesus. A blasphemous city.
Or a religious city.
No no, Miß Kelly!
Überflüssige Worte... somebody loves me... dummes Zeug... loves me... loves me not... loves me...
Strecken Sie bitte Ihren Arm noch einmal hinaus!
Ein Lichtschein fällt von links über die Straße, Orgeln dröhnen auf, Gesang, Stimmengemurmel. Miß Kelly wirft den Wagen um die Ecke, daß der junge Mann beinahe hinausfliegt, dann zieht sie die Handbremse und blickt sich um. Sie stehen auf einem kleinen Jahrmarkt mit Schießbuden, Luftschaukeln, Gesang und Radau. Da kommt schon ein Neger aus einer Bude herausgelaufen, schiebt ein Brett als Tisch auf ihre Knie und erkundigt sich nach ihren Wünschen.
Frankforters and Tropical, sagt Miß Kelly.
Im Handumdrehen serviert der Neger ihnen zwei Glas Bier und zwei Teller mit Frankfurter Würstchen nebst etwas Toast auf das Brett.
Do you like Frankforters? erkundigt sich Miß Kelly und beißt das halbe Würstchen ab.
Very much.
Ist Ihnen bekannt, wie man sie in Amerika nennt, diese Würstchen?
Hot dogs.
Oh, Sie haben schon viel gelernt! Essen Sie auch noch einen heißen Hund? Ich bin hungrig wie ein Haifisch. Hallo, Waiter!
Nein, der junge Mann ist zu nichts mehr imstande.
Aber noch ein Glas Bier? In Deutschland trinkt man viel Bier.
Nein, danke.
Miß Kelly verspeist noch zwei Würstchen. Von dem letz-

ten muß der junge Mann ein Stückchen abbeißen, sonst wird Miß Kelly böse. Dann trinken sie ihr Bier aus, der Neger stürzt herbei und nimmt das Brett mit dem Geld weg, die Hupe macht böööt, der junge Mann streckt den Arm hinaus, der Wagen dreht sich herum wie ein Hund, der sich in den Schwanz beißen will, und saust davon.
Now we'll go to the residential section, sagt Miß Kelly.
Der junge Mann antwortet: All right. Etwas Besseres fällt ihm nicht ein.
Nicht lange, da haben sie die Innenstadt hinter sich gelassen und jagen eine schnurgerade Asphaltavenida entlang, die durch ein schmales Boskett von Fächerpalmen und tropischem Gesträuch in zwei Hälften geteilt ist. Rechts und links liegen, in Gärten versunken, die Villen der oberen Zehntausend von Havanna, weiße Häuser im spanischen Stil mit Säulenhallen, flach geneigten Ziegeldächern und großen Kaminen. Süßliche Gerüche wehen über sie hin, Königspalmen steigen in schrägen Kurven zum Himmel auf, aus den Villen blinzeln bunte Lichter herüber, manchmal schnurrt ein von Nickel und Lack glänzender Wagen an ihnen vorbei, sonst ist alles still, sie sind in the most beautiful residential section of the world.
Auch das bleibt zurück. Die Gärten werden größer und gelockerter in ihrer Vegetation, die Villen seltener und ländlicher, die Avenida verwandelt sich in eine gewöhnliche Straße und schlängelt sich an kleinen Hügeln vorbei und durch einsame schmale Täler in die kubanische Nacht hinein. Miß Kelly muß die Scheinwerfer anstellen. Sie richten ihr gespenstisches Licht bald auf lange Reihen von kugeligen Grapefruitbäumen, bald auf Zuckerrohrpflanzungen, bald auf ein Bambuswäldchen, bald auf überhängende Königspalmen.
Da biegt Miß Kelly in ein Tor ein, über dem mit erleuchteten Buchstaben steht: Sanssouci. Und dann liegt eine

Märchenwelt vor ihnen. Sie fahren auf eine Gruppe gewaltig sich emporwölbender Laubbäume zu, die über und über mit einem wirren Durcheinander von roten, weißen, blauen, gelben und grünen elektrischen Birnen behangen ist. In Deutschland würde ich das abscheulich finden, denkt der junge Mann, aber hier, wo alles so bunt und toll durcheinander wuchert, ist es, als blühten diese Lichterbäume ganz selbstverständlich aus der warmen Finsternis heraus. Und das purpurn dämmernde Haus darunter muß auch so sein, wie es ist, und die Tanzfläche davor mit den dunklen, sich langsam aneinander vorbei drehenden Herren und den schimmernd hingeneigten Damen auch, und die hawaiische Musik auch. Wir sind ja schon beinahe in den Tropen.
Do you like to have a dance? fragt Miß Kelly.
Bitte fahren Sie nicht so nahe heran. Können wir nicht hier ein bißchen halten? Ich möchte lieber nicht tanzen, noch nicht.
Sie stoppt.
Nachdem sie eine Zeitlang zugesehen haben, sagt Miß Kelly leise, sie sei dafür, daß sie irgend etwas unternähmen. Dort können wir tanzen. Aber wir können auch weiterbummeln. Wenn wir in dieser Richtung fahren, kommen wir nach Havanna zurück. In dieser Richtung, da hinüber etwa, liegt das Karibische Meer. Aber noch weit. Sie dürfen sich auswählen, was Sie wollen.
Der junge Mann wendet ihr sein Gesicht zu und schüttelt kaum wahrnehmbar den Kopf: Nicht ich, Sie.
Seine Stimme kann nur noch flüstern, er zieht seine Schultern hoch und holt zitternd Atem.
Da läßt sie den Motor wieder anspringen und rückt den Schalthebel, nachdem sie eine Weile an dem Knopf herumgespielt hat, langsam zur Seite. So gleiten sie im Bogen an der Tanzfläche vorbei und aus dem Park hinaus. Dann biegt Miß Kelly nachdenklich links herum und

lenkt den Wagen in die Richtung auf das Karibische Meer.
Der Geschwindigkeitsmesser, der erst zwanzig Meilen zeigte, dreht sich zögernd auf fünfzehn zurück, auf zehn, auf fünf. Aber wie der junge Mann seinen Arm um ihre Schultern legt und wieder etwas summt, irgend so eine zärtliche Melodie, I may be wrong oder so, kommt die Zehn wieder zum Vorschein, gleich darauf die Zwanzig, dann die Vierzig, die Fünfzig, die Fünfundfünfzig und schließlich, während der Wagen anfängt, zu vibrieren und zu dröhnen, die Sechzig.

Sergeant Spider

Ein anderer würde keine Minute versäumen, zumal die Zeit, die für Miami zur Verfügung steht, knapp bemessen ist, zwei Tage, nicht mehr, ein anderer würde herumrennen, um möglichst viel von den Merkwürdigkeiten dieser Stadt, die sich selbst mit dem Namen Magic City geschmückt hat, einzuheimsen. Da gibt es im Zentrum das schneeweiße Rathaus, sechsundzwanzig Stock hoch, in dem ganz oben nicht nur die Gerichtsräume, sondern auch die Gefängniszellen untergebracht sind, so daß beiläufig die Aufforderung des Werbe-Folders ›See a lot of Florida from the courthouse!‹ eine liebenswürdige Zweideutigkeit darstellt; da gibt es den phantastisch blühenden Bayfront Park mit seinen Palmenarrangements, tropfenden Grotten und samtweichen Rasenteppichen; da gibt es das ungeheuere Freiluft-Amphitheater und den leichten, hellgrünen Konzertpavillon mit seinem graublauen Baldachin, mit den beiden silbernen Zwiebeltürmen und dem silbernen Flaggenmast, von dem aus sich Glühbirnengirlanden strahlenförmig nach den obersten Sitzen des

Amphitheaters hinleiten, und in dem Pavillon sitzen die Boys von Kilties Band – one of the foremost musical organizations of the country – und spielen manchmal auf ihren Instrumenten, pfeifen manchmal auf zwei Fingern, trommeln, singen, lachen und werfen ihre prasselnden Rhythmen empor; da gibt es die Schiffe mit den Böden aus Spiegelglas, die es den Insassen ermöglichen, durch das kristallklare Wasser hindurch das lautlose Leben auf dem Meeresgrund in seiner ganzen Freiheit und bleichen Farbigkeit zu erblicken, die oszillierenden Fische mit ihren gramvollen Mäulern, die im Strom der Gezeiten hin und her wogenden Tangfäden, die grünen Haare der Algen, die Muscheln und Schwämme, hängend an rosa Korallenbrocken, die atmend dahingleitenden Schleierzüge der Quallen, die Polypen und Seeigel, die Sterne und Walzen, die gläsernen Halsketten der Röhrenquallen, die bräunlichen Gespenster der Seespinnen und all die zwischen Blau und Grün durchsichtig spielende Vegetation auf und nieder; da gibt es die Rennen der Boote mit Außenbordmotoren auf der Biscaya Bay wie Donner überm Meer, die künstlich aufgeschütteten Straßendämme – Venetian Way, Causeway, 79th Street Causeway –, die durch die Bay nach Miami Beach hinüberführen, den Ocean Boulevard vor den Wolkenkratzerhotels, den mit Palmen bewachsenen Badestrand, das laue Wasser des Golfstromes, die Schönheitskonkurrenzen in der Brandung, die Golfplätze, einer immer herrlicher als der andere, Musik überall, Flaggen auf den Dächern, Auto hinter Auto, Ozeandampfer, wellenreitende Girls, dröhnende Flugzeuge, Soda Fountains aus Glas und Silber, lustige Zelte, Kamps, Jachten und hunderttausend Menschen, die entschlossen sind, keine Gelegenheit zu Tanz und Tollheit zu versäumen.

Aber der junge Mann läßt das alles gut und schön sein und sieht ununterbrochen dem dicken Schutzmann zu, der an der Kreuzung von East Flagler Street und Second Avenue, also am Mittelpunkt von Miami, den Verkehr regelt. Meist steht er nur so da in seiner Leinenuniform und hält seinen Bauch vor sich hin. Die Ampel, die über ihm hängt, besorgt mit ihren roten und grünen Lichtern und den schwirrenden Klingelzeichen alle Arbeit. Nur wenn irgendein Auto eine Dummheit macht und vielleicht gerade in der Kurve steckenbleibt, so daß die Straße im Nu verstopft ist und alle übrigen Wagen, die sonst keinen Laut von sich zu geben pflegen, vor Ungeduld ein Hupkonzert veranstalten, beginnt er ein bißchen zu funktionieren. Er anulliert mit einer beiläufigen Handbewegung das Walten der Ampel, winkt ein paarmal nachlässig mit seinem Zeigefinger, beruhigt mit der aufgerichteten Handfläche und trillert wie zum Spaß das eine und andere Mal auf seiner Pfeife, und in zehn Sekunden ist das Durcheinander entwirrt. Dann kann er sich wieder, stillen Angesichtes, seiner normalen Tätigkeit hingeben, die darin besteht, nichts zu tun.

In dem jungen Mann haben sich zwei Meinungen erhoben, zwei Parteien, zwei lautlose Stimmen. Ist er nun ein Faulpelz, oder hat sein Dasein noch einen tieferen Sinn? fragt die eine Stimme.

Wieso einen tieferen Sinn? entgegnet die andere entrüstet. Natürlich ist er ein Faulpelz. Wie kommst du nur auf so einen verrückten Gedanken? Ein Schutzmann, und tieferen Sinn, oje!

Tja, sagt die erste nachdenklich, das ist nun so eine Sache. Sonstige Leute mögen, wenn sie nur so herumstehen, nichts tun und nichts bewirken, aber dieser Kerl ist von irgendeinem freundlichen Geheimnis umwittert, er ist mir, ohne daß ich im mindesten angeben könnte, warum, auf eine verborgene Weise sympathisch. Und das dürfte, bei meinen wenig liebreichen Gefühlen aller Polizei gegenüber, merkwürdig genug sein.

Ich verstehe dich nicht, er hat einen dicken Bauch, c'est tout. Ein dicker Bauch stimmt immer versöhnlich. Komm her, wir wollen weiter!
Nein, laß mich doch mal! Er ist auch sonst ein netter Bursche, sieh nur, wie er mit dem Zeitungsjungen umspringt, der ihm, zwischen den Autos hindurchwitschend, mit ein paar frechen Worten ein Blatt in die Hand drückt und sich sofort wieder wegschmiegt, wie er mit seinem amerikanischen Mund und seinen vor der Sonne zusammengekniffenen Augen hinter ihm herlacht. Sieh dir das bitte an!
Da zuckt der Blitz eines Einfalls durch den jungen Mann hindurch und schmilzt die beiden Meinungen zu einer einzigen zusammen: So oder so, Menschenskind, man müßte ihn eigentlich einmal filmen. Natürlich habe ich das Ding nicht bei mir. Los, holen!
Er läuft, obwohl die Klingel schrillt und die Phalanx der Autos schon heranbraust, noch eben über die Straße und trabt in sein Hotel. Gleich darauf ist er, bewaffnet mit seiner kleinen Kinokamera, wieder zur Stelle.
Gerade beschäftigt sich der Dicke mit einer jungen Dame, die beim Stoppen den weißen Strich, der quer über den Asphalt gepinselt ist, um einige Zentimeter überfahren hat. In Amerika gilt so etwas als ein verruchtes Verbrechen.
Sie sind wohl noch nicht in der Klinik gewesen, was? brummt er sie an, während er ihr, mit den obersten Fingergliedern der linken Hand winkend, zu verstehen gibt, sie solle sich gefälligst hinter den Strich zurückziehen. Aber sie lächelt ihm mit ihren schönen Zähnen zu und ruft an der Schutzscheibe vorbei: Doch, Sergeant, als ich geboren wurde.
Da dreht er sich um und läßt sie in Ruhe. Der junge Mann ist selig, daß er diese Szene erwischt hat. Um ihr vollends die Krone aufzusetzen, wagt er sich ein Stück auf den

Fahrdamm vor, um auch das Kopfschütteln und das Insichhineinlachen des Sergeanten zu filmen.
Aber da wird der Dicke auf ihn aufmerksam. Der junge Mann sieht ihn im Sucher auf sich zukommen und setzt den Apparat ab. Er wird doch keine Geschichten machen?
Morning, Sir, sagt der Sergeant und hebt den Zeigefinger an seine rechte Augenbraue, niedlicher Apparat.
O ja, schon. Besonders bequem für die Reise.
Wo gucken Sie da eigentlich durch?
Hier durch dies kleine Loch. Wollen Sie es einmal ausprobieren? Aber drücken Sie bitte nicht auf diesen Knopf, sonst läuft der Film ab.
Der Dicke hält das schwarze Ding vor sein Auge, zieht die Oberlippe hoch und macht die Nase kraus. Tatsächlich! sagt er, indem er den Apparat hin und her führt. Dann betrachtet er ihn von allen Seiten, wiegt ihn in der Hand und erkundigt sich, was für eine Marke es sei.
Zeiss.
Zeiss ist in Deutschland, was? Kommen Sie etwa aus Deutschland?
Ganz recht, Sergeant.
Da fängt das braune Gesicht an zu leuchten: Sie sind ein Deutscher? Ihre Hand, Sir! Mein Name ist Spider, Sergeant Spider. Freut mich kolossal.
Der junge Mann hält auch mit seinem Namen nicht hinterm Berg. Aber Sie selbst sind doch kein Deutscher, Sergeant?
Das nicht, sagt der Dicke. Dann richtet er sich auf, nimmt die Schultern zurück und meldet: Der erste Amerikaner, der im Weltkrieg von den Deutschen gefangen wurde. Morjn! Kaffeeholerraus! – Dabei zeigt er mit dem Daumen auf seinen Bauch.
Fabelhaft, meint der junge Mann. Do you speak German?

No, er hat leider nur diese beiden Wörter behalten.
Der junge Mann denkt, daß es, genau genommen, drei seien. Aber er behält es für sich.
Kann Ihnen gar nicht sagen, wie sehr ich mich freue, Ihnen begegnet zu sein. Der Teufel soll mich holen, wenn... Oh, entschuldigen Sie bitte!
Machen Sie keine Geschichten, Sergeant! Erzählen Sie lieber mal! Waren Sie Infanterist?
Spezialkommando. Tank. Eine traurige Sorte von Tanks hatten wir damals. Ich saß mit drei anderen in so einer Nähmaschine drin. Wir machten unser Testament und rumpelten gegen die deutschen Linien los. War bei Cordeny nördlich der Aisne. Leutnant Penny, Sergeant Coates, Dressmann und ich. Die erste Granate, die uns ein bißchen auf die Seite kippte, brachte den Motor in Unordnung. Da standen wir und konnten nicht vorwärts und nicht rückwärts. Der nächste Schuß warf die ganze Kiste auf den Rücken. Dressmann schlug sich den Schädel ein, Penny kriegte Nasenbluten, Coates brach sich den Arm, und ich setzte mir die Schulter aus. Da gaben wir die Sache auf. Kaum hatte Penny sich und uns die Rangabzeichen heruntergerissen, als die Deutschen uns auch schon herausholten. Mich zuerst. Sehen Sie, und weil ich der Dickste war, hielten sie mich für den Kommandanten und setzten mich, nachdem sie mich scharf ins Verhör genommen und meine Schulter wieder heil gemacht hatten, in das Offiziersgefangenenlager zu Mannheim. Sie mögen es mir glauben oder nicht, Sir, aber ich hatte nicht das geringste dagegen. Nette Behandlung dort. Schöne Stadt, schönes Land darum herum. Habe den Rhein gesehen. Hat mir alles gut gefallen. Hoffe, daß Ihnen Amerika ebenso gut gefällt. Was halten Sie von Amerika?
Ein starkes und herrliches Land.
Jawohl. Aber der Rhein kann sich auch sehen lassen. Net-

te Leute, die Deutschen. Habe sie in guter Erinnerung. Freue mich immer, wenn ich einen Deutschen sehe, tatsächlich... How do you do, Mr. Patarck?
Er tritt an einen zauberhaften Wagen aus Nickel und schwarzem Lack, der gerade halten muß, heran, schüttelt Mr. Patarck die Hand und wechselt ein paar Worte mit ihm. Beide lachen und sind derselben Meinung über irgendeine Angelegenheit. Dann rollt Mister Patarck weiter.
Das ist einmal ein Wagen! sagt der junge Mann, wie Sergeant Spider sich wieder an ihn wendet.
Mr. Patarck kann sich's leisten.
Aha.
Der schwerste Mann von Greater Miami.
Ich dachte, den hätte ich vor mir.
Ich bin hier schwer – er schlägt sich fröhlich auf seinen Bauch –, Mr. Partack hier – er klopft dorthin, wo Männer gewöhnlich ihre Brieftasche stecken haben. Taxiere zwanzig Millionen.
Good Lord!
Was ich sagen wollte...? Neulich war Ihr Botschafter hier. Natürlich habe ich mich für den Empfang auf dem Bahnsteig gemeldet, weil ich ja diese Beziehung zu Deutschland habe. Wurde ihm auch vorgestellt. Kolossal netter Mann. Hatte Gelegenheit, ihn auf deutsch zu begrüßen.
Was haben Sie denn gesagt? fragte der junge Mann.
Nur die beiden Worte, die ich in meinem Kopf behalten habe: Morjn, Kaffeeholerraus. Aber der Botschafter hat es kolossal anerkannt, daß ich imstande war, ihn auf deutsch anzureden. Muß ihnen übrigens noch einmal sagen, wie froh ich bin, daß ich wieder einen Deutschen getroffen habe. War eine wunderbare Zeit für mich in Mannheim.
Der junge Mann kann ihm mit dem reinsten Gewissen

versichern, daß die Freude ganz auf seiner Seite sei. Übrigens möchte er, wenn Sergeant Spider nichts dagegen hat, gern einmal von der Mitte der Kreuzung aus den Strom der Autos und Menschen filmen, der sich herüber und hinüber wälzt.
Der Sergeant faßt ihn unter und führt ihn an den günstigsten Platz, dann stellt er sich, ein Schutzengel des zwanzigsten Jahrhunderts, neben ihn und paßt gut auf, daß er nicht angefahren wird. Jetzt die Flagler Street, ruft er, gleich fährt der Florida Mail Expreß quer durch! Der junge Mann hebt sich auf die Zehen und zielt die Flagler Street entlang. Die Ampel über ihm verkündet mit schrillem Geklingel einen Lichtwechsel. Lokomotivengeheul in der Ferne, schnell näherkommend. Eine Glocke läutet langsam und gleichmäßig und schwillt an. Da überquert der Zug dröhnend die Flagler Street. Der Film schnurrt ab, die Autos rauschen vorbei, die Menschen trippeln in Horden durcheinander.
Fertig? fragt der Sergeant.
Danke!
Sie ziehen sich wieder auf den Fußsteig zurück.
Ziemlicher Betrieb, Sergeant. Beinahe wie am Broadway.
Da sollten Sie erst einmal im Januar hierherkommen! Jetzt ist's ein Kinderspiel. Wollen ein bißchen auf und ab gehen.
Es zeigt sich, daß Sergeant Spider den Verkehr auch regeln kann, wenn er nicht unmittelbar an der Ecke steht. Er schlendert mit dem jungen Mann ein paar Schritte die Second Avenue hinunter, sagt da Guten Morgen! und dort Wie geht's?, bleibt bald vor dieser, bald vor jener Ladenhalle stehen, macht einen Spaß mit dem Inhaber, verspeist eine Banane, die er ohne weiteres vom Auslagentisch wegnimmt, steckt sich ein paar Nüsse ein, hört eine Neuigkeit mit an, begutachtet die Ware, gibt einen Rat und verbreitet

Freundschaft und Wohlwollen, wohin er kommt. Der junge Mann hat so etwas noch nicht erlebt: Die Leute mögen noch so viel zu tun haben, wenn der Sergeant sich zeigt, reiben sie sich die Hände, lachen mit den Augen und beginnen, guter Laune zu sein.
Auch eine so unbedeutende Begegnung wie jene, die zwischen dem Sergeanten und dem Leiter einer Bankfiliale stattfindet, ist mit einem Male mehr als eine bloße Begegnung. Der Bankmann sitzt in Hemdsärmeln am offenen Fenster vor seinem Schreibtisch und arbeitet. Wie der Sergeant vorbeigeht, sagt er, ohne aufzublicken, mit tiefer und langsamer Stimme: Hallo, Sergeant! Und der Sergeant antwortet ebenso: Hallo, Jack! Es ist beinahe nichts, ein Mann geht an einem anderen vorbei, sie sagen beinahe nichts, aber der junge Mann merkt ganz gut, wieviel verhaltene Freundschaft darin liegt.
Selbst Mr. Burr, der mit verdrossen herabhängender Unterlippe in der Tür von Artist Photographers steht, macht beim Anblick des Sergeanten seinen Mund zu und schmunzelt ein wenig in den Winkeln. Dies ist Mr. Burr, sagt der Sergeant und nennt auch den Namen und das Vaterland des jungen Mannes. Was meinen Sie zu diesem niedlichen Apparat, Mr. Burr? Nein, hier müssen Sie durchgucken! Wir haben schon einen Film gedreht, erstklassige Arbeit... Entschuldigen Sie mal!
Er eilt im Geschwindeschritt an seine Ecke, schiebt seinen Arm unter den eines alten Mannes, der, bekleidet mit einem moosigen Bart und einem fast bis auf die Erde reichenden Staubmantel, hilflos mit seinem Stock auf dem Randstein herumtapert, und bringt ihn unter tröstlichen Zusprüchen auf die andere Seite.
Inzwischen untersucht Mr. Burr das Objektiv der kleinen Kamera und knarrt etwas vor sich hin, was der junge Mann nicht versteht.

Der Sergeant kommt zurück: Haben wir so etwas auch in Amerika?
So klein nicht. – Wie steht es mit Detroit, Sergeant?
Alles in Ordnung. Montag reise ich.
Mr. Burr wendet sich an den jungen Mann und fragt ihn, ob er auch wisse, daß Sergeant Spider der beste Verkehrspolizist der Welt sei?
Der junge Mann weiß es nicht, aber er glaubt es gern.
Der Sergeant will den Titel nur für die Vereinigten Staaten gelten lassen.
Ach was, Amerika ist die Welt, sagte Mr. Burr. Jedenfalls finde in der nächsten Woche in Detroit ein Meeting der Verkehrspolizisten Amerikas statt. Und da hätten sie diesen Mann hier ausdrücklich eingeladen und ihn himmelhoch gebeten, eine Zeitlang den Detroiter Verkehr zu regeln, damit sich alle ein Beispiel an seiner Arbeit nehmen könnten. Sie sprechen mit dem besten Verkehrspolizisten der Welt, Mr.... Wie war Ihr Name?... Ganz recht. Mit dem besten Verkehrspolizisten der Welt. Seien Sie ruhig, Sergeant! So etwas gibt es nur in Miami. Wie finden Sie Miami? Waren Sie schon in Coral Gables? Müssen Sie hin. Sergeant, sorgen Sie dafür. Da sehen Sie the most beautiful estates of the world. Müssen Sie unbedingt hin. Gar nicht unmöglich, daß Sie Lust kriegen, sich einzukaufen. Miami has the lowest maximum temperature and the highest minimum of any city in the United States. Please note that the average range at Miami is but 12.4 degrees less than that in the summer! The average January temperature is the same as the average June temperature in Los Angeles, hence the slogan: It's June in Miami. Ich hätte da ein einzigartiges Grundstück in Opa Locka...
Oh, not at all, Mr. Burr! ruft der junge Mann wieder einmal aus, während der Sergeant seinen Bauch, seinen eigenen nämlich, mit den Händen anfaßt und stillvergnügt vor sich hinlacht.

Lassen Sie ihn in Frieden, Mr. Burr! Habe den Handel auch einmal versucht, kommt nichts dabei heraus. Kaufte damals in New York bei einem Agenten ein Grundstück in Miami. Beste Lage. Bay Front. Dreitausend Dollar Anzahlung, siebenunddreißigtausend in Wechseln. Setze mich in den Zug und fahre nach Miami. Wo ist mein Lot? – Bitte steigen Sie in diesen Kahn, Mr. Spider. – Da rudert der Kerl mich fünf Meilen auf die Bay hinaus, haut irgendwo mit dem Riemen aufs Wasser und sagt, hier liege mein Lot ungefähr. Von dort werde eine Straße herübergebaut, hier komme eine Insel hin, da drüben noch eine, mein Lot...
Inseln hin, sage ich, wo wollt ihr Halunken denn eine Insel herkriegen?
Wird aus der Bay herausgebaggert, Mr. Spider. Wir baggern eine Fahrrinne für die Ozeandampfer bis Miami City.
Die Sache roch mir damals zu sehr nach Bluff. Heute haben wir an der betreffenden Stelle die Venetian Islands. Aber damals... kurz und gut, ich tauschte mein Wasserlot gegen ein Landlot ein. Können Sie sich denken, was geschah? Das können Sie nicht. Es regnete zehn Tage lang. Und wie es aufhörte, war mein Lot weg.
Was denn? sagt der junge Mann.
Es war weg. Statt dessen hatte ich eine Senkgrube. Hätte tausend Dollar gekostet, sie auszupumpen. Und dann hätte ich das Loch doch auch noch zuschütten müssen.
Haha, sagt Mr. Burr, aber ich hatte vor dem Hurrikan... oder ich will Ihnen etwas anderes erzählen. Neulich kommt einer zu mir, ein Bekannter: Mr. Burr, ich brauche zehn Dollar. Wenn Sie wollen, gebe ich Ihnen fünf Lots als Pfand. – Wo liegen die Lots? – Stück hinter Miami Shores. – Miami Shores... sind Sie schon einmal draußen gewesen? Müssen Sie unbedingt hin! So weit Sie sehen können, alles Bauland, Straßen fertig, Gas, Wasser, Golf-

plätze, Jachthäfen, alles fertig, nur noch keine Häuser. Der Mann kriegt seine zehn Dollar und... weg. Nachher stellt sich heraus, daß er die fünf Lots siebenmal verpfändet hatte. Dem Achten hatte er sie verkauft. Da flogen wir Sieben natürlich raus. Wie ist es, haben Sie Lust, in Opa Locka...?

Augenblick mal! sagt der Sergeant, tritt einen Schritt zur Seite und trillert, scharf nach der Straßenkreuzung hinblickend, auf seiner Pfeife. Dann winkt er mit dem Zeigefinger so herüber und dann so herüber, und dann trillert er wieder.

Wie ist es mit Opa Locka? erkundigt sich Mr. Burr allen Ernstes bei dem jungen Mann.

I'm sorry, Mr. Burr, I shall go tomorrow to Tampa.

Good Luck!

Damit schiebt er seinen Strohhut noch etwas weiter nach hinten und tritt in seine Werkstatt zurück. Der Sergeant ist noch am Trillern und Winken.

Wie er den Verkehr in Ordnung gebracht hat und sich dem jungen Mann wieder zuwendet, ist er ganz verwundert, Mr. Burr nicht mehr vorzufinden.

Er mußte eben mal in sein Haus gehen. Eine Frage, Sergeant: Was für eine Auffassung haben Sie von Ihrem Beruf?

Eine Auffassung habe ich gerade nicht. Bin ein bißchen nett zu den Leuten. Ist praktischer so. Für die Leute und für mich. Ist tatsächlich praktischer. Verstehen Sie?

Rund heraus, Sergeant: Wissen Sie, daß Sie ein Phänomen sind? Ein first rate phenomenon made in U.S.A.?

No, Sir.

Hm... vielleicht... wenn Sie es wüßten, wären Sie wohl keins.

Pardon, Sir?

Nichts, nichts.

Eine unaufgeklärte Geschichte

Der junge Mann kann es sich zwar nicht denken, aber man hat ihm so oft und so bestimmt versichert, er brauche sich, wenn er unterwegs einmal in Verlegenheit komme, nur auf die Straße zu stellen, die Hände hochzuheben und ein vertrauenerweckendes Gesicht zu machen, dann werde er von dem ersten besten Auto mitgenommen, man hat es ihm so oft versichert, daß er beschließt, die Sache einmal praktisch auszuprobieren. Er fährt also mit dem Bus auf den Federal Highway, der, schimmernd vor Glätte, von Miami nach West Palm Beach führt, bis Miami Shores, steigt aus, bummelt ein bißchen zu Fuß weiter und hebt dann vor dem nächsten Auto, das ihn überholen will, die Hände hoch. Aber niemand kümmert sich um ihn. Der Wagen rennt vorbei. Der zweite, bei dem er dasselbe versucht, ebenfalls. Der dritte auch, der vierte auch, der fünfte auch. Entweder haben meine Leute mich beschwindelt, sagt sich der junge Mann, oder mein Kopf weist vorn eine Gaunervisage auf, oder die Zeiten sind seit gestern andere geworden. Ich wüßte auch gar nicht, wie so ein Autofahrer dazu kommen sollte, einen leidlich angezogenen und mithin nicht unvermögenden jungen Mann ohne weiteres mit nach Palm Beach zu nehmen. Mag er doch mit der Bahn oder, wenn er denn unbedingt im Auto dorthin will, mit den Florida Motor Lines reisen!

Während er noch diese Erwägungen anstellt, surrt ein hellblauer Wagen heran mit einem silbernen Streifen von vorn bis hinten an der Karosserie entlang, ein Spezialmodell. Am Steuer sitzt eine Dame, die einen weißen, am Rande ausgefransten Basthut trägt. Rechts von ihr hockt, ganz in sich zusammengesunken, ein weißblonder, etwa vierzig Jahre alter Herr mit einem sorgenvollen Gesicht. Der junge Mann versucht es noch einmal, um dieser Dame willen. Irgend etwas Blitzschnelles hat sich in seinem Gehirn abgespielt, er tritt vor und hebt die Hand hoch. Die Dame hebt wahrhaftig, ohne ihr Gesicht zu bewegen, gleichfalls eine gelbbekleidete Hand hoch, die Bremsen knirschen, der Wagen fährt langsamer, und wie der junge Mann ein Stückchen nebenherläuft und fragend Palm Beach? sagt, fordert ihn die Dame mit einer kleinen Kopfbewegung auf, einzusteigen. Schon hat er, da der unzufriedene Herr keinen Einspruch erhebt, den Deckel des Notsitzes hochgeklappt und sich hineingeschwungen. Der Motor heult auf, die Dame schaltet, der Wagen surrt weiter.

Also doch. Es gibt ihn also doch, diesen gastfreundlichen Brauch. Aber muß er nun den Causeur machen, oder muß er schweigen? Da die Dame sich in unnahbare Vornehmheit hüllt und der Herr alsbald ein Notizbuch aus seiner Rocktasche zieht, um alle möglichen Zahlen hineinzuschreiben, schweigt der junge Mann lieber. Ihm soll es recht sein. Er interessiert sich sowieso weniger für die beiden Leute als für das Armaturenbrett, das nur so blitzt von Nickel und Glas. Verschiedenartige Zeiger beben in ihren Gehäusen, und wenn die Dame mit ihren gelben Handschuhen, die rundherum dunkelbraun gesteppt sind, einen Knopf herauszieht, kann man ablesen, wieviel Gasolin noch im Tank ist. Der Geschwindigkeitsmesser dreht sich langsam auf fünfundsechzig Meilen. Die Luft rauscht wie eine Brandung über das Auto hin. Rechts dehnt sich der blaue Ozean aus, manchmal zeigt sich ein Schiff im grauen Dunst der Ferne, da und dort taucht ein Palmeninselchen auf, links wogen kleine Hügel hin, in den Niederungen wuchert Buschwerk, oben stehen Palmen oder Föhren. Jetzt fliegt ein Leuchtturm vorbei, jetzt ein paar Häuser, jetzt eine Bucht, jetzt eine Brücke und jetzt ein schwarzes Waldstück, das der Hurrikan zusammengeschmettert hat. Der junge Mann fühlt sich verteu-

felt wohl. Das einzige, was er gern noch wüßte, ist, ob der Herr und die Dame wohl miteinander verheiratet sind.
Die Dame ist blaß geschminkt, hinten im Nacken auch. Aber wie sie ihren Hut ablegt, sieht er, daß sie keinen Bubenkopf beliebt, sondern ihr dunkelbraunes Haar zu einem nachlässigen Knoten zusammengedreht hat. Und nun rückt sie die grüne Sonnenblende, die von der Schutzscheibe aus schräg nach oben gestellt ist, ein bißchen zurecht. Sein Blick, der ihre Hand verfolgt, streift zufällig den Spiegel. Und da begegnen sich ihre Augen eine Sekunde lang. Er wird rot und wendet sich ab, aber nach kurzer Zeit hat er sich von seinem Schreck, oder wie er das nennen soll, einigermaßen erholt und schielt wieder in den Spiegel. Sie auch. Kein Zweifel, sie auch. Sie muß sich sogar etwas bücken, um ihn richtig sehen zu können. Er macht vor lauter Beklommenheit ein todernstes Gesicht. Sie dagegen lächelt, als sei das Ganze nur Spaß und Zeitvertreib. Oder meint sie etwas anderes mit ihrem Lächeln? Er kann es nicht sagen. Jedenfalls dreht sie den Spiegel eine Kleinigkeit höher, so daß sie ihn nun ganz ungehindert betrachten kann.
Was für verwirrende Augen diese Frau hat! Augen von einem dunklen, glitzernden Blau mit schwarzen Brauen darüber, schmal und düster, unbarmherzige Augen eigentlich, jetzt glitzernd, jetzt müde, jetzt versinkend in Nachdenken, jetzt wieder hart und unbarmherzig. Der junge Mann hat übrigens keine Angst vor Unbarmherzigkeit und dergleichen. Und wenn ihm beklommen zumute ist, so nur vor Unglauben und süßem Kitzel in der Magengrube. Die Augen sind gut so, wie sie sind. Laß nur!
Sie starren sich immer wieder an, die Dame und er.
Das Merkwürdige ist, daß der unzufriedene Mann nichts von alledem, was die beiden da direkt neben ihm treiben, zu merken scheint. Er schreibt noch immer Zahlen in sein

Notizbuch, streicht sie durch, überlegt sich die Sache und fängt von neuem an zu rechnen. Einmal sieht er auf und fragt die Dame etwas. Sie antwortet ihm voller Gleichgültigkeit, indem sie unentwegt über den Kühler weg geradeaus blickt. Geradeaus und... in den Spiegel. Den jungen Mann überkommt ein triumphierendes Gefühl. Jawohl, so muß es sein, er hat es nicht besser verdient, der Unzufriedene. Weshalb ist er so still, weshalb muß er immerzu in seinem Notizbuch herumkritzeln, weshalb hat er so einen rosigen, so einen unmännlichen Nacken. Das kommt davon, nun wird ihm die Frau weggeschnappt.

Unter dem trotzigen Blick des jungen Mannes läßt die Dame ihre Augenlider langsam herabgehen, so daß nur noch zwei schmale, von den bebenden Wimpern verschleierte Spalten offen bleiben. Der junge Mann weiß ganz genau, daß er verloren ist, wenn er in diese Spalten hineinschaut. Aber es ist ihm ganz gleichgültig. Mag er seine Besinnung verlieren, mag er ein bißchen verrückt werden, mag er irgendeine Dummheit begehen, jetzt ist ihm alles gleichgültig. O du mein... die schmalen Blicke verschwimmen mehr und mehr, sie brechen beinahe wie in Liebe und Rausch.

Ja du, flüstert er vor sich hin und drängt seine Augen dem Spiegelbild entgegen, ja duuu, hier hast du mich! Hach, du unbegreiflicher, du goldener, du wundervoller Satan!

Er kann kaum noch sitzenbleiben, er muß einmal gegen die stählerne Karosserie treten, daß es nur so dröhnt, er entblößt seine Zähne, er vergißt alles, er ist selbst in einem Rausch, er auch, er auch... er auch...

Mit einem Male schrillt ein Pfiff, die Dame reißt die Augen auf und macht sie scharf, das Auto ist bereits in West Palm Beach angekommen. Der erste Verkehrspolizist. Stop!

Weiter!

Allmählich senkt sich die Dämmerung des Südens herab.
Vor dem Alhambra Hotel, das von oben bis unten in sanftem Licht erglüht, schwingt sich der Wagen im Bogen herum und reiht sich auf dem palmenumstandenen Parkplatz in die Front der anderen Autos ein. Der junge Mann ist wie der Blitz herunter und öffnet die linke Tür. Aber die Dame lächelt ihm nicht zu, wie er erwartet hat, sie bedankt sich nicht einmal, sie zieht vielmehr den Schlüssel aus der Zündung und verabredet, während sie die Beine über den Polstersitz wirft und sich nach draußen schiebt, das eine und andere mit dem unzufriedenen Herrn, der stöhnend auf der anderen Seite aussteigt. Er ist mit allem einverstanden. Jawohl, er hält es auch für besser, den Wagen zu schließen.
Come on!
Der junge Mann greift zu. Da passiert folgendes: Während der unzufriedene Herr das Verdeck losschnallt und der junge Mann den ganzen Apparat entfaltet und über den Wagen hebt, zieht die Dame das Fenster der offenen Tür, ohne an der Kurbel zu drehen, hoch und schiebt es mit einem leichten Druck wieder hinunter. Dann zieht sie es, den jungen Mann mit zusammengekniffenen Augen von der Seite ansehend, noch einmal hoch und schiebt es abermals mühelos hinunter. Sie will ihm wohl zu verstehen geben, daß die Konstruktion dieses Fensters kaputt ist, daß man es, selbst bei geschlossenem Wagen, ohne weiteres öffnen kann. Vielleicht will jemand nachts in den Wagen hineinkriechen und darin schlafen oder auf irgendwen warten... lala. Verstanden?
Der junge Mann pfeift leise vor sich hin, klappt den Bajonettverschluß, mit dem das Verdeck an der Schutzscheibe befestigt wird, herunter und schnickelt mit den Fingern. Sie pfeift auch, läßt die Tür, nachdem sie das Fenster endgültig hochgezogen hat, ins Schloß fallen und schlendert,

ohne von dem jungen Mann Notiz zu nehmen, auf das Hotel zu. Der unzufriedene Herr folgt ihr, nicht ohne seine Brust noch einmal beklopft und sich vergewissert zu haben, daß sein Rechenbuch auch in der Tasche steckt, folgt ihr, beladen mit ihrem Sommerpelz und einem Köfferchen, schwerfällig nach. Gleich darauf kommt der Portier aus dem Hotel angelaufen und holt den großen Koffer ab, der hinten auf das Auto geschnallt ist.

Sehr höflich haben sie sich gerade nicht gegen mich benommen, denkt der junge Mann. Was die Dame betrifft, so dürfte sie ja ihre Gründe dafür haben. Aber der Blonde hätte ruhig einmal mit dem Kopf nicken können. Na schön. Und wie soll das Abenteuer nun weitergehen? Er wandert hin und her, er zittert ein wenig, seine Zähne klappern, es ist nicht abzusehen, was sich heute nacht noch alles ereignen wird. Füü fü füüü...

Wie es dunkel genug geworden ist, macht er sich wieder an den Wagen heran, preßt die flache Hand gegen die linke Scheibe und drückt sie herunter. Dann kriecht er hinein. O lieber Herr, es riecht wie in Tausendundeinernacht! Die Polsterung schmiegt sich weich um ihn her, er legt sich hin und hat es gut. Viele Gedanken ziehen durch seinen Kopf. Einer reiht sich an den anderen, alles zusammen ist es gewissermaßen wieder einmal ein angenehmer Traum. Er hat schon viele Situationen erlebt, aber diese ist wieder ganz neuartig. Draußen fährt zuweilen ein Auto an, das Licht der Scheinwerfer huscht durch die Schutzscheibe, zuweilen kommt eins angesurrt und knirscht mit den Bremsen, zuweilen wandern Stimmen vorbei, meist ist es still. Ob er sich eine von den Zigaretten ansteckt, die in dem Glaskästchen neben dem Armaturenbrett aufbewahrt werden?

Mal ruhig! Was ist das da draußen? Eine Kette? Werkzeuge? Schlüssel? Ein Schlüsselbund klingelt leise. Ist sie schon so früh... Er guckt vorsichtig zum Fenster hinaus.

Daß du ...! Der unzufriedene Herr steht draußen. Ehe der junge Mann sich recht klar ist, ob er ihm an die Kehle springen oder sich einfach schlafend stellen soll, hat er die Tür schon aufgeschlossen und sagt, ohne hereinzusehen, mit gleichgültiger Stimme: Gehen Sie zur Hölle, Mann!
Der junge Mann klettert hinaus, aber zur Hölle geht er noch lange nicht. Wie kommt der Mensch denn überhaupt dazu, sich in seine Angelegenheiten zu mischen? Woher weiß er denn, daß er, der junge Mann, in dem Wagen liegt? Das müßte man doch vor allen Dingen erst einmal feststellen. Er steht neben ihm, sie sehen sich an. Das Gesicht des unzufriedenen Herrn ist etwas erhellt von dem Schein, den das Hotel herüberwirft. Aber der junge Mann kann nicht das Geringste darin erkennen, keine Erregung, keinen Zorn, keine Hinterlist, nichts. Und mit der Unzufriedenheit ist es auch so eine Sache. Wenn man das Gesicht von nahem betrachtet, sieht man, daß es nicht unzufrieden, sondern nur traurig ist. Traurig stimmt auch nicht ganz, vielleicht ... ja, wie soll man es nennen? Doch, traurig ist wohl das Richtige. Er sagt noch einmal: Go to hell, sie hat an die Polizei telephoniert, in einer Minute sind Sie geschnappt. Verschwinden Sie! Keine Dummheiten, Mann! Damit wirft er die Tür ins Schloß, dreht sich um und wandert mit schweren Schritten dem Hoteleingang zu. Der junge Mann bemerkt, daß er seine Knie so merkwürdigt steif vorschiebt und den Fuß mit der ganzen Sohle zugleich aufsetzt.
Was soll einer zu diesem Vorfall sa... Nein, erst einmal weg von hier! Er steckt die Hände in die Hosentaschen und verschwindet so schnell wie möglich vom Parkplatz.
Wie er dann in Cunningham's Soda Fountain vor der Bar sitzt und einen Chop Suey Sundae zu sich nimmt, befaßt er sich in aller Ruhe mit dem Vorfall.
Also was soll einer dazu sagen? Warum hat sie ihn verra-

ten? Warum hat sie die Polizei herbeitelephoniert? Erst lockt sie ihn in die Falle, erst treibt sie mit ihren Augen all das Freundliche und Lasterhafte, und dann nimmt sie den Hörer ab und spricht mit der Polizei! Hat der unzufriedene Herr so großartige Zahlen in seinem Buch ausgerechnet, daß sie ihn wieder lieben mußte, nur ihn? Oder hat er ihr auf eine andere Weise beigebracht, daß er noch allerhand wert war? Sie sind ja ein paar Stunden oben in ihrem Zimmer gewesen, da konnte er ihr ja allerhand beibringen. Sie ihm auch, was das betrifft. Oder war sie es ihrer Selbstachtung schuldig, ihm, dem jungen Mann, nach den verschwimmenden und schamlosen Blicken eine Backpfeife verabreichen zu lassen?

Soviel über die Dame. Jetzt kommt der Herr an die Reihe.

Um was für eine Art von Herrn handelt es sich eigentlich? Der junge Mann hat ihn geradezu für einen Trottel gehalten, er hat über ihn gelacht, er hat sich hinter seinem Rükken mit der Dame amüsiert. Und nun schleicht er nachts aus seinem Hotel heraus und läßt den jungen Mann entwischen, obwohl er ihn in der Falle hat. Ist er unter Umständen der Beste und Anständigste von allen?

Der junge Mann hat ja Zeit genug, darüber nachzudenken. Vorläufig bekommt er noch nichts Vernünftiges heraus. Das Leben ist nun einmal so. Man kann sich nur sein Teil denken, die Wahrheit bekommt man ja doch nicht heraus. Bemüht sich extra herunter und rettet ihn vor der Polizei! Was wohl in dem Hotelzimmer zwischen den beiden vorgegangen ist? Mein lieber Freund, was da wohl vorgegangen ist? Aber das wird er wahrscheinlich in seinem ganzen Leben nicht erfahren.

Some ice-water, please!

Coloured People

Die Autostraße läuft schnurgerade durch die Sumpfsteppe, macht bei Dude Ranch einen kleinen Bogen und verliert sich wieder in der grenzenlosen Weite. An der rechten Seite stehen die Telegraphenmasten mit ihren hellgrünen Glasisolatoren, krumm und schief und mit Drähten überlastet, links ist ein Graben ausgehoben, in dem braunes Wasser verfault. Dude Ranch liegt mitten in Florida, etwa fünfzig Meilen westlich vom Lake Okeechobee. Es ist gegen elf Uhr nachts. Kupferfarben und hauchdünn schwebt der Mond herauf, vor drei Tagen war Vollmond. Die Ranch liegt in einer gelblichen Dämmerung da, vorn das langgestreckte Herrenhaus mit der Veranda, in dem sich unter anderem das Speisezimmer für die Autoreisenden und der Laden mit den indianischen Andenken befinden, weiter hinten das halbverfallene Negerblockhaus, dessen von Sturm und Regen weißgebleichte Balken jetzt seltsam durch die Nacht schimmern. Der junge Mann hat sich nicht weit von dem Blockhaus unter einen violett blühenden Strauch gelegt, der so stark duftet, daß man fast betäubt wird. Wenn er den Kopf nach der andern Seite dreht, ragen da ein paar übereinandergetürmte Autokarosserien und die Reste eines abgewrackten Flugzeuges, von dem Gott wissen mag, wie es dorthin gelangt ist, als groteske Silhouetten in den Himmel hinein.

Auf der Veranda vor dem Negerhaus sitzt ein alter Neger in der Schaukel und liest beim rötlichen Schein einer Stalllaterne, die an einem Drahthaken von der Decke herabhängt, in der Zeitung. Sein Kopf ist fast kahl, aber unten um das Kinn herum geht von Ohr zu Ohr ein schneeweißer Bart. Vorn auf seiner Nase trägt er eine stählerne Großvaterbrille.

Es ist totenstill, der Mond steigt langsam höher, draußen im Sumpf schreit von Zeit zu Zeit ein Wasservogel. Der junge Mann beobachtet, wie sich das Licht auf der braunen Glatze des Großvaters spiegelt. Der Großvater schaukelt sich ein wenig, die Flamme blakt und schwankt ein wenig, der Widerschein wandert ein wenig umher. Es ist ein langsames Durcheinanderspielen von Rot und Braun und Weiß und Spiegelglanz, so weich und lautlos.

Da öffnet sich die Tür, und ein junger Neger kommt heraus. Er wirft sich in den zusammengeflickten Schaukelstuhl, nimmt sein Banjo vor und beginnt mit den Fingerspitzen behutsam auf die Saiten zu tupfen, nur so versuchsweise, aber nun ist ein ganz kleines, metallisches Geräusch in der Stille der Nacht. Und allmählich wird das Geklimper deutlicher. Er summt mit hoher Kopfstimme eine verdeckte Melodie vor sich hin und öffnet dann und wann seinen rosa Negermund zu einem klagenden Gesangslaut. Aber dann singt er in gutturalen und immer wieder unvermittelt sich brechenden Tönen ein richtiges Lied, das Lied von Nellie, seiner Negerbraut.

Down on the Mississippi floating
Long time I trabbel o'er the way,
All night the cotton-wood I'se toting
Singing for my true lub all the day.

Nach einer kleinen Pause reißt er ein paar wehmütige Akkorde aus den Saiten des Banjos und summt dann den Refrain. Da erhebt auch der Alte, ohne von seiner Zeitung aufzublicken, seine tiefe Baßstimme und singt die traurigen Worte mit.

Nellie was a lady, last night she died,
Toll de bell
For lubby Nell,
My dark Virginia bride.
O Nellie was a lady, and last night she died,
Toll de bell
For lubby Nell,
My darky bride... my darky bride.

Dann folgt ein klimperndes Nachspiel, das nach einigen leisen und zögernden Klängen schneller und schneller wird und allmählich in diesen stampfenden Rhythmus übergeht, den der Neger sich als Trost und Balsam für alle Leiden erfunden hat. Der Kopf des Banjospielers nickt in Synkopen, seine Knie wackeln auseinander, der ganze Mann wird Takt und Gegentakt.
Unter diesen Umständen kann der Alte beim besten Willen nicht mehr bei seiner Zeitung bleiben, er kriecht ins Haus und kommt gleich darauf mit einer bunten Ziehharmonika zurück, die er, nachdem er sich wieder in die Schaukel gesetzt hat, schräg nach oben bis über seinen Kopf auseinanderzieht und mit schlängelnden Bewegungen wieder zusammendrückt. Jetzt klingt das Ganze schon voller. Der Alte versteht seine Sache vortrefflich. Bald wimmert seine Harmonika eine dünne Begleitung, immer in derselben Tonhöhe, bald orgelt sie brausend los, bald hüpft sie wie eine Klarinette auf und ab, bald weint und schluchzt sie wie ein Saxophon.
Der junge Mann wundert sich nicht, daß die Tür sich nun abermals öffnet und ein etwa vierzehnjähriger Boy erscheint. Er hat seinen Nachtkittel, einen grauen Sack, an, der ihn aber weiter nicht hindert, erst auf der Veranda herumzusteppen, dann auf einen Stuhl, auf den Tisch, der noch mit Blechtellern und Löffeln vollgestellt ist, zu hüpfen, mit den Fingern zu knallen, sich zu bücken und sich zurückzuwerfen, zu grinsen, zu stöhnen und sich von der Musik hin und her schütteln zu lassen.
Alle drei nehmen das Spiel, das so unversehens entstanden ist, sehr ernst. Der junge Mann sieht, daß sie jetzt an nichts anderes denken als an ihre Musik und ihren Tanz. Sie erinnern ihn an Artisten in einem Varieté, die sich, wenn sie einen schwierigen Akt ausführen, mit der gleichen Intensität auf eine einzige Sache konzentrieren.

Und mit einem Schlage, rums, fällt der Boy vom Tisch herunter, greift, während er noch fällt, schon nach zwei Blechlöffeln und klirrt, unten angekommen, sofort einen munteren Rhythmus als Schlagzeugmann los. Es ist wie Hexerei, was für Variationen er mit dem dreckigen Blech zustande bringt. Außerdem bumst er noch mit seinem linken Hacken gegen die Holzwand und markiert so die Pauke. Jetzt vollbringt er mit den Löffeln einen rasenden Trommelwirbel auf dem Tisch, jetzt schlägt er abwechselnd auf das Holz und auf das Blech, jetzt reibt er den Teller im Kreise, jetzt läßt er das zischende Geräusch anschwellen, jetzt absinken, jetzt schmettert er zwei Teller zusammen, daß es nur so kracht, jetzt läßt er sie locker und klirrend ineinanderfallen, noch einmal und noch einmal und noch einmal, jetzt schlägt er sich leise mit dem Teller gegen den Kopf, jetzt tut er dies, jetzt das, er ist um hundert verschiedene Lärmarten nicht verlegen.
Aber nun ereignet sich etwas Neues, ein Negerfräulein mit dicken Lippen und einer abstehenden Mähne von Kräuselhaaren zeigt sich, angetan mit einem Fetzen von Hemd und einer Art Unterrock, auf der Veranda. Der Banjospieler wirft, sowie er sie erblickt, sein Instrument beiseite, klatscht in die Hände und steppt, als hätte er nur auf sie gewartet, lachend um sie herum. Sie ist auch gleich mit zuckenden Schultern und gelenkig sich herausbiegenden Hüften bei der Sache. Je ruckartiger sie, auf der Stelle sich drehend, die Hüften nach rechts und links hinausdrückt, um so schlenkeriger wirbelt er seine Glieder durcheinander, jetzt in der Hocke bebend, jetzt aufschnellend, jetzt gebückt vorwärtsgleitend, jetzt katzengleich sich an ihr hochdrängend, jetzt zurückweichend, jetzt mit schamlos vorgedrücktem Bauch auf sie losgehend.
Und da taucht wahrhaftig auch noch die wabbelige Mammy aus dem Dunkel des Hauses hervor. Sie hat sicher

schon im Bett gelegen, denn sie präsentiert sich, wie der Boy, im Nachtkittel und mit einem Tuch als Schlafhaube um den Kopf. Auch sie wird, ehe sie sich's versieht, von dem Rhythmus erfaßt, sie will sich eigentlich nicht ergeben, aber ihre Schultern bewegen sich ganz von selbst, ihre Arme torkeln hin und her, sie kann nichts dagegen machen. Der Großvater kann gleichfalls nichts dagegen machen. Er legt seine Ziehharmonika unter die Schaukel und stelzt, indem er seine mageren Beine winkelig vorwirft, hinter der Mammy her, die, mit ihrem allmächtig breiten Podex winkend, rund um die Veranda herumtänzelt.

Der Boy bestreitet nun die Musik allein, aber er klirrt und trommelt für drei. Die anderen keuchen und stoßen von Zeit zu Zeit dunkle Schreie aus. Die Veranda dröhnt unter ihren hin und her schnellenden Füßen, sie geraten immer mehr in Raserei. Besonders die Jungen. Sie keuchen schon nicht mehr, sie stöhnen und röcheln.

Die Alten sind bald am Ende ihrer Kraft, sie lehnen sich taumelnd an die Wand und klatschen in die Hände. Ihre Augen rollen, ihre Köpfe nicken, ihre Füße stampfen mechanisch weiter. Und wie der Boy nun anfängt, sein Geklirr mit einem langgezogenen und merkwürdig aufreizenden Geheul zu untermalen, wird das Gestöhn der beiden jungen Tänzer immer abgerissener, immer bellender, immer tierischer... Ayay ayay... so schnell, wie der Rhythmus es will. Und der Rhythmus, der aus sechs hastigen, fast sich deckenden Schlägen besteht, von denen die drei ersten gegen die Stuhllehne, die drei letzten abwechselnd gegen die Tischplatte und gegen den Blechteller erfolgen, so daß die Melodie ruckweise bald nach unten, bald nach oben springt, der Rhythmus wird mit einer unheimlichen Gleichmäßigkeit schneller und schneller.

Ayay... ayay...

Radadong. Radading... Radadong radading...
Ayyy...
Es sind wilde Tierleiber, die in brutaler und verkrampfter Liebeswut zucken. Scharfer Schweißgeruch dampft auf, die Laterne zittert, der Fußboden donnert. Gerade sinkt das Fräulein mit einem Schrei in die Hocke, packt mit ihren Händen ihre Knie und schwingt sie wie besessen auseinander und wieder zusammen, so schnell, daß die Umrisse verschwimmen, gerade fallen die klatschenden Alten mit anfeuerndem und heiserem Plärren ein, gerade ist die Musik im Begriff, sich zu überschlagen, gerade geht das Stöhnen des Tänzers in einen einzigen, aus Bauch, Brust und Kehle rauh und vielfach gebrochen aufröhrenden Brunstschrei über, da ertönt vom Herrenhaus her ein scharfer Pfiff durch die Nacht. Eine helle Männerstimme verlangt Ruhe. Shet yo' damn mout'!
Und mit einem Schlage – der junge Mann traut seinen Augen kaum –, mit einem Schlage ist alles vorbei. Ein Pfiff, ein Ruf, und alles duckt sich wie unter einem Peitschenhieb zusammen. Im nächsten Augenblick witscht der Boy in die Tür und ist verschwunden. Die Alten strecken ihre Köpfe vor und horchen zum Herrenhaus hin. Die beiden Jungen stolpern, als sei es von Anfang an so verabredet gewesen, an dem blühenden Gebüsch vorbei ins Dunkel. Ein Stoß gegen die Autokarosserie, ein leiser Fluch, knackendes Holz, rauschendes Gras, dann ist alles still. Die Alten nehmen die Laterne ab und gehen ins Haus.
Der Mond, der heller und heller geworden ist, scheint jetzt mit weißem Licht über die Ebene.
Der junge Mann rührt sich nicht. Das Gesträuch, unter dem er liegt, duftet so schwer. Was mag das für ein dünnes Quietschen sein, das mit einem Male in regelmäßigen Abständen durch die Luft schwingt? Erst denkt er an einen Vogel, aber dann stellt er fest, daß es von der Veranda

herkommt. Ach so, es ist nur die Schaukel, die dort im Dunkel noch ein bißchen hin und her pendelt.
Hm... die Schaukel kümmert sich um keinen Pfiff und kein Shet yo' damn mout', die Schaukel nicht.

Geographie in Jacksonville

In dem Autobus, dem es obliegt, die Fremden in Jacksonville umherzufahren, sitzen außer dem jungen Mann nur noch drei andere Fahrgäste. Der Fahrer führt in gewissen Abständen das an einem Bindfaden von der Decke herabhängende Sprachrohr vor seinen Mund und ruft etwas hinein. Da das Rohr zu einem Halbkreis gebogen ist, kann er gleichzeitig geradeaus sehen, den Bus lenken, seinen Gummi kauen und zu den Fahrgästen hinter ihm sprechen. Der Text, den der junge Mann zu hören bekommt, ist im großen und ganzen derselbe, wie er in allen amerikanischen Mittelstädten dargeboten wird:
Zu Ihrer Linken... to your left the City Hall, built in nineteenhundredandthirteen... one Million Dollars... Zu Ihrer Rechten the first Baptist Church... Das helle Gebäude geradeaus ist the Roman Catholic Church... Now we drive around the Business Section... The First National Bank... Now we pass into the Shopping Center... Mac Allister's Department store... The Arcadia, das größte Lichtspieltheater der Stadt, faßt eintausendachthundert Personen... St. Johns River, der einzige Fluß der Welt, der nach Norden fließt... Residential Section, Riverside Drive... Haus von Mister Skookum, President of the Lumbermill of the city of Jacksonville, kostet zwei Millionen Dollar. Beachten Sie die schöne Palme! – Schluß.

Die anderen Fahrgäste sind sehr erbaut davon. Aber der junge Mann kann sich's doch nicht versagen, den Fahrer, wie er ihm das Trinkgeld in die Hand drückt, darauf hinzuweisen, daß seine Erklärungen, so zutreffend sie im übrigen auch gewesen sein möchten, jedenfalls hinsichtlich des St. Johns River einen Irrtum enthalten hätten. Der St. Johns River sei zweifellos ein beachtenswerter und majestätischer Fluß, beinahe eine Meeresbucht, alles zugegeben, aber der einzige Fluß der Welt, der nach Norden flösse, sei er nicht.

Der Führer steckt erst einmal das Trinkgeld ein, dann löst er seinen Gummi mit der Zunge von den linken Backenzähnen und schiebt ihn auf die andere Seite, dann bemerkt er, während er die Haut seines sommersprossigen Gesichtes zu tausend Falten zusammenknittert, irgendwelche dreckigen Bäche könne es seinethalben geben, die nach Norden plätschern. Er habe jedoch von Flüssen gesprochen.

Old chap, sagt der junge Mann, Sie haben doch sicher in der Bibelstunde schon einmal etwas vom Nil gehört?

Vom Nil? Jawohl.

Der Nil fließt auch nach Norden. Ziemlich großer Fluß.

Kann ich mir nicht denken, Sir, daß der Nil ein großer Fluß sein soll. Haben Sie ihn schon mal mit Ihren eigenen Augen erblickt?

Das nicht, aber...

Ziemlich großer Fluß, sagen Sie. Well, ich habe gelesen, daß Moses in einem Binsenkörbchen darauf herumgefahren ist. Danke schön! Fahren Sie mal auf dem St. Johns River in einem Binsenkörbchen herum! Die nächste Welle drückt Sie down. Sie können unseren Fluß nicht mit dem Nil vergleichen.

Gut. Ist Ihnen der Rhein bekannt?

Die Zeitungen haben ja allerlei davon geschrieben. Ich

will verdammt sein, wenn unsere Jungens neunzehnhundertachtzehn nicht an den Rhein marschiert sind, was?
Auch der Rhein fließt nach Norden, alter Schwede.
Norden nennen Sie das? Geht aber schon stark nach Westen rüber. Heidelberg, Paris, Köln, verdammt stark nach Westen, was?
Ferner die Weser...
Kenne ich nicht.
Die Weser, Bremen... Bremen kennen Sie doch?
Haha, das soll ein Fluß sein? Mir können Sie nichts vorschwindeln. That's a pretty fast steamship.
Was?
Die ›Bremen‹.
Ach so. Jawohl. Aber Bremen ist doch auch eine Stadt an der Weser. Die Stadt, nach der das Schiff genannt ist.
So?
Wissen Sie das nicht?
Nein.
Und die Weser ist abermals ein Fluß, der nach Norden fließt.
Mag ein schöner Fluß sein. Wie war der Name? Weser? Nie gehört.
Ferner die Elbe, die Oder, die Weichsel.
Nie gehört.
Dann die gewaltigen russischen Ströme, neben denen der St. Johns River überhaupt nicht in Frage kommt, der Ob, der Jenissei, die Lena. Jeder einzelne fließt nach Norden.
Hören Sie mal, sympathisieren Sie etwa mit diesen Dieben und Mördern, mit diesen Bolschewiken, die der Teufel holen soll?
Lassen wir die Politik lieber aus dem Spiel!
Lassen wir den ganzen Bolschewikenkram aus dem Spiel! Jenissei, Ob, Lena, lauter verbrecherische Lügen von Le-

nin. Wir halten hier in Jacksonville absolut nichts davon.
Entschuldigen Sie, aber ich wollte Sie nur darauf aufmerksam gemacht haben.
Ganz recht, Sir. Verdammt anständig von Ihnen. Ist aber alles unchristlicher Himphamp. Dürfen sich auf mich verlassen.
Besten Dank!
Schon gut.
Der junge Mann wendet sich zum Gehen, aber da macht der Fahrer ein paar Schritte hinter ihm her, stößt ihn mit der Hand an und sagt, nachdem er unter schlenkernden Beinbewegungen seine Hose hochgezogen und ein paarmal mit den Schultern gezuckt hat, es gebe übrigens, wie er dem jungen Mann doch im Vertrauen mitteilen wolle, noch einen zweiten Fluß, der nach Norden gehe, das sei der Mackenzie. Nur damit Sie nicht denken, wir verstünden in Jacksonville nichts von Geographie. Verdammt guter Fluß, der Mackenzie. Fließt aber nicht in den Staaten, sondern in Kanada. Wir haben kein Interesse daran, ihn bekanntzumachen, solange Kanada noch nicht zu den Staaten gehört. Muß Sie aber bitten, die Sache für sich zu behalten.

Militarismus

Atlanta im Staate Georgia ist eine Stadt wie andere auch. Wolkenkratzer, Sodafountains, Tankstellen, Residential Section, Negro Section and so on. Aber sechzehn Meilen davon entfernt liegt eins der zahlreichen Achten Weltwunder Amerikas: Stone Mountain with Confederate Memorial Monument. Der junge Mann fährt im Bus hinaus, um sich's anzusehen.
Zunächst geht es ein wenig auf und ab, kleine Wälder,

kleine Täler, die Luft ist klar und dezemberlich mit kühlem Sonnenschein. Plötzlich, wie das Auto um eine Biegung fährt, taucht ein nackter Berg auf, sozusagen ein halbkugelförmiger Pudding, den ein Riese unvermittelt und sinnlos in das flache Gelände geklatscht hat, in Wirklichkeit ein einziger gewaltiger Granitblock, glattgeschliffen und vom Regen fast schwarz gefärbt, the largest known solid body of granite in the world. Wie das Auto näher herankommt, erkennt der junge Mann, daß dort, wo die Wölbung am steilsten abstürzt, in halber Höhe weiße Gestalten reliefartig herausgehauen sind. Auch führt die feine Zickzacklinie eines Leiterweges von unten bis zu dieser Stelle hinauf.
Nach einer Viertelstunde steht er am Fuß des Monuments. Später soll hier ein marmornes Wasserbecken, umzogen von Wandelgängen, und eine in den Felsen eingelassene Gedächtnishalle mit Treppen und Tempelsäulen sein. Jetzt liegen nur Berge von herausgesprengten Granitbrocken herum. Schilder warnen, zu nahe heranzugehen, weil noch immer Gestein herunterdonnert. Hoch oben an der Wand, so hoch, daß der junge Mann sein Fernglas zu Hilfe nehmen muß, um Einzelheiten zu erkennen, traben die Generale Jefferson Davis und Robert E. Lee auf weißen Pferden dahin. Rechts von ihnen hängt eine Bretterbude für die Bildhauer, die dabei sind, Stonewall Jackson und weitere hervorragende Generalität der konföderierten Armee des Südens herauszumeißeln. Flatternde Fahnen, sich bäumende Pferde, Waffen, wehende Mäntel, Gestampf und Getrappel, eine klirrende Kavalkade. Die Ausmaße sind amerikanisch. Den Löwen von Luzern würde man, wie der Führer erklärt, falls ihn jemand auf den Arm des Generals Lee setzte, mit dem bloßen Augen überhaupt nicht bemerken. Das Pferd, das Lee reitet, ist ungefähr fünfmal so groß wie die ägyptische Sphinx.

Der junge Mann hat immer gedacht, die Amerikaner seien in gewisser Beziehung vernünftiger als die europäischen Nationen. Nun muß er leider sehen, daß sie sich um keinen Deut besser aufführen. Wenn sie es schon nicht über sich gewinnen können, diesen Granitberg unberührt zu lassen, warum müssen sie ihn dann unbedingt zum höheren Ruhm gerade eines militärischen Idols mißbrauchen? Warum muß es immer das Waffengeklirr sein, dem all der Aufwand von Stein und Erz gilt? Warum besinnt man sich nicht einmal auf den Menschen in seiner eigentlichen Gestalt, auf die tiefen und ewigen Eigenschaften des Herzens? In Zukunft – der junge Mann sieht es schon vor sich – werden Schulen, werden Tausende und aber Tausende leidlich vernünftiger Kinder hierher kommen und, nachdem sie die Generale bestaunt haben, um einige Grade weniger vernünftig wieder von dannen ziehen. Der Teufel soll so etwas holen.
Unzufrieden betritt er das Blockhaus, in dem man das Gipsmodell des fertigen Denkmals in Augenschein nehmen, Abgüsse bewundern und Geldspenden niederlegen kann. Da steht mit einem Male im Mittelpunkt des Raumes eine mit amerikanischen Flaggen geschmückte Tafel, auf der folgende programmatische Sätze Hollins N. Randolphs zu lesen sind:

Wir beabsichtigen nicht, mit diesem Denkmal den soldatischen Genius des Generals Lee zu verherrlichen, so groß und ehrenvoll er auch war. Wir verherrlichen nicht die Siege der Truppen, die seine Schlachten schlugen, mögen sie noch so einzigartig und bewundernswert gewesen sein. Unsere Kinder sollen von diesem schönen und erhabenen Denkmal nicht das Ideal militärischer Eroberungszüge, nicht das Ideal körperlicher Schönheit, nicht das Ideal königlichen und pharaonenhaften Glanzes mit nach Hause nehmen. Wir haben hier ein Monument, das den Reichtum und das Leuchten des menschlichen Charakters verewigen soll, ein Monument, das den höchsten Eigenschaften des menschlichen Geistes geweiht ist. Was wir preisen wollen, ist Treue von Grund auf – loyalty to principle –, Pflichtgefühl und Opferbereitschaft.

Der junge Mann schlägt sich an seine Brust und gibt zu, daß die Amerikaner, was die Deutung von kriegerischen Denkmälern betrifft, doch bessere Menschen sind, als er geargwöhnt hat. Verzeihung! Aber es ist ja so schwer, in einem fremden Lande das Richtige richtig zu erkennen. –

Wie der Bus vor dem Hotel hält, in dem der junge Mann wohnt, rasselt eine Kolonne von alten Fordwagen vorbei, über und über besetzt mit Polizisten. Aber es handelt sich um keine manierlichen Hüter der Ordnung, sie sitzen nicht still und aufgerichtet nebeneinander, ach, du liebe Zeit, das nicht, es sind wilde Burschen, die ihren Spaß an allem möglichen Unfug haben, eine verwegene Gesellschaft, die sich ihres Lebens freut, offene Kragen, schief aufgesetzte Mützen, lachende Gesichter, mit einem Wort: Amerikaner. Teils sieht es aus, als sei jene bekannte Truppe unterwegs, die immer am Schluß von Kriminalfilmen, mit gezückten Revolern auf dem Trittbrett stehend, wie das Donnerwetter herbeisaust, um die Tür des Hauses, in dem Mike O'Sheas Bande ihren Schlupfwinkel hat, kaputtzuschießen und den geknebelten Helden in letzter Sekunde aus irgendeiner gräßlichen Todesnot zu retten, teils scheint es ganz einfach ein übermütiger Party Club zu sein, der aufs Land fährt. Hinten auf einem Roadster schaukelt eine nachlässig angebundene Jazzpauke beängstigend hin und her. Das Trommelfell trägt die Inschrift: Atlanta Police Band. Ein paar Coppers hocken in den

Notsitzen wie in zu kleinen Badewannen und lassen ihre Beine herausbaumeln. Einer steht breitbeinig auf der Polsterung und bläst ein helles Trompetensignal. Einer liegt längelang auf der Motorhaube wie ein Frosch auf einem Weidenknubben. Andere prügeln sich ein bißchen. Einer liest in einem Magazin. Im ganzen hat es, wie ein Zeitungsboy den jungen Mann belehrt, weiter nichts zu bedeuten, als daß sich die Polizeikapelle von Atlanta zum Bahnhof begibt, um eine kubanische Delegation zu empfangen.
Hier können Sie alles lesen, sagt der Boy und drückt dem jungen Mann die neueste Nummer des Atlantic Journals in die Hand.
Wo?
Die Headline TWO ROBBERS SHOT BY ATLANTA STORE OWNERS besagt noch nichts. Aber in der rechten Ecke steht schon so etwas: CUBAN VISITORS REACH ATLANTA ON AMITY-TOUR. Laß mal sehen! Dr. Miguel M. Gomez, schreibt das Journal, Mayor of Havana, accompanied by Senora Gomez and a goodwill delegation included leaders in the social, professional and athletic life of Cuba will be guests of Georgia's capital for the next three days – and what welcome guests they are!
Daher also die vielen kubanischen Flaggen, die über den Hotelpforten wehen, und die roten Zettel: WELCOME CUBANS!, die die Taxichauffeure hinter ihre Schutzscheibe geklebt haben.
Jedenfalls muß der junge Mann die Gäste in Augenschein nehmen, die Señora, den Bürgermeister, die amerikanischen Offiziellen, überhaupt den Empfang und vor allen Dingen die Vorstellung, die das Polizeiorchester gibt.
Er winkt ein Auto herbei und fährt zum Bahnhof hinunter. In fünf Minuten ist er an Ort und Stelle. Aber der Platz ist so gut wie leer.

Außer den Polizisten haben sich nur wenige Menschen versammelt, ein paar Neger, ein paar Arbeitslose und zwei Boys von Western Union mit ihren verbogenen Rädern. Das öffentliche Interesse scheint nicht eben groß zu sein. Gleich darauf treffen zehn weitere Polizisten auf Motorrädern ein. Sie stellen ihre Fahrzeuge krumm und schief hin, wie es gerade kommt, und gesellen sich zu ihren musikalischen Kameraden. Da tritt ein Kerl aus der Bahnhofshalle hervor, der sieht aus, als stamme er aus der Zeit des Siebenjährigen Krieges, oben trägt er einen roten Soldatenfrack, unten weiße Hosen mit Knopfgamaschen, auf dem Kopf einen Dreispitz und quer über der Brust ein weißes Lackbandelier. Er macht ein grimmiges Gesicht und exerziert den Polizisten, die ihn sofort umringen, mit einem Karabiner soldatische Griffe vor. Das Gewehr über! Gewehr ab! Präsentiert das Gewehr! Tadellose Griffe, wie der junge Mann mit Erstaunen feststellt. Ruck, zuck. Bei den Preußen kann es nicht besser klappen. Er ist wohl ein Veteran aus dem Weltkrieg. Aber die Polizisten begreifen nicht, was die Übungen für einen Sinn haben sollen, sie schneiden Fratzen und feixen. Und je zackiger der Rotfrack den Karabiner gegen seine Schulter knallt, um so mehr amüsieren sie sich. Schließlich lehnen sie sich aneinander, ziehen die Hände aus den Hosentaschen und lachen laut heraus. Ihr Atem dampft in die kalte Luft, ihre Polizistenstiefel zertreten das Eis auf den kleinen Pfützen. Dem Rotfrack bleibt nichts anderes übrig, als mitzulachen.

Von den eleganten Autos mit den kubanischen und amerikanischen Fähnchen am Kühler, in denen das Empfangskomitee vorfährt, nimmt niemand Notiz. Die Herren verschwinden denn auch ohne Umstände in der Bahnhofshalle.

Jetzt fliegt eine leichte Musik in einer Seitenstraße auf, die Kadetten der Georgia Military Academy kommen um die

Ecke marschiert, magere Jungen in blaugrauen, schwarzpaspelierten Uniformen mit weißen Koppeln und über der Brust gekreuzten Bandeliers. Der eine hat die Mütze mehr auf das linke, der andere mehr auf das rechte Ohr gerückt. Ihre Waden sind von Ledergamaschen umgeben. Wenn sie kein Gewehr über der Schulter trügen, könnte man sie auch für Chauffeure halten. Der Offizier zeichnet sich durch eine rote Schärpe aus.
Obwohl die Musik den Takt ganz leidlich andeutet, ist von Gleichschritt keine Rede, sie trippeln kunterbunt durcheinander. Jeder gibt sich Mühe, aber das Ganze hat keine rechte Art. Warum sie eigentlich so unglückliche Gesichter machen, weiß der junge Mann nicht. Vielleicht fühlen sie sich zwischen all den Wolkenkratzern nicht besonders wohl, vielleicht frieren sie. Sie haben ja auch keine Mäntel an. Jetzt treten sie auf der Stelle wie Störche im Salat und blicken umher, dann bricht die Musik ab, und schließlich hören sie, nachdem ein Kommando gefallen ist, allmählich auf zu marschieren. Ein neues Kommando. Die Viererreihen schwenken ein und nehmen das Gewehr ab. Es klingt, als prassle ein Schock Äpfel von einem Baum herunter. Nach einigem Hin und Her gelingt es dem Offizier, die Mannschaft in Kompaniefront aufzubauen. Vor dem rechten Flügel steht ein Fahnenträger und beschreibt zu seinem Privatvergnügen mit dem dunkelblauen Tuch, auf das irgendwelche weiße Buchstaben gedruckt sind, Achten und Kreise und alle möglichen Kurven in der Luft. Am linken Flügel nimmt die Kapelle in lockerer Formation Aufstellung.
Unterdessen schlendern die Polizisten, die ihre Hände wieder so tief wie irgend angängig in die Hosentaschen geschoben und ihre Instrumente unter den Arm geklemmt haben, in unordentlichen Haufen in den Bahnhof hinein. Im letzten Augenblick pufft noch ein verrostetes Fordcoupé herbei, das Ähnlichkeit mit einem

fahrenden Panzerturm hat. Heraus krabbelt ein verspäteter Polizist, der Saxophonbläser der Police Band. Seine Frau, die am Steuer sitzt, reicht ihm das silberne Instrument heraus, er ruft ihr ein paar nette Worte zu und galoppiert, während der Wagen wendet und von dannen rumpelt, hinter seinen Kameraden her. Es ist aber auch höchste Zeit. Schon heult in der Ferne eine Lokomotive einen langen Schrei zum winterlichen Himmel empor, eine andere fällt ein, noch eine, alle Lokomotiven des Bahnhofs Atlanta heulen auf. Nun fangen auch die umliegenden Fabriken an zu tuten, die Motorrad-Polizisten schwingen sich auf ihre Vehikel und lassen, mit strahlenden Gesichtern rund um den Bahnhofsplatz herumknatternd, gleichfalls ihre Sirenen ertönen. Einer bläst außerdem noch auf seiner Trillerpfeife. Und alle miteinander finden, daß es ein wundervoller Radau ist, den sie zustande bringen. Es macht den jungen Mann ganz glücklich, zu sehen, wie glücklich sie sind.

Nach und nach flaut der Tumult wieder ab. Jetzt tritt wohl das Empfangskomitee auf dem Bahnsteig in Tätigkeit.

Der Offizier zieht seinen Degen und läßt die Kadetten einige Male zur Probe strammstehen. Wer gerade Lust hat, kommt dem Kommando nach, wer keine Lust hat, läßt es bleiben. Einer geht sogar aus der Reihe heraus und bespricht etwas mit einem anderen, bis der Offizier die Geduld verliert und ihn wieder auf seinen Platz zurückschiebt. Inzwischen hat sich der bebrillte Posaunenbläser der Kapelle darauf besonnen, daß er mit der ganzen Anordnung nicht einverstanden ist. Er spaziert, die eine Hand in der Hosentasche, zu dem Offizier hin und gibt der Ansicht Ausdruck, die Front müsse nicht so, sondern mehr so aufgebaut werden. Aber der Offizier bleibt bei seiner Meinung und schubst ihn, nachdem er ihn bei der

Schulter gefaßt und herumgedreht hat, ins Glied zurück. So leicht gibt sich der Musikant jedoch nicht geschlagen. Er fährt herum und piekt den Offizier, der ihn wieder anfassen will, mit der Posaune in den Bauch. Dafür soll er eins mit dem Degen über die Beine gewischt bekommen, er pariert aber mit seinem Instrument, und schon ist ein kleines Duell im Gange. Klipp klapp, klipp klipp... Mit einem Male gellt ein Trillerpfiff aus der Bahnhofshalle heraus. Die Kampfhähne lassen voneinander ab, der Bläser geht auf seinen Platz, der Offizier befiehlt: Stillgestanden!

Angetan mit braunen Mänteln kommt ein Trupp kubanischer Kadetten die Bahnhofstreppe herunter. Kaum haben sie sich in einer Linie der amerikanischen Front gegenüber formiert, da präsentieren die Amerikaner auch schon das Gewehr, so gut sie es verstehen, worauf die Gäste aus Kuba sich beeilen, dasselbe zu tun. Dann fällt die Musik mit der kubanischen Nationalhymne ein. Alles wäre schön und gut, wenn es dem Paukenschläger nur gelingen wollte, Takt zu halten. Aber leider bearbeitet er, obwohl er seine langen Vorderzähne vor Anstrengung entblößt, das Trommelfell auf eine so persönliche Art, daß der ganze Rhythmus durcheinandergerät. Es bleibt dem Posaunenbläser nichts anderes übrig, als sein Instrument abzusetzen, zu dem Sünder hinzugehen, ihm den Schlägel aus der Hand zu nehmen und ihm vorzumachen, wie er sich gebärden soll. Dann stößt er wieder in seine Posaune, als sei nichts geschehen.

Obwohl der Augenblick einer gewissen Feierlichkeit nicht entbehrt, können es die Telegrammjungen von Western Union nicht unterlassen, sich auf ihren Rädern durch die Musikkapelle hindurchzuschlängeln, den Offizier mit der roten Schärpe zu umkreisen, den Fahnenträger anzustoßen und den Flügelmann geradezu aus der Reihe zu werfen. Wie ein Polizist sich ihrer ein bißchen

annehmen will, sausen sie auf die Bahnhofstreppe zu, reißen im Abspringen sich und ihr Rad hinauf und sind wie der Blitz verschwunden.
Nach der kubanischen kommt die amerikanische Nationalhymne an die Reihe. Da regt sich in dem jungen Mann, der nicht nur aus Deutschland, sondern sogar aus Preußen stammt, eine atavistische Unart. Er stellt sich heimlich neben den rechten Flügelmann, kneift das linke Auge zu und prüft, an der Front entlangspähend, die Richtung. Meine Herren! Wenn die Jungen nicht so dünn wären, würde er sich nicht scheuen, einen weiland von seinem Kompaniefeldwebel mit Vorliebe gebrauchten Vergleich anzuwenden und zu behaupten, sie stünden da wie schwangere Wanzen. Jedenfalls ist die Richtung schweinemäßig. Nummer drei, vier, fünf zurück! Sechs, sieben folgen! Der ganze linke Flügel drei Schritt zurück! Und die Gewehre! Du meine Ahnung! Um es einmal ganz ruhig zu sagen: Die Reihe der präsentierten Gewehre sieht aus wie ein vom Winde krumm und schief geblasener Gartenzaun, der jeden Augenblick umfallen will. Guck einer an, was dieser Kujon von einem Flügelmann für einen Putz am Leibe hat! Die Handschuhe seit einem halben Jahr nicht gewaschen, das Koppelschloß mit Grünspan bedeckt, die Gamaschen nicht gewichst, der Gewehrschaft vollständig stumpf und trocken! Und das, wo doch offenbar Paradeanzug befohlen ist! Da kann man wirklich nur beiseite gehen und Tränen des Mitleids vergießen.
Jetzt erscheinen die Herren vom Empfangskomitee und in ihrer Mitte die Gäste aus Kuba mit ihren Damen. Sie besteigen, umringt von Pressephotographen, die Autos. Als letzter der Chef der Polizei von Atlanta, der, erfahren wie er ist, gleich seinen Hut abnimmt und sich in seiner ganzen Schönheit den Photographen darstellt. Auch für die Vertreter der Presse stiftet er einige humoristische Sätze.

Dann rauscht der Zug, begleitet von den Motorradpolizisten, die leise mit ihren Sirenen summen, gefühllos an den Kadetten vorbei in die von bräunlichem Nebeldunst erfüllte City hinein.
Rum bum! Die Hymne ist zu Ende. Die beiden Offiziere, der amerikanische und der kubanische, senken ihre Degen gegeneinander und wenden sich wieder ihrer Mannschaft zu. Jeder läßt das Gewehr über nehmen und in Gruppen einschwenken. Die Kapelle stimmt einen operettenhaften Marsch an und führt die Truppe mit schnellen Schritten hinter den Autos her. Das Volk, nämlich zehn Neger und zwanzig Arbeitslose, verläuft sich, und der junge Mann bleibt allein zurück.
Wie er sich die Sache überlegt, findet er, daß die Notabeln und Photographen ruhig einmal einen Blick auf die Soldätchen hätten werfen können. Wenn sich niemand für sie interessiert, haben sie natürlich auch keinen Anlaß, irgendwelchen Schneid an den Tag zu legen. Trotz ihrer unzulänglichen Haltung tun sie ihm jetzt ein bißchen leid, wenn er daran denkt, wie unbeachtet sie dagestanden haben. Immerhin dürfen sie sich damit trösten, daß sie heute abend eine wichtigere Rolle spielen werden. Das Atlanta Journal meldet, sie würden ab neun Uhr geradezu das geistige Leben der Stadt bestreiten: Im Georgia Gymnasium gibt es einen leichtathletischen Wettkampf und ein Basketballmatch between Havana Yacht Club and Georgia Military Academy, und die Band der G. M. A. wird auf Welle WSB das Radioprogramm von Atlanta krönen. Es steht zu vermuten, daß sie dann mehr Zulauf haben werden als bei ihren militärischen Versuchen.

Nachmittags etwas Landschaft

Der Aussichtswagen des Dixie Flyers hat hinten einen kleinen Balkon, der von einem zierlichen Messinggitter umgeben ist. Dort kann sich, wer Lust hat, während der Fahrt aufhalten und die Landschaft genießen. Anfangs war es dem jungen Mann zu kalt im Freien, aber jetzt, wo er seinen Mantel geholt und sich eine Zigarette angezündet hat, findet er es ganz gemütlich. Er sitzt auf einem Klappstuhl und geniert sich nicht, da er den Balkon ganz allein bewohnt, einen weiteren Stuhl für seine Beine aufzustellen. Es ist drei Uhr nachmittags. Gegen eins hat der Zug Chattanooga, the scenic, historic and industrial centre of the South, und gleich darauf den heiter im Tal sich hinschlängelnden Tennessee River passiert und rauscht nun, ohne sich über die Verpflichtung, die ihm sein Name hinsichtlich der Geschwindigkeit auferlegt, irgendwelche Gedanken zu machen, durch die hügelige Landschaft des Staates Tennessee nach Norden auf Nashville zu.

Der junge Mann lehnt seinen Kopf an die Wagenwand und betrachtet die Berge und Wälder, die der Flyer hinter sich läßt. Abgesehen davon, daß sich das Zittern des Wagens bis in seine Nasenspitze hinein fortsetzt und er hin und wieder, wenn der Zug durch eine Kurve fährt, zur Seite geworfen wird, kann er sich einbilden, im Kino zu sitzen und einen amerikanischen Landschaftsfilm zu betrachten.

In den Schluchten und Senkungen der locker bewaldeten Hänge liegt noch von dem Schneesturm her, der vor einiger Zeit über die Südstaaten hinraste, graues Eis. Das warme Herbstwetter, das mit dem Dezember herandrang, hat das meiste wieder weggewischt. Aber seit vorgestern herrscht gelinder Frost. So hat sich das Eis in den Schluchten halten können.

Wiesenflächen mit braunen und roten Rindern, die schwerfällig darüber hinwandern, tun sich auf.
Nun ein erlenbewachsenes Gelände, auf dem Pferde umhertraben.
Eine kleine Siedlung. Holzhäuser, bunte Wäsche ringsherum. Ein Gleis zweigt sich ab, läuft eine Strecke neben dem Hauptgleis hin, während ein Blockhaus mit einem Schild ›Long Island‹, der Bahnhof also, vorbeifliegt, und schwingt sich dann wieder in das Hauptgleis hinein. Klick, klack. Weiter.
Die Berge reihen sich in weichen Kurven aneinander. Ihr gleichmäßiges Braun ist von schwarzen und bläulichen Föhrenflecken durchsetzt. Am Fuße des Bahndamms ziehen sich vertrocknete Maisfelder hin. Wo sie aufhören, fangen die gebogenen Furchen der Baumwollfelder an.
Ein Dorf namens Stevenson. Die Lokomotive heult an einem hölzernen Wasserbehälter, an Sägewerken und Holzlagern vorbei. Es ist das herrliche dunkle Heulen der amerikanischen Lokomotiven.
Einer von den vielen Telegraphendrähten, die sich, auf und nieder schwebend, von Mast zu Mast leiten, ist neu. Das Kupfer glänzt im Sonnenschein wie ein goldener Lichtstrahl.
Wieder Maisfelder, gelb und fahl. Zwei schwarze Maultiere ziehen einen hochräderigen Karren hindurch.
Der Zug dröhnt über einen kleinen Fluß. Gelbrotes, steiniges Erdreich. Dann lichte Waldstücke aus Thujabäumen von den Hügeln bis zur Bahn herunter. Der Boden ist mit weißen Felsblöcken übersät. Darum wirken die Wälder nicht dunkel, sondern hellgrau.
Immer noch Wald. Eine halbe Stunde lang nichts als heller Wald. Mit einem Male sitzt da ein Tramp in einem dunkelroten Wollsweater mutterseelenallein auf einem Felsblock und blickt hinter dem Zug her. Vorbei.

Der Wald hört auf. Die Berge werden flacher und gehen allmählich in eine grenzenlose Ebene über. Ein Fluß mit kristallklarem, grünem Wasser strömt neben dem Bahndamm hin. Dann biegt er herum und bleibt zurück.
Da und dort stehen Eichbäume mit gefärbtem Laub.
Ein wolkenloser Nachmittagshimmel hängt über dem Lande, graublau im Zenit, gegen den Horizont hin durch einen bräunlichen Frostrauch, der von der Erde aufsteigt, mehr und mehr getrübt.
Die tiefstehende Sonne läßt das Laub der Eichen blutrot aufglühen.
Die Station Tullahoma erscheint auf beiden Seiten des Zuges – Negerhäuser, grellfarbige Tankstellen, durcheinanderspielende Kinder, Zirkusplakate –, gleitet, nachdem sie sich zusammengeschlossen hat, langsam links hinüber, wird schnell kleiner und kleiner und verschwindet.
Der Zug fährt weiter. Er legt sich bald links, bald rechts in eine Kurve und fährt weiter. Der Schienenstrang fließt wie ein Spinnenfaden hinten aus ihm heraus.
Mit der Zeit wird das Rot der Eichen immer dunkler, fast braun, und dann dämmern in das Braun violette Schatten hinein.
Die Station Normandy zieht vorüber.
Allmählich schieben sich wieder Berge heran. Berge von mittlerer Höhe mit Schneemulden in den Wäldern und langgezogenen Vogelschwärmen über ihren Gipfeln. Die Täler sind voll Schatten.
Holzhäuser, Schuppen, eine Tankstelle. Der Ort heißt Haley.
Die Berge weichen ein wenig zurück und werden blau und dunstig. Über der Ebene liegt ein schwacher Schimmer von Rosa. Das hellgrüne Dreieck eines Hausgiebels steigt mit blasser Leuchtkraft daraus hervor. Ein Wunder.
Der Zug windet sich durch einen unbedeutenden Ein-

schnitt, ein Hügelchen liegt im Wege und wird zerteilt. Oben auf dem Rande weiden drei Kühe als schwarze Silhouetten hin.
Vorbei.
Wieder ebenes Land.
Wo sind die Berge geblieben? Sie wellen sich ganz da hinten als violette Schatten durch den ockerfarbenen Rauch, der am Horizont aufdunkelt.
Eine weite Steppe. Graue Gräser, gelbgraues Strauchwerk, graugrüne Thujabäume, verhängte Fernen. Am Horizont geht dieser ockerfarbene Rauch empor. Je höher er kommt, um so mehr verweht er zu Dunst und Nichts, das Braun verflüchtet sich zu Rosa, das Rosa zu Grau, das Grau zu Gelb und das Gelb zu Grün. Aber das Grün wird immer leichter und durchsichtiger, bis es sich in dem sanften Hellblau der Himmelskuppel verliert. Es sind die verschleierten Farben des Indian Summers. Nichts ist wirklich, alles ist nur Duft und Hauch.
Indian Summer.
Die Sonne, eine große purpurne Scheibe, sinkt langsam durch den Duft des Himmels hinab in den Rauch.
Die Farben sind keinen Augenblick dieselben. Sie spielen durcheinander und ziehen sich hinab und hinauf wie Nordlichter, die hellen hinauf, die düsteren hinab.
Der ferne Rauch verdichtet sich. Er wird blau, er wird eins mit den Bergen, er wird zu einer violetten Nebelbank, die um den halben Horizont herumliegt. Ein lila Wolkenstreifen löst sich von ihr ab und schwimmt empor. Noch einer. Sie ziehen nacheinander über die Sonnenscheibe hin und vergehen.
Wenn der Zug an einem Thujabaum vorbeifährt, brennt eine Sekunde lang ein matter Goldrand rundherum auf, obwohl gar kein Gold in der Luft ist. Die Gräser der Steppe sind mit einem Spinnwebenschimmer von rötlichem Licht behangen.

Jetzt taucht die Sonne in den diesigen Dunst ein, der über der Nebelbank schwebt. Die Scheibe verdunkelt sich noch mehr. Jetzt gleitet sie hinab. Wie schnell sie hinabgleitet! Jetzt ist sie nur noch halb zu sehen. Jetzt ist nur noch ein kleiner Bogen, ein purpurner Fleck hinter dem lila Schleier, übriggeblieben. Und jetzt dampft der Nebel über ihn hinaus. Die Sonne ist fort.
Die zarten Farben am Himmel löschen schnell aus. Es gibt kein Rosa, kein Gelb, kein Grün mehr. Nur noch rieselndes Grau.
Die Steppe zieht sich weinrot durch die Dämmerung hin. Eine Schafherde wimmelt unruhig vorbei. Ein graues Holzhaus schimmert merkwürdig hell herüber.
Nun weicht das Grau vom Zenit nach allen Seiten gleichmäßig herab und gibt das reine Blau des Nachthimmels frei. Es ist, als werde ein feiner Nebelvorhang weggezogen, leise.
Unversehens zeigt sich da und dort mit silbernem Glitzern ein Stern und verschwindet wieder und zeigt sich abermals und hat Bestand.
Der junge Mann sitzt unbeweglich da. Nur sein zurückgelegter Kopf rüttelt unter den Stößen des Wagens hin und her.

Über dem Mississippi

Abend in St. Louis. Nebel. Die Laternen haben keine Leuchtkraft, die Luft schmeckt nach Rauch und Ruß, außerdem riecht es, als ob irgendwo eine Gasleitung undicht sei.
Der junge Mann zwängt sich durch die zerlumpten Haufen von Arbeitslosen, die in der dunklen Market Street vor den Häusern der Heilsarmee und der Sunshine Mis-

sion herumstehen. Es ist ein paar Minuten vor acht. Um acht Uhr will er sich mit einem Landsmann vor dem Hauptbahnhof – Union Station – treffen. Als er heute nachmittag in einen Kinosaal hineintappte, kam der Platzanweiser mit einer Taschenlaterne auf ihn zu und richtete eine Frage an ihn, die er nicht verstand. Auf das mechanisch gemurmelte Don't speak so quickly bekam er, was für die Qualität seines Englisch leider bezeichnend ist, ohne weiteres eine deutsche Antwort. Der Platzanweiser war ein Deutscher.
Sitzen Sie lieber vorn oder hinten?
Hinten. Aber das ist einmal nett, daß ich einem Deutschen begegne. Wie lange sind Sie schon hier?
Der Platzanweiser hatte zu seinem Bedauern im Augenblick keine Zeit, sich mit jemandem in ein Gespräch einzulassen. Aber später, als der junge Mann fortging, hatten sie vor der Saaltür eine Weile über woher und wohin geschwatzt und waren, da sie Gefallen aneinander fanden, übereingekommen, sich heute abend zu treffen, um noch ein wenig durch St. Louis zu streifen. Zehn Uhr fünfundvierzig muß der junge Mann mit der Eastern Illinois nach Chicago weiterreisen.
Tasch ist mein Name, hatte der Platzanweiser gesagt, Hugo Tasch, wenn Sie gestatten. Um sieben Uhr bin ich hier fertig.
Da ist Union Station. Hugo Tasch wandert schon mit hochgeschlagenem Mantelkragen vor dem Eingang auf und ab. Er trägt einen grauen Hut mit einem dunklen Band darum herum.
Ist das ein Schmutz in der Luft, sagt der junge Mann, Sie müssen doch mindestens dreimal am Tag einen sauberen Kragen umtun hier in St. Louis. Der Nebel fühlt sich richtig klebrig an. Diese Handschuhe waren vor zehn Stunden noch gelb.
Guten Abend! Jetzt würde ich sie dunkelbraun nennen.

Aber es gibt auch Sonnenschein und gute Zeit bei uns. Heute morgen etwa muß es in Forest Park herrlich gewesen sein. Haben Sie Forest Park schon besichtigt?
Ist das, wo das Museum mit Lindberghs Trophäen...?
Ja, ja. Muß doch herrlich gewesen sein der Park im Rauhreif.
Ich war erst gegen Mittag draußen mit dem Sightseeing Bus. Offen gestanden habe ich nur kahles Buschwerk und buddelnde Erdarbeiter gesehen.
Wir bauen ein Gebirge und einen See im Park. Kostet mächtig viel Geld. Aber jetzt müssen wir erst einmal wissen, ich meine wir beide, was wir unternehmen wollen. Wann geht Ihr Zug?
Ein Viertel vor elf. Wissen Sie was, ich möchte gern noch einmal zum Mississippi hinunter. Bei diesem Nebel muß er doch unerhört großartig aussehen, der Eisgang und das alles.
Führt er Eis? Ich bin schon seit acht Tagen nicht mehr unten gewesen.
Richtige Schollen, der ganze Strom ist grau.
Das kommt mit dem Missouri herunter, das Eis. Ich will Ihnen etwas vorschlagen... Sind Sie schon über die Brükken gegangen?
Ehe ich mich in Ihr Kino verirrte, habe ich eine Zeitlang auf Eads Bridge gestanden und auf das langsam sich dahinschiebende Eis hinabgeschaut. Tu' ich gern, so etwas.
Haben Sie auch die Mississippidampfer gesehen, die an dem schrägen Steindamm liegen? ›Erastus Wells‹, ›Golden Eagle‹, ›Cape Girardeau‹?
Natürlich.
Und den Schuppen der St. Louis and Tennessee River Packet Company, der auf Rädern steht und je nach dem Wasserstand das Ufer hinauf und hinunter bewegt wird?

Auch!
Komische Fahrzeuge, die Dampfer, was? Mit ihren beiden Schornsteinen nebeneinander, ziemlich weit vorn, und der goldenen Kugel dazwischen, was?
Ganz recht, und die Kommandobrücke sieht aus wie eine gußeiserne Gartenlaube, wissen Sie.
Und hinten das schwerfällige Schaufelrad.
Und dann haben die Schornsteine noch eine Zackenkrone, als ob sie oben ausgefranst seien. Im Kontor meines Großvaters hing ein kolorierter Stahlstich, der einen weiland modernen Mississippidampfer darstellte, so achtzehnhundertfünfzig. Ich glaube, die heutigen unterscheiden sich um keinen Deut von den damaligen, wenn es nicht überhaupt dieselben sind.
Ganz gut möglich. Ich würde Ihnen vorschlagen, daß wir dann der anderen Brücke einen Besuch abstatten. Municipal Free Bridge.
Einverstanden. Können wir das auch in der Zeit, die mir noch zur Verfügung steht, schaffen?
Klar.
Und unterwegs erzählen Sie mir dann, wie es Ihnen in Amerika ergangen ist. Das heißt, wenn Sie überhaupt davon sprechen mögen.
Och... warum nicht. Wir nehmen am besten die achtzehnte Straße hier. Was halten Sie von einer Zigarette? Bitte schön!
Danke.
Hugo Tasch wirft das Streichholz weg und tut einen tiefen Zug. Dann erzählt er von seiner gegenwärtigen Tätigkeit im Kino. Sie gehen eine Strecke an den Schienensträngen entlang. Die Luft riecht nach verbranntem Öl. Bald hebt sich die Straße etwas und führt als lange Brücke über die Gleisanlage, die links herumbiegt, hinweg. Unwillkürlich bleiben sie auf der Brücke stehen. Zu ihren Füßen liegt eine nebelige Dunkelheit, aus der gelbe, rote und

grüne Lichter, umgeben von einem matten Hof, heraufschimmern. In der Ferne pufft es zuweilen, erst stark, dann schnell wieder vergehend. Eine Lokomotive heult leise, ganz dahinten, eine Glocke läutet, noch eine, sie ziehen sich zurück und verstummen. Der Nebel verhüllt alles. Stille. Dem jungen Mann kommt es so vor, als stehe er in der Luft. Er fühlt die Brücke nicht mehr, alles ist so dumpf und unwirklich.
Nachdem sie eine Weile geschwiegen haben, meint er, ob Hugo Tasch nicht einmal ganz von vorn anfangen wolle, vom ersten Tage an, den er auf amerikanischem Boden verbracht habe.
Aber, sagt Hugo Tasch und nimmt seine Zigarette aus dem Mund, interessiert Sie so etwas denn?
Doch, gerade so etwas. Der junge Mann treibt sich nun schon seit sechs Wochen in den Staaten herum und kann sich eigentlich noch kein richtiges Bild davon machen, wie es ist, wenn man hier nicht mit einem Bündel Travellerschecks auftritt, sondern sich den Lebensunterhalt mit seiner Hände Arbeit verdienen muß.
Sie können sich darauf verlassen, daß es ein verdammter Unterschied ist. In dieser Woche habe ich zum Beispiel...
Nein, unterbricht ihn der junge Mann, wie gesagt, Sie müssen mir Ihre Laufbahn einmal vom ersten Tage an erzählen.
Na schön, wie das so geht. Ja, ja. Laufbahn... Sie können es auch Laufbahn nennen. Eines Tages traf ich also in New York ein, nicht wahr, hatte einige Dollar in der Tasche, wohnte in einem leidlichen Hotel und wiegte mich in dem Glauben, die Leute würden erfreute Gesichter machen, wenn ich ihnen meine schätzenswerte Hilfe anböte. Dieser Glaube verstärkte sich, nachdem ich die Anzeigen in der New York Times studiert hatte, zur Gewißheit. Das ist eigentlich die Zeitung, die hauptsächlich in Frage

kommt. Hunderte, ich sage Ihnen, es gab Hunderte von Inseraten, die versicherten, ich könne bei der und der Firma mit Leichtigkeit fünfzig Dollar verdienen. Für den Anfang schien mir das damals, aber auch nur für den Anfang, gar nicht so wenig zu sein.
Erlauben Sie einmal eine Zwischenfrage, sagt der junge Mann, fünfzig Dollar, das heißt doch im Monat? Oder wie?
Im Monat? In der Woche natürlich!
Ja aber... warten Sie, fünfzig Dollar, das sind zweihundertzehn Mark. Mal vier, macht achthundertvierzig Mark. Achthundertvierzig Mark im Monat ist in Deutschland das Gehalt eines höheren Beamten.
So dürfen Sie nicht rechnen. Wenn Sie auch erst kurze Zeit im Lande sind, werden Sie doch schon gemerkt haben, daß ein Dollar nur auf der Börse gleich vier Mark zwanzig ist. Sie können hier für einen Dollar nicht dasselbe kaufen wie drüben für vier Mark zwanzig. Im Laden ist der Dollar nur die Hälfte wert, wenn nicht weniger.
Trotzdem...
Nun passen Sie vor allen Dingen einmal auf, wie es mir mit den fünfzig Dollar erging.
Da muß ich schon wieder eine Zwischenfrage tun: Was braucht man denn als einigermaßen zivilisierter Mensch in der Woche, um leben zu können? Nur so ungefähr.
Der einigermaßen zivilisierte Mensch ist ein unsicherer Begriff hierzulande.
Hugo Tasch wirft seine Zigarette in die dumpfe Tiefe und lächelt bitter vor sich hin.
Sehen Sie, eine Bude kostet in New York immerhin ihre fünf Dollar, einschließlich Heizung. Natürlich müssen Sie dann ein bißchen weiter nach draußen gehen. In der City sind die Preise bedeutend höher. Für Essen gibt man täglich... nun, rechnen wir wenig... täglich anderthalb

Dollar aus. Macht zehn und einen halben Dollar in der Woche. Macht fünfzehn und einen halben Dollar für Wohnen und Essen. Dazu kommt Fahrgeld, Wäsche und all die Kleinigkeiten. Man braucht also etwa siebzehn bis achtzehn Dollar.

Und da lasen Sie verschiedene Inserate, die Ihnen fünfzig Dollar versprachen?

Ein langsames Pusten kommt unten näher, es dröhnt, ein Schein wird im Nebel sichtbar, eine Sirene heult, eine Glocke läutet, nun quellen weiße Dampfwolken aus der Tiefe am Geländer hoch: Ein Zug quält sich unter der Brücke hindurch.

Es waren sogar einige da, in denen von noch höheren Beträgen geredet wurde. Aber ich möchte Ihnen vorschlagen, weiterzugehen. Wenn man hier so steht, wird es einem auf die Dauer doch zu kalt. Was meinen Sie?

Doch, der junge Mann ist auch dafür. Sie bummeln die Achtzehnte Straße entlang. Rechts reiht sich ein verfallenes Negerblockhaus an das andere. Trübe Fenster. Hinter dieser und jener Tür ertönen Stimmen, einmal sogar Gesang und Harmonikaspiel. Obwohl die Straße vom Hauptbahnhof herkommt, herrscht so gut wie kein Autoverkehr, Fußgänger gibt es auch nur wenige. Die doppelte Reihe der Laternen schwingt sich in leichter Kurve hinab und wieder hinauf und verliert sich im Nebel.

Kurz und gut, sagt Hugo Tasch, ich fuhr also zu irgendeiner von diesen Firmen hin, ohne zu wissen, was man nun eigentlich von mir verlangte.

Hatten Sie denn etwas gelernt?

Ich konnte Sprachen. Spanisch und Französisch perfekt, Englisch mangelhaft. Sonst nicht viel. Es handelte sich also um den Vertrieb von elektrischen Artikeln. Eine solide Firma, kein Schwindel.

Englisch mangelhaft. Menschenskind, fielen Sie denn da nicht gleich bei der ersten Musterung durch?
Ich beugte vor, so gut ich konnte, indem ich einige hübsche Sätze auswendig lernte und sie bei der ersten besten Gelegenheit anbrachte, so daß niemand auf den Gedanken kam, es möchte mit meinem Englisch nicht weit her sein. Und im weiteren Verlauf der Verhandlung sagte ich dann nur noch no und yes und allenfalls einmal sure. Die Sache klappte, man hielt mich für einen tüchtigen, aber bescheidenen Menschen und empfahl mir, mich am nächsten Morgen um neun Uhr wieder einzufinden. Es galt, Staubsauger zu verkaufen. Ich war denn auch pünktlich zur Stelle...
Aber wie stand es denn mit den fünfzig Dollar?
Damit stand es so: Für jeden verkauften Sauger sollte ich acht Dollar Provision kriegen. Wenn ich sechs bis sieben Sauger pro Woche, einen pro Tag, absetzte, hätte ich fünfzig Dollar Verdienst gehabt.
Einen Sauger pro Tag, das scheint mir kein Ding der Unmöglichkeit zu sein.
Genau dasselbe sagte ich mir damals auch. Ich ging am anderen Morgen um neun Uhr in bester Laune ins Geschäft. Wir waren zusammen zwanzig Mann. Jeder kriegte ein kleines Buch in die Hand gedrückt, in dem jemand die Vorteile des Staubsaugers ausführlich beschrieben hatte. Wenn ich das auswendig lernte, brauchte ich auch vor den Kunden keine Angst mehr zu haben. Well, wir wurden nun verschiedenen Distrikten zugeteilt. Ich kam mit vier anderen zu einem Vormann, der uns mitsamt den Vorführungsapparaten in seinem Auto nach der Bronx hinausfuhr. Die Bronx ist am Ende der Welt, ich weiß nicht, ob Sie eine Ahnung...
Der junge Mann weiß ziemlich gut, was es mit der Bronx auf sich hat.
Dann mußten immer je zwei eine Straße bearbeiten. Der

eine wählte die linke, der andere die rechte Seite, und los ging's. Da ich ein blutiger Anfänger war, wurde ich am ersten Tage von dem Vormann unter die Fittiche genommen. Das heißt, der Vormann verkaufte und ich begleitete ihn treppauf treppab.
Wieviel wurde er denn los?
An diesem Tag setzte er keinen einzigen ab. Aber ich dachte, es läge wohl daran, daß es ihm nicht so sehr um das Verkaufen als um meine Belehrung zu tun war. Ich paßte denn auch gut auf und machte meine Sache, wie er mich am nächsten Morgen hinter ein Haus zog und vorgab, er sei jetzt der Kunde und ich solle ihn einmal überreden, einen Sauger zu kaufen, mit Frechheit und Gottesfurcht ganz leidlich. Er war jedenfalls mit mir zufrieden. Dann mußte ich mein Glück auf eigene Faust versuchen. Und nun will ich Ihnen einmal etwas sagen: Es war der verfluchteste Aaskram, mit dem ich mich je in meinem Leben befaßt habe. Es war einfach eine Schweinerei. Lieber will ich die schmutzigste Arbeit tun, als noch einmal Kommissionsverkäufer spielen.
Ich kann mir's schon denken. Immer von Türen fortgewiesen zu werden...
Von morgens bis abends lief ich in den Treppenhäusern herum und sagte mein Sprüchlein auf. Von morgens bis abends wurde ich mehr oder weniger unfreundlich aufgefordert, mich weiterzuscheren. Manche Leute sind ja so gemein... so gemein...
Bis wann arbeiteten Sie denn?
Bis fünf Uhr. Aber ich kann Ihnen versichern, die Zeit ging überhaupt nicht herum. Schon nach ein paar Stunden war ich so mutlos und so verzweifelt, daß ich den Staubsauger am liebsten an eine Hauswand geworfen hätte und weggelaufen wäre. Endlich wurde es fünf Uhr. Die Trupps versammelten sich wieder und fuhren nach Hause. Nämlich ins Geschäft. Dort tauschten dann alle Ver-

käufer in einer kurzen Versammlung ihre Erfahrungen aus und wurden vom Verkaufsleiter belehrt, wie sie es in Wirklichkeit hätten machen sollen. An manchen Abenden mußte ich dann noch einmal weg, um irgendeinem Interessenten, dessen Adresse tagsüber eingelaufen war, das Mistvieh von Staubsauger privat vorzuführen. Am fünften Tage... stellen Sie sich das einmal richtig vor, fünf Tage herumlaufen, ohne einen einzigen Pfennig zu verdienen, da wird man mutig, kann ich Ihnen versichern...

Oh, Mann, Mann!

Am fünften Tage hatte ich Glück, einem Italiener einen Sauger anzudrehen und acht Dollar Kommission darauf zu machen. Am sechsten Tage gelang mir nichts, am siebenten wieder nichts – dazwischen lag ein schrecklicher Sonntag – am achten wieder nichts. Ich konnte einfach nicht mehr. Es hatte ja auch keinen Zweck. Glauben Sie, daß der Mensch eine Seele hat? Er hat eine! Auf meiner hatte man so lange herumgetrampelt, daß ich...

Einen Augenblick mal, sagt der junge Mann, was ist da denn los? Hören Sie mal!

Sie meinen da drüben bei den Negern? Vielleicht einer gestorben. Dann heulen sie immer so gräßlich. – Passen Sie auf, am Abend des neunten Tages erklärte ich meinem Vormann, der übrigens ein ganz vernünftiger Kerl war, kurz und gut, fünfzehn Dollar in der Hand seien mir lieber als fünfzig in der Zeitung. Good night, Mr. Doubleday!

Genau genommen lief es also doch auf einen Schwindel hinaus? Sie sagten vorhin, es habe sich um eine solide Firma gehandelt, aber das Inserat mit den fünfzig leicht zu verdienenden Dollar war doch ein Schwindel.

Das will ich nun nicht so ohne weiteres behaupten. Sehen Sie mal, es mag schon gewandte Burschen geben, die hin

und wieder in der Woche ihre vierzig bis fünfzig Dollar Kommission machen. Die mag es schon geben. Nicht jede Woche, aber hin und wieder schon. Für einen Anfänger ist es natürlich ganz unmöglich. Also man kann nicht direkt von Schwindel sprechen.
Und nun standen Sie wieder auf der Straße und waren genau so klug wie vorher.
O nein! Mittlerweile hatte ich ja allerhand gelernt. Man spricht doch mit seinen Kollegen, man wird doch von Tag zu Tag schlauer. Ich versuchte es also einmal bei einer Vermittlungsagentur. Das sind moderne Institute mit großen Kontoren, in denen es für jede Gehaltsklasse ein Pult gibt.
Wieso ein Pult?
Sie schätzen sich selbst ein. Wenn Sie zum Beispiel glauben, Ihre Arbeitskraft sei fünfundvierzig Dollar wert, dann treten Sie an das Fünfundvierzig-Dollar-Pult heran und sehen zu, ob die Leute einen entsprechenden Posten für sie haben.
Aha!
Zuerst versucht man es natürlich so hoch wie möglich und rückt dann, je nach den Aussichten, die vorhanden sind...
Beziehungsweise nicht vorhanden sind...
Beziehungsweise nicht vorhanden sind, immer tiefer hinab, bis man schließlich beim Fünfzehn-Dollar-Pult landet. Ist etwas Passendes da, so bekommt man ein Briefchen an die betreffende Firma in die Hand gedrückt, fährt hin, stellt sich vor und...
Was verlangen die Leute denn dafür? Ich meine die Vermittlungsagentur?
Verschieden. Für die Vermittlung von Kontorarbeiten muß man ein halbes bis ein ganzes Wochengehalt zahlen. Für handwerkliche Arbeiten fünf bis zehn Dollar, glaube ich.

Das scheint mir ziemlich viel Geld zu sein.
Jeder Preis regelt sich nach Angebot und Nachfrage. Am fünften Tage erwischte ich ein Briefchen an die Bohack Company. Kennen Sie wohl?
Bohack Company? N... nein.
Hat allein in New York fünfhundert Filialen. Eine Nahrungsmittelfirma. Ich stellte mich in der Zentrale vor, bekam ein Ticket in die Hand gedrückt und wurde an Bohack's Grocerystore im Stadtteil Queens, 102. Straße, Ecke Jamaica Avenue, verwiesen.
Und Zeugnisse, Empfehlungen, Kenntnisse, Lehrzeit, das alles kam weiter nicht in Frage?
Bei solchen Posten nicht. Bei anderen, wie Sie nachher sehen werden, doch sehr. Ich fand also den Laden und überreichte dem Manager mein Ticket. Well, sagte der Manager, take off your coat, chap, go in the cellar, chap, und fix up potatoes!
Fix up? Was ist fix up?
Ich sollte in den Keller gehen und Kartoffeln zurechtmachen. Fix up... zurechtmachen, nicht wahr?
Ach so.
Ich zog mir eine weiße Jacke an, band mir eine Schürze vor und war nun ein Order Boy, wie sie hier sagen. Unten im Keller traf ich meinen Vorgesetzten, einen Sechzehnjährigen, übrigens aus dem Kreise Bremervörde, der mir beibrachte, wie man von morgens bis abends immerzu je fünf Pfund Kartoffeln abwiegt und in Tüten füllt. Bei meiner schnellen Auffassungsgabe hatte ich es bald heraus.
Glaube ich, haha!
Mittags Laden auskehren. Nachmittags Orders ausbringen. Mit einem Push Car. Handwagen, nicht wahr. Das ging bis acht Uhr abends.
Von?
Was? Ach so! Von sieben Uhr morgens. Sie können sich

denken, daß ich in dieser Nacht nicht an Schlaflosigkeit litt.
Kann ich.
Am nächsten Tag...
Wieder Kartoffeln abwiegen?
Konservendosen aufstapeln. Abwechslung ist das halbe Leben.
Und nachmittags?
Orders ausbringen. Das war jeden Nachmittag dasselbe.
Gehalt?
Sechzehn Dollar.
Wenig, wie mir scheint.
Sehr. Sonnabends...
Ja, Sonnabends macht ihr hier um zwei Uhr Schluß. Das ist wirklich eine gute Einrichtung in den angelsächsischen Ländern.
Sonnabends wird in dieser Branche von morgens sieben bis abends elf Uhr gearbeitet, mein Herr!
Aber das ist ja nicht möglich!
Als ich am Sonnabend abend meine Schuhe auszog, waren meine Füße noch einmal so dick wie sonst.
Von dem vielen Herumlaufen?
Von dem Herumlaufen und von dem Herumstehen. Ich hoffte, die Schwellung würde bis Montag vorbei sein, aber ich hoffte vergebens.
Und ein Arzt...
Kam nicht in Frage, weil kein Geld. Kneifen wollte ich auch nicht. So blieb mir nichts anderes übrig, als die Zähne zusammenzubeißen und weiterzuzockeln. Bis Mittwoch nachmittag. Da brach ich unterwegs zusammen. Ich kam mir ordentlich wie ein Märtyrer vor. Mitsamt meinem Push Car brach ich zusammen, so schräg über die rechte Deichsel weg, verstehen Sie?
Der junge Mann versteht. Statt einer Antwort läßt er nur

einen langgezogenen Pfiff hören und nickt mit dem Kopf.
Ich hatte mich eben noch nicht akklimatisiert. Übrigens sah es schlimmer aus, als es in Wirklichkeit war. Nachdem ich drei Tage im Bett gelegen hatte, konnte ich mich schon wieder um neue Arbeit kümmern. Meine Wirtin hatte mir jeden Morgen die Füße massiert.
Ihre Wirtin?
In solchen Fällen sind sie ja unglaublich hilfsbereit, die Amerikaner. Sie hatte auch irgend so ein theosophisches Öl oder was es für ein Hokuspokus war, womit sie mir die Füße einrieb. Ob von dem Öl oder der Massage, eines Morgens war ich jedenfalls imstande, wieder nach der Vermittlungsagentur hinzuhumpeln. Aber da ging die Sache mit der Referenz los. Wie ich mich nach einer besseren Stellung erkundigte, wollten die Leute durchaus erst eine Referenz haben. Ohne Referenz taten sie es eben nicht. Wo sollte ich so etwas herbekommen? Ich besann mich auf und ab, schließlich fiel mir der Name und die ungefähre Adresse eines Herrn in Jersey City ein. Ich hatte ihn aber noch nie in meinem Leben gesehen oder gesprochen. In Deutschland war einmal bei Bekannten von ihm die Rede gewesen. Diesen guten Mann gab ich also, obwohl ich wußte, daß er von meiner Existenz keine Ahnung hatte, fromm und gottesfürchtig als Referenz auf. Und richtig, nach zwei Tagen konnte ich mich bei einer Saxophonfirma vorstellen. Und wieder nach zwei Tagen bekam ich ein Telegramm...
Wieso ein Telegramm?
So etwas telegraphiert man hierzulande immer. Haben Sie das noch nicht gemerkt? Es ist ja auch ziemlich billig. Ich bekam ein Telegramm von der Saxophonfirma, wenn ich Lust hätte, könne ich für achtzehn Dollar anfangen.
Was denn, sollten Sie Saxophone bauen?
Nein, Buchhaltung. – Jetzt müssen wir links herumge-

hen. Das ist die Chouteau Avenue, die Straße, die hier quer durchkommt. Schätze, noch zwanzig Minuten bis zum Fluß.
Unter Avenue hatte sich der junge Mann immer eine Prachtstraße vorgestellt. Aber die Chouteau Avenue besteht nur aus Verkommenheit und Finsternis, wenigstens an dieser Stelle. Die Häuser sind niedrig und grau, die Läden und Sodafountains schmutzig, die Beleuchtung schlecht, da und dort hängen Pappschilder vor den Türen, auf denen in ungeschickter Handschrift Waren und Preise verzeichnet sind. Fast an jeder Ecke hat sich ein Poolroom etabliert. An verdächtigem Gesindel fehlt es auch nicht. Obwohl die Gegend kein ausgesprochenes Negerquartier zu sein scheint, treiben sich doch auffallend viel Schwarze herum.
Also Buchhaltung, sagt Hugo Tasch. Eine sehr angenehme Stellung, kann ich nicht anders sagen. Alles redete sich mit Vornamen an. Wie meine Wirtin zum Beispiel einmal anklingelte und nach Mr. Tasch fragte, hieß es, so einen gäbe es hier nicht. Erst als auch der Name Hugo fiel, kam es heraus, wen sie meinte. – Hugo meinen Sie, ja, der ist hier, just a moment! – Auch die Prokuristen wurden einfach Henry, George, James und so weiter angeredet.
Ist das immer so?
Meist.
Und der Respekt leidet nicht darunter?
Wer was kann, wird sowieso respektiert.
Und wer nichts kann?
Ist nicht wert, mein Vorgesetzter zu sein.
Das lasse ich mir gefallen.
Nach ein paar Wochen stach mich der Hafer. Achtzehn Dollar, ich wollte mehr verdienen, nicht wahr. Aber im Kontor hatte ich zur Zeit keine Chance. Da ging ich kurzerhand in die Werkstatt hinüber. Zunächst auch nur für achtzehn Dollar, aber ich sollte, wenn ich mich erst einge-

arbeitet hätte, mehr bekommen. Gelernte Arbeiter verdienen vierzig Dollar und darüber.
Konnten Sie denn in der Werkstatt etwas leisten?
Das lernt sich schnell. Außerdem waren die Burschen alle so kameradschaftlich und hilfsbereit, daß ich mich nicht... Zum Beispiel machte ich einmal... also, nicht wahr, die verschiedenen Klappen des Saxophons sind mit dünnen Nadeln an dem eigentlichen Horn befestigt. Hö? Und weil die Nadeln alle verschiedene Dicken aufweisen, die man mit dem bloßen Auge kaum unterscheiden kann, so steckt man sie beim Auseinandernehmen des Instrumentes der Reihe nach in die Löcher eines Brettes. Jede Nadel in ein bestimmtes Loch, nicht wahr. Ich als Anfänger wußte das nicht und steckte die Nadeln in die Löcher, wie es gerade kam. Wie nun mein Kollege das Instrument wieder zusammensetzen wollte, ging es natürlich nicht. Aber da gab es keinen Krach, kein Gefluche, nichts, obwohl die Arbeit durch meine Dummheit fünfmal länger dauerte als sonst. Alle lachten und fanden, es sei ein ausgezeichneter Witz.
Auf diese Weise haben sie wahrscheinlich mehr Spaß am Leben.
Wahrscheinlich. Und soweit war der Job ja auch schön und gut. Aber die elenden achtzehn Dollar waren nicht schön und gut. Ich wollte doch mehr haben, ich wollte doch weiterkommen.
Ich denke, das war Ihnen versprochen? – Sehen Sie mal, wie die Frau, die uns da entgegenschlurft, wie die ihr Kind so komisch trägt, so tief an der Brust. Gleich rutscht es ihr weg.
Sie scheinen noch nicht viel in den Armenvierteln der großen Städte herumgekommen zu sein. Die Frau muß ihr Kind so tief halten. Warum? Weil sie es säugt.
Im Gehen?
Bißchen unbequem, aber was soll sie machen.

Das ist mir allerdings neu. Nein, das ist ja schrecklich.
Good Lord, es gibt Schrecklicheres auf der Welt. – War mir versprochen, meinen Sie? Jawohl. Aber keiner hatte erwähnt, wann. Und keiner konnte mir richtig klarmachen, worin eigentlich der Unterschied zwischen einem gelernten und einem ungelernten Arbeiter bestünde.
Der junge Mann sagt: eine wunderliche Geschichte. Aber er ist nicht recht bei der Sache, er bleibt immer wieder stehen und dreht sich nach der Frau um, die ihr Baby im Gehen säugen muß.
Hugo Tasch wartet, bis er sich genug umgedreht hat und imstande ist, seinen Weg, wenn auch nachdenklich, fortzusetzen. Dann berichtet er weiter: Wunderlich oder nicht, ich mußte mich damit abfinden. Und so versuchte ich zunächst einmal, noch eine weitere Stellung zu erwischen. Abends natürlich. Es war nicht so leicht, gerade für die Zeit, die ich frei hatte, Arbeit zu finden. Aber schließlich bekam ich in einem Appartmenthaus eine Stelle als Fahrstuhlführer von vier Uhr nachmittags bis zwölf Uhr nachts. Die Saxophonfirma gab mir eine Stunde früher frei, damit ich es machen konnte.
Sehr anständig. – Hätten wir ihr nicht ein paar Dollar schenken sollen?
Och ... ich weiß nicht.
Hm. Was sagten Sie? Ach so! Sicher sehr anständig von den Leuten.
Man verdirbt in Amerika keinem Menschen ohne Not seine Chance. Das Appartmenthaus zahlte mir gleichfalls achtzehn Dollar. So machte ich also wöchentlich meine sechsunddreißig Dollar. Dafür mußte ich aber auch von morgens acht bis nachts um zwölf ununterbrochen schuften. Für die Untergrundbahnfahrt gingen auch noch anderthalb Stunden drauf.
Das kann doch kein Mensch aushalten.
Auf die Dauer nicht. Aber drei Wochen lang hielt ich

durch. Ich war fest entschlossen, so bald nicht klein beizugeben. Dann zog die Saxophonfirma von New York weg, und ich mußte mir etwas Neues suchen. Hin und her, her und hin. Eines Tages bewarb ich mich mit dreißig Konkurrenten um eine Stellung bei der Flugzeugfabrik Sikorsky. Ich hatte inzwischen gelernt, daß derjenige, der ein lachendes Gesicht macht, auch wenn er in Wirklichkeit nichts zu lachen hat, dem ernsthaft Dreinblickenden immer vorgezogen wird. Und da lachte ich eben dem Personalchef quietschvergnügt in die Augen. So siegte ich über meine dreißig Mitbewerber.
Die Methode hat schon etwas für sich, wenn man sich's einmal richtig überlegt.
Das Beschissene... Pardon, das... öh, Vertrackte war nur, daß ich noch drei Wochen warten mußte, bis ich antreten konnte. Und da es sich nicht bezahlt gemacht hätte, wenn ich für diese Zeit noch eine Stellung in einem Kontor gesucht hätte, wurde ich so lange Bus Boy in einem Restaurant. – Übrigens müssen wir uns jetzt links halten. Die Straße rechts geht zum Broadway hinunter, hier links kommen wir dann auf die Brücke.
Ja, man sieht schon so etwas. Schön, die blaue Lichtreklame hier an der Ecke! – Nun hören Sie einmal, Bus Boy, was ist denn das nun wieder?
Der Bus Boy muß den Kellnern zur Hand gehen, muß Bestecke auflegen, Eiswasser hinstellen, die benutzten Teller wegtragen und dergleichen mehr. Arbeitszeit von zehn Uhr vormittags bis gegen vier Uhr nachmittags.
Gehalt?
Sechs Dollar die Woche, Frühstück und Mittagessen frei.
Es war ja nun gerade keine schwere Arbeit.
Das nicht, aber... das erste, was man an jedem Morgen zu tun hatte, war, die Toiletten aufzuwischen. Sie sahen oft saumäßig genug aus. Die Damentoilette war verhält-

nismäßig sauber. Deshalb gab es unter uns Bus Boys, wir waren zu fünft, jeden Morgen eine Schlägerei um die Damentoilette.

So ist das Leben.

Genau so! Na, die drei Wochen gingen ja herum, und ich konnte bei Sikorsky anfangen. Mehr als achtzehn Dollar bekam ich auch bei Sikorsky nicht. Ich kam und kam über die Achtzehn-Dollar-Grenze nicht hinaus. Aber die Fabrik lag draußen vor dem Häusermeer, es war ein angenehmes Arbeiten, so gab ich mich zunächst damit zufrieden. Zunächst. Mit der Zeit sah ich jedoch ein, daß man ja auch einmal einen neuen Anzug und ein neues Paar Stiefel braucht, daß achtzehn Dollar einfach zu wenig für unsereinen sind, daß alles, was ich bislang unternommen hatte, Unsinn war. Warum war ich eigentlich von dem, was ich ursprünglich vorgehabt hatte, als ich herüberkam, abgewichen?

Nämlich? Was hatten Sie denn vorgehabt?

Wallstreet zu erobern. Ich wollte in einer Bank Fuß fassen.

Ja. Und?

Da gab ich die Stellung auf und wagte den großen Schlag.

Und weshalb waren Sie zuerst davon abgewichen?

Weiß ich nicht. Weiß ich beim besten Willen nicht. Dies New York hat mich wohl verwirrt gemacht, ich habe wohl in der ersten Aufregung den Kopf verloren.

Was mich nicht weiter wundert. Selbst mir, der ich mich doch nur besuchsweise in New York herumtrieb, wurde es in manchen Stunden, wenn ich so mutterseelenallein in dem ungeheuren und grausamen Wirbel stand, ein bißchen bänglich ums Herz. Es ist eine menschenfressende Stadt. Aber mal etwas anderes.

Bitte?

Sagen Sie, Herr Tasch, wir gehen ja schon in der Höhe der

Dächer. Ist dies denn schon die Muni..pi..na, wie heißt das Dings?
Municipal Free Bridge. Die eigentliche Bridge noch nicht. Erst der Aufstieg sozusagen. Aufstieg ist auch nicht richtig. Wir bleiben nun in dieser Höhe, während die Stadt noch weiter absinkt. Das Flußbett liegt ziemlich tief. Jetzt überqueren wir zum Beispiel den Broadway von St. Louis. Eine alte Straße. Spielt keine besondere Rolle hier. Sie dürfen nicht an New York denken.
Ich weiß schon Bescheid. Heute morgen, als ich mit dem Bus durchfuhr, machte sie geradezu einen trostlosen Eindruck. Man denkt eben, wenn man den Namen hört, doch immer an den New Yorker Broadway. Aber ich muß sagen, jetzt im Nebel ist sie mit ihren Laternen und erleuchteten Häusern beinah nicht wiederzuerkennen. Sie sieht wie eine feurige Schlucht aus, finden Sie nicht auch? Wie brennender Rauch. Müssen wir weiter?
So langsam.
Ja, und dann wagten Sie den großen Schlag. Gelang er denn?
Drei Wochen lang bin ich herumgelaufen und habe versucht, in irgendeine Bank einzudringen. In irgendeine. Unmöglich. Aber ich dachte, jetzt kommt es darauf an! Wenn ich jetzt die Zähne nicht zusammenbiß, war ich verloren. Dann hätte ich überhaupt nicht erst herüberkommen sollen. Ich suchte und suchte, bis mir schwarz vor den Augen wurde. Zwischendurch verkaufte ich Schlipse, hängte Gardinen auf, spielte noch einmal Bus Boy und nahm mit, was ich irgend erwischen konnte. Endlich hatte ich das Glück... es war einfach ein Zufall... eine Laune... ich hatte das Glück, daß einer dieser Gewaltigen von Wallstreet mich einen Augenblick länger ansah als die anderen und mir...
Eine Chance gab.
Ganz recht. Aber auch nur eine Chance. Und wenn Sie

meinen, die Chance hätte darin bestanden, daß er mich anstellte, so irren Sie sich. Er gab mir nur die Adresse des Vizepräsidenten der Nationalbank of the City of New York. Aber wie dieser Vizepräsident mich fragte, ob ich dem Gewaltigen, der mich schickte, näherstünde, hatte ich die Smartness, de corriger la fortune und ihm zu antworten, sure, er sei ein alter Freund meines Vaters. – Well, sagte der Vizepräsident, dann begeben Sie sich bitte ins Personalbüro. – Dort ließ man mich viermal wiederkommen, dann mußte ich einen riesigen Fragebogen ausfüllen, der sich ebenso nach meiner politischen Gesinnung wie nach der Gesundheit meines Herzens, ebenso nach meinen Vermögensverhältnissen wie nach der Kragenweite meines Großvaters erkundigte.

Na, na!

Ungefähr. Und dann vernahm ich das Evangelium: Sie können anfangen zu arbeiten. Heute nacht zwölf Uhr Start an der Additionsmaschine.

Nachts zwölf Uhr?

Das war mir gleich. Ich brauchte nicht mehr herumzulaufen, ich hatte Arbeit, der erste Schritt war getan, ich war drin in der Bank.

Entschuldigen Sie, ich finde alles, was Sie mir erzählen, fabelhaft interessant. Sie sollen auch gleich mit Ihrem Bericht fortfahren. Sie waren drin in der Bank. Glauben Sie nicht, daß ich mir auch nur ein einziges Wort habe entgehen lassen. Aber jetzt muß ich eben einmal einen Blick auf den Fluß ... Das ist ja ungeheuerlich, das ist ja unheimlich, das ist ja, als sei man der liebe Gott und schwebe über den Wassern zu jener Zeit, als die Erde noch wüst und leer war.

Der junge Mann beugt sich über das Geländer und versucht, mit weit aufgerissenen Augen die nebelige Dunkelheit zu durchdringen. Ganz da unten zieht der Mississippi hin. Aber man kann nichts erkennen. Nur das Mahlen der

Eisschollen, die sich bei der Stauung vor dem Brückenpfeiler gegeneinander verschieben, knirscht leise herauf. Irgendwo ist ein rotes Licht angebracht. Weiter links schwebt ein grünes. Das ist alles. Der junge Mann kann sonst in die tiefste Tiefe hinuntersehen, ohne schwindlig zu werden. Vorausgesetzt, daß er etwas sieht, Bäume, Felsen, Hauswände und dergleichen. Aber hier sieht er nichts. Die beiden Lichter, die nur da sind, still und rätselhaft, ohne zu leuchten, ohne etwas zu erhellen, machen das Nichts nur noch augenscheinlicher. Wie weit geht es hier hinunter? Jetzt ist ihm, als gebe das Brückengeländer nach und er falle in den dumpfen Raum hinein. Er schließt die Augen. Aber das Gefühl, der Oberkörper neige sich schwerfällig nach vorn, vergeht nicht. Er ist schwindelig.
Nach einer Weile hört er Hugo Tasch neben sich sagen, es sei eine ungewöhnlich diesige Nacht. Da räuspert er sich ein paarmal und nimmt sich zusammen.
Ihnen bedeutet es wohl gar nichts Besonderes mehr, daß Sie hier über dem Mississippi stehen?
Wie meinen Sie das?
Mississippi... schon der Name! In Deutschland klingt er wie eine Sage, wie ein Mythos, als ob es ihn in Wirklichkeit gar nicht gebe.
Man gewöhnt sich aber sehr schnell an seine Wirklichkeit. Besonders wenn er, wie um einen davon zu überzeugen, den Deich durchbricht und ein paar Städte wegreißt.
Haben Sie bitte Nachsicht mit einem sentimentalen Landsmann. Es soll nicht wieder vorkommen. Wo hatten Sie aufgehört? Ah, bei der Bank! Nun, wie hatten Sie es bei der Bank?
Er dreht sich herum und lehnt sich mit dem Rücken gegen das Geländer. Hugo Tasch steht neben ihm und erzählt von New York.
Vorläufig sah mein Leben folgendermaßen aus: Elf Uhr

fünfzehn nachts Abfahrt mit der Sub von meiner Wohnung in Brooklyn. Punkt zwölf Beginn der Arbeit an der Additionsmaschine. Schluß der Arbeit morgens acht Uhr dreißig. Dreiviertel Stunde Bahnfahrt nach Hause. Wenn ich in Brooklyn aus der Erde kam, wurde es eben hell. Dann ins Bett. Todmüde. Erwachen gegen sechs Uhr abends, wenn es bereits wieder dunkel war. Man schrieb damals Januar. Elf Uhr fünfzehn nachts Abfahrt mit der Sub und so fort.

Und wann hängten Sie sich auf?

Ich dachte nicht daran. Und das war richtig so. Denn eines Tages wurde im Foreign Night Mail Department ein Posten frei.

Foreign Night... also auswärtige Nachtpostabteilung.

Es drehte sich um die Abteilung für die ausländische Nachtpost, ganz recht. Sie werden zugeben, daß unter den eintausendsechshundert Angestellten der Bank einige waren, die mehr Aussicht hatten, den Posten zu erobern, als der kleine German namens Tasch. Aber Sie müssen mir auch glauben, daß ich dahinter her war wie der Fuchs hinter dem Eichhörnchen. Und ich bekam die Stelle. Ich bekam sie. Von da an brauchte ich erst um fünf Uhr morgens anzufangen.

Erst um fünf Uhr morgens!

Dafür saß ich aber zusammen mit einem Italiener hinter einem Gitter und sortierte die gesamte ausländische Post, die im Laufe der Nacht eingetroffen war. Wenn die anderen Abteilungen morgens um neun Uhr anfingen, mußten sie ihre Post schon auf ihren Tischen vorfinden. Um elf Uhr traf der letzte Stoß Post ein, der mich anging. Um halb zwei war ich fertig. Eine interessante Arbeit, ich hatte viel Spaß daran, ich konnte jeden Tag etwas Neues lernen. Meine Bank verkehrte mit aller Herren Ländern. Und jetzt kamen auch meine französischen und spanischen Kenntnisse zu ihren Ehren. Außerdem hob ich jede

Woche meine dreißig Dollar Gehalt ab nebst einer Freikarte für Lunch. Wer weiß, in einem Monat konnte ich noch weiter hinaufgerückt sein, es gab ja Chancen genug.
Gab es die tatsächlich? Gibt es die tatsächlich, wie man so oft hört, für jeden tüchtigen Kerl?
Unbedingt. Jedermann hat seine Chance, und um der Chance willen erträgt man alles. Heute down, morgen above, obenauf.
Aber wenn ich mich recht erinnere, habe ich Sie doch nicht in der Nachtpostabteilung der National Bank of the City of New York, sondern in einem Kino in St. Louis kennengelernt.
Leider hat jedermann nicht nur eine Chance nach oben, sondern auch eine nach unten. In meinem Falle lief der Karren so, daß ich vor gut einem Monat aus einem gewissen Grunde von New York nach St. Louis versetzt wurde. Wir haben hier in St. Louis eine ziemlich bedeutende Filiale. Eines Freitags ereignete sich der große Börsenkrach, von dem Sie natürlich gehört haben. Die Bank geriet in Schwierigkeiten. Am nächsten Morgen saß Hugo Tasch...
Am nächsten Morgen? Kann man denn von heute auf morgen...?
Man kann. Am nächsten Morgen saß Hugo Tasch mitsamt seinen Sprachkenntnissen auf der Straße. Aber nach vierzehn Tagen ging er schon wieder mit einer Laterne in einem Kino umher und fragte die Leute, ob sie weiter vorn oder weiter hinten sitzen wollten. Das Folgende ist noch unbekannt.
Hm, macht der junge Mann.
Aber ich kann Ihnen versichern, er kommt nicht unter die Räder. Jetzt nicht mehr.
Hm. Wissen Sie was?
Na?
Wenn ich Ihnen so zuhöre, merke ich, daß ich bislang nur

Tand und Spielerei von Amerika gesehen habe. Etwas Wichtiges, ich will nicht gerade sagen, die Hauptsache, vielleicht ist es doch die Hauptsache, die Hauptsache habe ich ja vollständig übersehen. Man bekommt doch ein ziemlich anderes Bild von einem Lande, wenn man es einmal aus Ihrer Perspektive betrachtet.
Das bekommt man. Ob Sie wohl unsere liebe Heimat, Deutschland, schon einmal aus dieser Perspektive betrachtet haben?
Ich habe nie zu hungern brauchen. Ich habe nie Arbeit zu suchen brauchen.
Dann kennen Sie auch Deutschland nicht. Was sind Sie eigentlich von Beruf?
Ich? Nichts. Reden wir nicht davon!
Ein Zug biegt von rechts herein und verschwindet unten in der Brücke. Die Brücke besteht aus zwei Stockwerken. Oben verkehren die Autos und Fußgänger, unten die Züge. Der junge Mann fühlt, wie der Boden, auf dem er steht, anfängt zu zittern.

Chicago Cocktail

Was ist das denn, zum Satan auch? Sonst hat der junge Mann in seiner Pullmankoje immer wie in Abrahams Schoß geschlafen, und heute, in der letzten Nacht, die er auf einer amerikanischen Eisenbahn verbringen soll, gelingt und gelingt es ihm nicht, hinüberzudämmern. An dem Zug kann es nicht liegen, es ist The Twentieth Century, einer der schönsten, die es in den USA gibt. Der Sleeper rollt so weich dahin, als fahre er durch Wasser. Oder ob die Freude, daß er morgen wieder in New York sein wird, diese fatale Munterkeit hervorruft? Du liebe Zeit, er hat sich doch jedesmal, wenn er sein Haupt in ein

Schlafwagenkissen bettete, auf eine besondere Attraktion freuen können, die ihm am anderen Tage bevorstand! Havanna, Miami, Jacksonville, Chattanooga, St. Louis... Oder hat ihn Chicago so erregt? Chicago, die Heimat der Alkoholschmuggler und Racketers, das Hauptquartier Al Capones, des rücksichtslosesten aller Bandenführer, die Stadt, die, wenn man europäischen Provinzzeitungen glauben darf, hauptsächlich aus Unterwelt besteht?
Nun, erregt hat ihn Chicago schon, aber aus anderen Gründen. Er hat kein einziges Maschinengewehr prasseln gehört, sein Hotel ist nicht in die Luft gesprengt worden, nicht einmal mit einem Dolch haben sie nach ihm gestochen, nichts, die Unterwelt hat ihn vollständig ignoriert, es ist ihm, um die Wahrheit zu sagen, nicht gelungen, obwohl er sich redlich bemüht hat, auch nur der Nasenspitze eines simplen Taschendiebes habhaft zu werden. Womit er indessen nicht behauptet haben will, daß es dergleichen in Chicago nicht gebe. Was er gesehen hat, war die tollste, energischste, unternehmungslustigste, amerikanischste Stadt Amerikas.
Da ist zum Beispiel der Chicago River, dessen Schicksal man geradezu als Symbol für den Geist der Leute von Chicago auffassen kann. Früher ergoß er sich mitsamt dem Dreck, den er, durch die Stadt strömend, in sich aufnahm, in den Michigan-See. Da Chicago aber sein Trinkwasser aus demselben See herauspumpt, war man eines Tages mit der Laufrichtung des Flusses nicht mehr ganz einverstanden und ging daran, sie umzukehren. Heute stellt der River einen Abfluß des Sees dar. Das wäre ja noch schöner, wenn man so einen Fluß nicht einmal beim Kragen packen und kurzerhand umdrehen könnte!
Sssst boom hurray, Chicago! Der junge Mann hält es für ganz gut möglich, daß schließlich die Ozeandampfer auf dem Wasserwege direkt bis nach Chicago fahren werden. Die Stadt hat sich nun einmal in den Kopf gesetzt, daß es

so sein soll. Und was diese Stadt will, das erreicht sie auch.
Chicago.
Alle möglichen Bilder wehen durch das Gehirn des jungen Mannes. Ehe er das eine recht erkannt hat, ist das andere schon da. Drei Tage und drei Nächte ist er im Loop, in Packingtown, am See und in den Parks herumgezogen und hat seine Augen aufgesperrt. Vielleicht kommt es daher, daß er nun nicht einschlafen kann. Er hat zuviel in sich hineingeschlungen, er hat noch keine Zeit gehabt, Ordnung zu schaffen, alles wogt und treibt noch durcheinander... Ein Bild schiebt sich vor das andere...

Das größte Stadion von Chicago ist Soldiers Field. Es wurde erbaut zur Erinnerung an die Jungens, die in Frankreich geblieben sind.
Die Footballmannschaften von Ohio State University und Fordham University kämpfen gegeneinander. Ohio führt 7:0.
Football ist nicht dasselbe wie Fußball. Man könnte es eher mit Rugby vergleichen. Die Spieler haben ihre Schenkel und Schultern, ihren Bauch und ihren Kopf mit Leder gepanzert. Nach jedem Anstoß gibt es unter dem Gebrüll der Zuschauermassen einen wilden Zusammenprall der beiden Teams. Dann pfeift der Schiedsrichter die Mannschaften auseinander. Die eine, die den Ball hat, setzt sich keuchend im Kreis zu einem Kriegsrat zusammen. Der Captain flüstert ein paar Worte. Fertig. Auf die Plätze, Pfiff. Der Ball fliegt nach hinten, zuckt zur Seite, der Right End hat ihn, drückt ihn gegen seine Hüfte und läuft gebückt los. Aber im nächsten Augenblick wird er unter fünf übereinanderkrachenden Gegnern und drei Freunden begraben.
Es schneit.
Die Zuschauer sind heiser.

An den beiden Längsseiten des Stadions sitzen auf vorgeschobenen Podien hüben die Girls und Boys von Ohio und drüben die von Fordham. Hinter ihnen steigt die schräge Wand der anderen Zuschauer empor. Vor ihnen, an der Grenze des Spielfeldes, toben in bunten Sweatern die Cheer Leaders mit ihren Sprachrohren herum. Sie sind es, die das Anfeuerungsgeschrei mit Worten und Gesten und, wenn es sein muß, auch mit ihrem ganzen Körper dirigieren.

Einen Augenblick Stille. Ein Girl schreit vom Fordham Podium herunter: Give us a cheer, leader!

Gerade stellen sich unten auf dem Rasen beide Mannschaften zu einem neuen Angriff auf. Der Zeitpunkt ist günstig für einen Kampfruf. Der Cheer Leader teilt durch sein Sprachrohr mit, jetzt komme das Yip-Ta-De. Und sofort brüllt ganz Fordham in exaktem Rhythmus:

Ray! Ray! Fordham! Fordham!
Ray! Ray! Fordham! Fordham!
Ray! Ray! Fordham! Fordham!
Yiiip-ta-de!
Yiiiiip-ta-de!

An dieser Stelle läßt der Leader, der bislang sein Rohr im Takt bald links, bald rechts in die Luft gestoßen hat, eine Trillerpfeife erklingen, worauf alles mit den Füßen auf den Bretterboden stampft und Boom! schreit. Dann folgt, während der Leader seine Haare schüttelt und einen vorgestellten Feind mit seinem Sprachrohr zu Boden schmettert, ein dreimaliges, aufreizendes Fordham! Fordham! Fordham!

Ein Pfiff des Schiedsrichters. Der eiförmige Ball fliegt. Kampfgewühl. Ein neuer Pfiff. Fordham hat fünfzehn Yards gewonnen. Seht ihr wohl! Noch ein Cheer!

Ram! Ram! Ram!
F-O-R-D-H-A-M
Fordham! Fordham! Fordham!

Händeklatschen, Getrampel, Geschrei. Das Fordham-Podium ist begeistert. Aus der Mitte ringt sich ein Lied empor:

With a Ram, a Ram, a Ram for victory,
a Ram, a Ram, a Ram for loyalty,
to the fight, to the fight,
to win our laurels bright.
Hail, men of Fordham! Hail! On to the fray,
once more our foes assail in strong array,
once more the old Maroon, wave on high,
and sing our battle song: We do, or die!

Die Ohio-Leute wollen natürlich nicht zurückstehen und lassen ihren Kämpfern gleichfalls eine Ermunterung zukommen. Die können es beinahe noch besser als die Fordhams, weil sie nicht weniger als drei Cheer Leaders zur Stelle haben, die obendrein den Takt nicht durch bloßes Dirigieren, sondern durch wunderbar genaues Radschlagen und Purzelbaumschießen angeben.

Waho, Waho, Rip, Zip, Bazo,
I yell, I yell, Ohio!
Ohio, Rah; Ohio Rah;
Rah, Rah, Ohio!

Und auf das Fordham-Lied setzen sie ihren trotzigen Battle Cry:

Drive! Drive down the field,
men of the scarlet and gray.
Don't let them thru that line,
we have to win this game today.
Come on, Ohio!
Smash thru to victory.
We cheer you as we go,
our honor defend
so we'll fight to end
for O-hi-o!

Die Folge davon ist, daß der Kampf immer erbitterter und gefährlicher wird. Jetzt bleibt Fordhams Captain am Boden liegen. Sein Lederhelm ist weggekollert. Die Kameraden bemühen sich um ihn, der Arzt im weißen Kittel galoppiert herbei und macht künstliche Atmung. Dann richten sie den Captain auf. Aber es hilft nichts. Sowie sie ihn loslassen, fällt er wieder um. Noch einmal aufsetzen, sagt der Arzt, so! Dann klatscht er ihm einen Eimer Wasser ins Gesicht, aber der Bursche bleibt immer noch besinnungslos. Noch einen Eimer Wasser! So. Und nun ordentlich den Kopf massiert! Noch einmal Wasser! Allmählich kommt er wieder zu sich. Er kann schon alleine sitzen, wenn auch mit hängendem Kopf. Und wie sie ihn hochziehen, kann er sich sogar schon auf den Beinen halten. Das Fordham-Podium schickt ihm einen freudigen Gruß herüber:

Hooo Rah!
Rah! Rah!
Siano! Siano! Siano!

Der Schiedsrichter pfeift, der Kampf geht weiter. Siano ist der Name des Captains. Er trieft von Wasser. Ein Schneegestöber weht über das Stadion.

Zwei Minuten später überschlägt sich Nummer acht von Ohio, bleibt liegen und steht nicht wieder auf. Abermals galoppiert der Arzt herbei. Diesmal scheint es eine ernstere Sache zu sein. Ohios Musikkapelle fängt an zu spielen. Nur keine bedrückte Stimmung aufkommen lassen! Die Sache ist die, daß Nummer acht sich den Arm ausgekugelt hat. Der Arzt renkt ihn gleich an Ort und Stelle wieder ein. Alles in Ordnung. Aber der Captain von Ohio hält es doch für besser, einen Ersatzmann an die Stelle von Nummer acht treten zu lassen.

Die Musik hört auf, der Schiedsrichter pfeift. Weiter.

Gegen vier Uhr nachmittags am Art Institute. Der Michigan Boulevard ist von diesem bläulichen Dunst verhüllt, den die Kälte aufsteigen läßt, ehe die Dunkelheit herein-

bricht. Die Autos fließen geräuschlos dahin, die Menschen auch. Man erkennt keine Einzelheiten mehr. Es dämmert. Nun fangen die Wolkenkratzer an zu leuchten, sie werden oben von dem ermattenden Licht noch getroffen und stehen mit einem Male blaß und leise da wie Traumgebilde. Der Himmel schwebt grauseiden darüber. Und dann gehen innen die Lichter an, aber sie schimmern nicht heller als die Wände, sie machen die Wände gleichsam durchsichtig.
Ein paar Minuten lang sind die Türme aus Glas. Alles hält den Atem an. Eine gläserne Stadt. Dann ist es vorbei.
Aus einer Baugrube quellen undeutliche Dampfwolken herauf, in der Tiefe glühen Kohlenfeuer, ein Kran bewegt sich gespenstisch hin und her.
Die Dunkelheit bricht schnell herein.
Die Wände erlöschen, werden grau, werden schwarz. Lichterreihen, Reklamen, Scheinwerfer. Und nach einer Viertelstunde besteht der Boulevard nur noch aus Finsternis und kreisenden, auf und nieder kletternden, hin und her zuckenden Lampen...
Weiter hinten tauchen grellweiß bestrahlte Turmgipfel auf, ein Leuchtfeuer dreht zuoberst seinen Fächerstrahl langsam durch den Dunst des Abends, eine rote Säule glüht und erlischt, glüht und erlischt, zwei violette Augen sehen unbeweglich auf den See hinaus, die Filigranspitze eines rötlich angestrahlten Kirchturms ragt ein wenig über ein niedriges Haus empor. Was wollen denn die Sterne?
Ein neues Bild. Noch eins. Noch eins.

Burlesque Revue in Randolph Street: ein muffiger Theatersaal. Im Parkett nur Männer, ganz vorn vier Liliputaner in hellgrauen Straßenanzügen, in den Rängen einige Damen. Der Programmzettel beginnt, um die Stimmung behaglicher zu machen, mit Fire Notice:

Blicken Sie sofort umher und merken Sie sich denjenigen Ausgang, der Ihrem Platz am nächsten ist. Bei Feuersgefahr verlassen Sie das Theater ohne Hast durch diesen Ausgang. Sehen Sie davon ab, Ihren Vordermann zu stoßen.

John J. Klein, Fire Commissioner

Im übrigen verheißt er, der Zettel, zweiunddreißig Szenen. Aber das Publikum ist nur an etwa zehn Szenen wirklich interessiert. Wenn Artisten, Clowns oder Sänger auf der Bühne erscheinen, verhält es sich kühl. Es will etwas Besseres, es will Pep, es will die sechzehn Runway Beauties, es will die Solotänzerinnen haben.
Jetzt tritt eine Solotänzerin, Miß Maiben, begleitet von den Runway Girls, mit süßem Lächeln auf. Die Musik reißt einen Charleston herunter. Miß Maiben hat sich mit Reifrock und Stöckelschuhen als Rokokofräulein verkleidet. Der Strohhut, den sie auf dem Kopf trägt, ist allerdings Biedermeier, aber das macht nichts, sie legt ihn sowieso gleich wieder ab. Einen Augenblick, bitte! Die Girls sind wie Girls angezogen. Ihre Aufgabe ist es, während Miß Maiben auf der Bühne so tut, als verstehe sie, den Charleston zu tanzen, über den illuminierten Runway, der wie eine Brücke von der rechten Bühnenecke etwa in Kopfhöhe der Zuschauer im Bogen durch das Parkett zur linken Ecke führt, hinzuhüpfen und den Männern, besonders denen, die zu ihren Füßen sitzen, Gelegenheit zu Enthaltsamkeitsübungen zu geben. Dann verschwinden sie in den Kulissen, wohin ihnen Miß Maiben, nachdem es ihr ein paarmal, trotz guten Willens, mißlungen ist, ihre Beine höher als einen Meter zu schwingen, bald nachfolgt. Nicht ohne – und darauf kommt es an – sich im Abgehen ihres Strohhutes zu entledigen.
Beifall.

Sie tänzelt sofort wieder hervor, wackelt mit dem Bauch, schwingt ihre Beine abermals unbedeutend in die Höhe und bindet im Abgehen die große, schwarze Schleife auf, mit der sie ihr linkes Handgelenk geschmückt hat.

Neuer Beifall.

Sie kehrt zurück, verbeugt sich dahin und dorthin und streift, ehe sie wieder hinter ihre Kulisse taucht, das brokatene Jäckchen ab, das über ihrer Schulter hängt.

Starker Beifall.

Bei ihrem Wiedererscheinen stellt, wer sich für sie geängstigt hat, beruhigt fest, daß ihre Brust noch mit einem goldenen Schleier verdeckt ist. Diesmal hakt sie im Abgehen wahrhaftig ihren Reifrock auf und steigt heraus. Immerhin trägt sie darunter noch seidene Spitzenbeinkleider, die bis zu den Fußknöcheln reichen.

Verstärkter Beifall.

Sie kann nicht umhin, sich noch einmal zu zeigen und allen zu danken. Nun sind wohl die Beinkleider an der Reihe. Aber sie macht es so geschickt, daß die Seide erst dann hinabgleitet, wenn sie gerade hinter der Kulisse verschwindet. Wollen die Zuschauer die Künstlerin in ihrem neuen Zustand noch einmal sehen, dann müssen sie eben versuchen, sie durch die Herzlichkeit ihres Klatschens zu abermaligem Auftreten zu bewegen.

Und ob die Zuschauer sie noch einmal sehen wollen! Dröhnender Beifall.

Beglückt tänzelt Miß Maiben wieder auf die Bühne. Es zeigt sich, daß ihre Hüften durch ein goldenes Badehöschen vor etwaigen lüsternen Blicken behütet werden. Auf den Busen legt sie im Augenblick nicht soviel Wert. Mag der Schleier fallen, sie will es nicht ändern. Aber ehe jemand etwas Richtiges hat erspähen können, ist sie auch schon verschwunden.

Hoho, jetzt muß sie unbedingt noch einmal heraus! Die Hände prasseln nur so gegeneinander.
Da kommt sie. Ganz entblößt ist der Busen auch jetzt noch nicht, die Brustwarzen sind bronziert, sie braucht noch nicht schamrot zu werden. Da sie nun einerseits hier oben nichts mehr zum Ablegen hat und andererseits den Leuten, die ihrer Kunst so begeistert huldigen, einen Gefallen tun möchte, verliert sie wenigstens ihr Badehöschen.
Der donnernde Beifall beweist ihr, daß sie das Richtige getroffen hat. Aber sie zögert mit dem Herauskommen. Sie schämt sich natürlich.
Erst wie sich in das Klatschen ein drohendes Trampeln mischt, weicht sie der Gewalt und stellt sich den Blicken ihrer Bewunderer noch einmal dar. Aber sie ist unter dem Badehöschen nicht etwa nackt, o nein! Sie trägt vielmehr, wie man jetzt, scharfe Augen vorausgesetzt, erkennen kann, ein mit blauen Perlen besetztes Dreieck darunter. Es ist zwar klein, aber es ist jedenfalls vorhanden. Und nun müssen die Leute aber wirklich das Klatschen aufgeben. Miß Maiben hat die Spitzenleistung ihrer Kunst vorgeführt. Sie ist am Ende, denn beim Ablegen von weiterer Garderobe würde sie unter Umständen Gefahr laufen, ihr reines Wollen zweideutigen Verdächtigungen ausgesetzt zu sehen. Good night!
Die Musik bricht ab, der Vorhang im Hintergrund öffnet sich und gibt die Szene für die nächste Nummer – Licence Bureau – frei. Schon betreten, obwohl noch wie toll hinter Miß Maiben her geklatscht wird, die Herren Hallen und Hallier die Bühne und beginnen ihren Dialog.
Aber da heult das Publikum förmlich auf. Weg mit euch! Heraus mit Miß Maiben! Boo! Booo! Geklatsche, Getrampel, Gebrüll. Bravo! Boo! Booo! Booo! Die Ärmsten müssen wahrhaftig ihre Sache aufgeben und sich unter verlegenem Achselzucken zurückziehen. Aber Miß Mai-

ben bleibt standhaft im Verborgenen. Das Publikum tobt. Miß Maiben kommt nicht. Das Publikum geht dazu über, im Takt zu brüllen: Mai-ben! Mai-ben! Es gibt zu verstehen, daß es fest entschlossen ist, sich nicht eher zu beruhigen, bis die Künstlerin seinem Wunsche entsprochen hat. Auch das Orchester schließt sich jetzt dem allgemeinen Verlangen an und intoniert von neuem den Maiben-Charleston. Die vier Liliputaner sind auf ihre Stühle geklettert und mischen ihre schrillen Stimmen in das Gejohle. Ihre Köpfe glühen.
Es hilft nichts, Miß Maiben muß sich noch einmal verneigen, ob sie will oder nicht.
So, hier habt ihr mich, ihr unersättlichen Enthusiasten!
Sie macht gute Miene zum bösen Spiel, sie bewegt ihre Knie im Takt der Musik und öffnet ihre Lippen zu einem mädchenhaften Lächeln. Beim Abgehen läßt sie jedoch durchblicken, was sie im Ernst von der Rücksichtslosigkeit des Publikums hält. Sie wendet ihm einfach ihre Kehrseite zu. Nur leider vergißt sie in ihrer Empörung und Aufregung ganz, daß sie auf dieser Seite ja von oben bis unten vollständig entblößt ist, die Unglückliche.
Weiter wollte das Publikum nichts.
Nun dürfen sich die Herren Hallen und Hallier produzieren.
Dann beglückt Miß Rogers die Freunde Terpsichores mit demselben Tanz wie Miß Maiben. Und alles wiederholt sich. Aber auch alles.
Dann hüpft Miß Duval hervor. Und alles wiederholt sich.
Dann Miß Merit.
Dann Miß Keny.
Dann Miß Robinson.
Dann Miß Bee Bee.
Und alles wiederholt sich. Bei Miß Bee Bee allerdings mit der Nuance, daß sie ihre Zugaben und Dankesbezeigun-

gen auf verdunkelter Bühne im Lichtkegel eines Scheinwerfers vollbringt.
Dann Miß Sloane.
Dann Miß Fawell.
Dann Miß Grey...

Nebel über dem Loop. Der Loop ist das Wolkenkratzerzentrum von Chicago, das Geschäftsviertel, die City, der Wirbel, das Rad, das unaufhörlich kreist. Jetzt hat sich eine dunkelbraune Nebelwolke auf das Rad herabgesenkt. Aber es kreist weiter.
Zwölf Uhr mittags. Die Straßenlaternen brennen, die Läden sind hell, die Lichtreklamen tasten sich violett, grün, blau und rot durch die Dämmerung, die Wolkenkratzer verlieren sich mit den Vertikalen ihrer erleuchteten Fenster gespenstisch in dem trüben Rauch.
Die Dunkelheit nimmt immer noch zu. Irgendwo da drüben ahnt man den Michigan-See. Weißliche Fetzen dampfen aus dem dumpfen Nichts herüber und vergehen in der braunen Nacht von Monroe Street und Madison Street. Es wird kälter und kälter. Die Reihen der Autolichter ziehen glanzlos hin. Alle Geräusche sind gedämpft. Die Menschen gehen vornübergebückt aneinander vorbei und erkennen sich nicht. Es rieselt und tropft. Die Stadt versinkt in Melancholie.
Aber das Rad kreist weiter...

Explosion im Atelier einer Filmgesellschaft draußen im Osten. Man ist gerade dabei, eine Groteske zu drehen. Fünf Girls, die zum ersten Male mitarbeiten, verfehlen, von dem Knall und der Stichflamme erschreckt, die Treppe, ihre Flitterkleider fangen Feuer, sie rennen schreiend umher, fallen über glühende Drähte, verirren sich im Rauch und verbrennen. Erst nach zweistündiger Arbeit kann die Feuerwehr die Leichen herausholen. Fünf ver-

deckte Bahren stehen vor dem Eingang zum Atelier. Über der Tür hängt ein rauchgeschwärztes Schild: Whole World Laughs. Die ganze Welt lacht.
So sollte der Film heißen ...

Armours Schlachthäuser. Das Auto fährt eine schräge Holzbrücke hinauf und dann in einer großen Schleife auf einer Art Achterbahn oben über all die Viehhöfe hin, in denen Tausende von Schafen, Schweinen und Rindern blöken, grunzen und brüllen. Sie sind alle miteinander verloren. Diese Fabrik verarbeitet in der Stunde 450 Rinder, 1000 Schafe und 1200 Schweine. In der Stunde. Diese eine Fabrik.
Ein Trupp von Schulkindern betritt den Saal, in dem die Schweine geschlachtet werden. Die Kinder verteilen sich auf der eisernen Galerie, die oben an den Wänden entlangläuft, und blicken in den nach Blut, Fett und verbrannten Haaren riechenden Dunst hinunter, in dem Weiße und Neger in Reihen stehen und an langsam vorbeigleitenden Schweinekadavern blitzschnelle Handgriffe vornehmen. Ein Führer bemüht sich, den Kindern den Arbeitsprozeß zu erklären. Aber er kann sich, obwohl er ein Sprachrohr gebraucht, nicht verständlich machen. Der Saal ist von einem fürchterlichen Geschrei erfüllt, das die Schweine ausstoßen, die, mit den Hinterbeinen an einer sich bewegenden Kette hängend, auf den Schlachter zuschweben. Nachdem sie ihren Stich empfangen haben, sind sie allerdings ziemlich still. Sie bluten und zucken und schweben weiter. Dann blubbert eine Flamme über ihnen zusammen, dann planscht kochendes Wasser über sie, dann wird ihnen der Bauch aufgeschnitten, daß die Gedärme herausstürzen, dann wandern sie an den vielen Männern vorbei und erdulden alle möglichen Schnitte, und nach fünf Minuten sind es schon keine Schweine mehr, sondern irgendwelche ganz appetit-

lich aussehende Sachen, bei deren Anblick man nie auf den Gedanken kommen würde, daß sie eben noch geschrien und gezappelt haben. Im nächsten Raum, wo man die Sachen, verziert mit hellgrünem Seidenpapier und rosa Bändern, in aller Ruhe betrachten kann, drückt ein weißgekleidetes Girl jedem Schulkind eine Kostprobe und ein kleines Bilderbuch ›Links of Goodness‹ in die Hand. Dann geht es in die Schafschlachterei. 1000 Stück in der Stunde. Die Schlachter und Ausweider haben hohe Wasserstiefel an des Blutes wegen. Sie waten in Blut.

Da ist das Allerton House am Michigan Boulevard, ein Wolkenkratzer, in dem links Studenten und solche, die es einmal waren, und rechts entsprechende Studentinnen für wenig Geld wohnen und es nett haben. Sie leben wie in einem erstklassigen Hotel. Beim Essen sind sie von der aufmerksamsten und leisesten Bedienung umgeben, die man sich denken kann, von zierlichen Philippinos. Die Zimmer haben so etwas Studentenhaftes an sich, sie sind behaglich, praktisch, breit und zu allem möglichen zu gebrauchen. Wer will, findet auf Schritt und Tritt angenehme Gesellschaft. Wer die Einsamkeit vorzieht, kann für sich bleiben.

Zehn Uhr abends. In den Kellergewölben ist das Final Amateur Pro Golf Match auf den Miniaturplätzen in vollem Gange. Im Dining Room sendet der Allerton Glee Club über die Westinghouse Station KYW sein lustiges Radioprogramm. Zuschauer willkommen. Come early! In der Halle spielt Miß Annabel Robbins auf dem Flügel. In Ladies' Lounge wird eine At Home Night veranstaltet. Drop into the lounge, if you'd like to get into an informal game of bridge. In Men's Lounge läuft der Tonfilm ›The Trial of Mary Dungan‹ mit Norma Shearer. Im Italian Room gibt es einen Complimentary Dance, Musik by the

Northwestern University Dental School Orchestra. In der Pharmacy hocken kleine Gesellschaften und nehmen die Spezialitäten des Hauses zu sich, etwa die Sandwiches ›Allerton Delight‹, ›Club Special‹, ›Bank Sandwich‹, ›Boulevard Special‹ oder irgendwelche Fancy Sundaes oder Frappes oder Parfaits oder Malted Specials. Auf der großen Treppe verabredet eine lachende Kumpanei für morgen einen Ausflug zu Pferde am Seeufer entlang. Der ganze Wolkenkratzer ist von oben bis unten mit Tätigkeit und Zeitvertreib erfüllt. In den Zimmern spielen die Lautsprecher, hier Tanzmusik, dort ein Streichquartett, dort schmelzenden Gesang, dort ein Negro Spiritual. Freunde sitzen zusammen und trinken ein bißchen was Scharfes. In den Badewannen plätschert es, die Brausen zischen. Da und dort gibt es auch Liebespaare, obwohl dergleichen nach zehn Uhr verboten ist. Aber was soll man machen, die Liebe ist so groß.

In Zimmer 1407 liegt ein ausländischer junger Mann, der sich in den letzten Wochen ein wenig in den Staaten herumgetrieben hat, im Bett und blättert in der Gideon-Bibel, die, wie in allen amerikanischen Hotels, so auch im Allerton House auf jedem Nachttisch zu finden ist. Aus einem Lautsprecher perlt eine zarte Klaviermusik heraus, eine diffizile und silbrige Sonatine von Ravel...

Der junge Mann im Schlafwagen lächelt. Er schließt die Augen, er hält die linke Hand vor die Augen und sieht dem anderen jungen Mann zu. The Twentieth Century braust irgendwo zwischen Chicago und New York durch die Nacht. Aber der junge Mann beschäftigt sich eine Weile mit diesem anderen im Allerton House. Er kennt ihn. Er glaubt sogar, seine Gedanken erraten zu können. Jetzt weiß er zum Beispiel nicht recht, der andere, was er von der Bibel halten soll.

Was ist das denn eigentlich, eine Gideon-Bibel? Hier vorn scheint ja das eine und andere zur Aufklärung abgedruckt zu sein. Er rückt seinen Körper im Bett zurecht, stützt sich auf und versucht, die Vorrede zu verstehen.

Dies Buch wird von den Gideons geliefert.
Eine Bibel in jedes Hotelzimmer, um die Geschäftsreisenden für Christus zu gewinnen!
In den letzten Tagen des neunzehnten Jahrhunderts wurde die Kraft des Heiligen Geistes auf eine bemerkenswerte Weise offenbart. Der Geist führte zwei christliche Geschäftsleute zusammen, zwei Reisende, die eine für die ganze reisende Öffentlichkeit segensreiche Organisation ins Leben riefen. Sie ist von Jahr zu Jahr gewachsen zu Nutz und Frommen der Herrlichkeit.
Gideon war ein Mann, der genau das ausführte, was Gott von ihm verlangte. Seine eigenen Ansichten ließ er dabei vollständig aus dem Spiel.
Unsere Gewohnheit: Fleißig in geschäftlichen Dingen, glühend im Geist, dienstfertig vor Gott.
Unser Wahlspruch: Und sie standen jeder auf seinem Platz, rund um das Lager.
Alle Christian Travelling Men sind herzlich eingeladen, mit uns gemeinsame Sache zu machen, gesegnet und segnend. Wenn Sie Mitglied werden oder eine Nummer des Gideon-Magazins haben wollen, wenden Sie sich bitte an

The Gideons, the Christian Commercial Travellers'
Association of American International
140 South Dearborn Street
Chicago

Aha, das sind also die Gideons. Und hier teilen sie auch einige Empfehlungsschreiben mit:

Zahlreiche Schreiben laufen bei uns ein wie diese:
»Bitte lassen Sie mich Näheres wissen, wie ich ein Gideon werden kann. Ich möchte meinen Kollegen dieselbe Hilfe

angedeihen lassen, die ich durch die Gideon-Hotel-Bibel empfangen habe. J. W.«
»Ich schließe einen Scheck über 25 Dollar bei als Ausdruck meines Dankes dafür, daß Sie in so vielen Hotels, in denen ich übernachte, Bibeln niedergelegt haben. M. P.«

Und hier gibt es allerlei sonstige Hinweise.

Tröstungen bei folgenden Gelegenheiten:
Wenn Sie in Trübsal liegen, lesen Sie Psalm 34. Wenn das Geschäft schlecht geht, lesen Sie Psalm 37.
Wenn das Geschäft blüht, lesen Sie 1. Korinther 10, 12.
Wenn Sie von der Sünde gequält werden, lesen Sie Hosea 14, 4–9.
Wenn Sie inneren Frieden ersehnen, lesen Sie Johannes 14.
Wenn Sie entmutigt sind, lesen Sie Psalm 23 und 27.
Wenn Sie den Glauben an die Welt verloren haben, lesen Sie 1. Korinther 13.
Wenn Sie den Schlaf herbeiwünschen, lesen Sie Psalm 121.
Sie finden die drei größten Meisterwerke der Rede an folgenden Stellen: Deut. 32, Jesaja 40, Apostelgeschichte 17, 22–31.
Sie finden die Bergpredigt, die größte Predigt, die jemals gehalten wurde, im Matthäus-Evangelium, Kapitel fünf bis sieben.

Gar nicht so unpraktisch, denkt der junge Mann jetzt wohl. Da muß ich doch einmal nachschlagen, was die Bibel sagt, wenn das Geschäft schlecht gewesen ist. Wo soll man dann doch gleich Trost suchen?
If the trade is poor, read Psalm 37.
Also Psalm 37!

Könige... Chronika... Hiob... Psalm 18... Psalm 36... Psalm 37.

Das Glück der Gottlosen soll den Frommen nicht zum Ärgernis gereichen.

Das bezieht sich vermutlich in erster Linie auf die böse Konkurrenz, die an den schlechten Geschäften schuld ist. Oje, es wird immer trostreicher:

Erzürne dich nicht über die Bösen, sei nicht neidisch auf die Übeltäter.
Denn wie das Gras werden sie bald abgehauen, und wie das grüne Kraut werden sie verwelken....
Sei stille in dem Herrn und warte auf ihn, erzürne dich nicht über den, dem sein Mutwille glücklich fortgeht...
Denn die Bösen werden ausgerottet, die aber des Herrn harren, werden das Land erben...
Das Wenige, das ein Gerechter hat, ist besser denn das große Gut vieler Gottloser...

Der junge Mann kann sich ganz gut vorstellen, daß für einen hinausgeworfenen Commercial Traveller die Verheißung, der Schurke C. F. Sullivan, dem dagegen sein Mutwille heute nachmittag so glücklich fortgegangen ist, würde demnächst wie Gras abgehauen werden, er selbst aber würde das Land erben, viel Tröstliches enthält. Mit welcher Lust wird er die folgenden Perspektiven betrachten, die der Psalmist ihm eröffnet:

Der Herr kennt die Tage der Frommen, und ihr Gut wird ewiglich bleiben.
Sie werden nicht zuschanden in der bösen Zeit, und in der Teurung werden sie genug haben...

Der Gottlose borget und bezahlet nicht, der Gerechte aber ist barmherzig und gibt.
Denn seine Gesegneten erben das Land, aber seine Verfluchten werden ausgerottet.
Von dem Herrn wird solchen Mannes Gang gefördert, und er hat Lust an seinem Wege.
Fällt er, so wird er nicht weggeworfen, denn der Herr hält ihn bei der Hand...
Ich habe gesehen einen Gottlosen, der war trotzig und breitete sich aus und grünte wie ein Lorbeerbaum.
Da man vorüberging, siehe, da war er dahin. Ich fragte nach ihm, da ward er nirgends gefunden.
Bleibe fromm und halte dich recht, denn solchen wird's zuletzt wohlgehen.

Das ist alles so schön, daß der junge Mann ermutigt wird, sich auch einmal in eigener Sache an die Bibel zu wenden: Wenn Sie den Schlaf herbeiwünschen, lesen Sie Psalm 121. Es wäre doch, für alle Fälle, lehrreich zu wissen, was für ein Schlafmittel die Bibel angibt.
Der fragliche Psalm handelt, wie der junge Mann feststellt, von Gott, dem treuen Menschenhüter. Ein kleiner Psalm.

Er wird deinen Fuß nicht gleiten lassen, und der dich behütet, schläft nicht.
Siehe, der Hüter Israels schläft noch schlummert nicht.

Hm. Vielleicht soll einem der Gedanke an den ewig wachen Gott über die eigene Schlaflosigkeit hinweghelfen. Der junge Mann im Allerton House, der nur vorgestellte junge Mann, weiß es nicht. Der wirkliche auch nicht. Aber wie er sich jetzt in seiner Koje zurücklegt und versucht, sich auszumalen, was für Empfindungen ein Wesen haben muß, das von Ewigkeit zu Ewigkeit ohne Schlaf

ist, merkt er, daß er immer müder wird... Niemals... in diese wunderbare... Bewußtlosigkeit versinken... Gut, daß ich es zuweilen noch kann.
Ohhh... ich bin so müde...
If you desire slumbers, read Psalm 121.
Amen, murmelt der junge Mann und schläft ein.

Chinesisches Theater

Wie gut, daß ich doch noch hierher gegangen bin, denkt der junge Mann ein übers andere Mal, was hätte ich sonst versäumt! Ich hätte ja wirklich das Zierlichste und Anmutigste von ganz New York versäumt!
Mr. Dupont, der Empfangschef seines Hotels, hat ihm abgeraten, Chinatown zu besuchen. Ist nur ein Bluff für die Fremden, Sir. Sieht ja ganz nett aus, die Lampions und Glöckchen, die Opiumhöhlen und Teestuben, die Läden und Restaurants, ist aber alles nur Bluff. Well, vor zwanzig, dreißig Jahren hätte sich die Sache noch gelohnt. Da durfte sich kein Weißer nachts nach Pell Street oder Mott Street wagen, ohne einen Detektiv und einen entsicherten Revolver mitzunehmen. Und wer in dieser Gegend einmal verschwand, blieb ewig verschwunden. Die New Yorker Polizei, die beste der Welt, konnte damals in Chinatown nichts ausrichten. Sehen Sie, so ein Chink läßt sich lieber in Öl braten, als daß er einen Landsmann verrät. Und dann die unterirdischen Gänge, die von einem Quartier ins andere führten, die halbverfallenen Häuser, die Keller und unauffindbaren Verstecke. Ganz Chinatown war nichts Besseres als eine einzige Verbrecherhöhle.
Da gab es einmal einen Film, hat der junge Mann gesagt, der gerade in diesem Milieu spielte: Wang Lu, der Herr

der tausend Qualen. Ungeheuer spannend. Kennen Sie ihn?
Mr. Dupont hat geantwortet, er glaube es.
Aber heute ist das alles anders. Sehen Sie, heute leben die Burschen ja zum größten Teil von den Sightseeing Cars, die Nacht für Nacht nach Mott Street kommen. Da machen sie denn ein bißchen Zirkus, stecken die Dollar ein und lachen sich ins Fäustchen. Überlassen Sie es den Greenhorns, Sir, zwei Dollar für den Humbug zu bezahlen.
Aha, hat der junge Mann gesagt. Und wie steht es mit dem chinesischen Theater?
Wenn Sie einen langweiligen Abend verbringen wollen...
Ist das auch Bluff?
Nein, aber langweilig. Sie verstehen kein Wort. Die Schauspieler miauen wie Katzen, und was sie Musik nennen, ist nur ein wüster Radau – a terrible row. Auf mein Wort, wenn Sie die Augen zumachen, bilden Sie sich ein, zwei Katzen miauen zu hören.
Das fände ich ja nun ganz interessant, haha. Wird jeden Abend gespielt?
Jeden Abend von sieben bis zwölf.
Ob es wohl Zweck hat, heute noch hinzugehen, es ist schon nach neun.
Meines Erachtens würden Sie, wenn Sie erst um Viertel nach zwölf hinkämen, immer noch nichts versäumen. Aber Sie können schon um zehn Uhr dort sein. Sie fahren mit der Sub hinüber zur Third Avenue und dann mit der Elevated hinunter bis Grand Street. Ist Expreß Station. Grand Street, Ecke Chrystie Street. Eine schmutzige Gegend, besonders bei diesem Schlackerschnee. Nehmen Sie Überschuhe, Sir. Das Theater ist ein alter Kasten. Sieht aus wie ein bankerottes Varieté.
Kein chinesischer Bau?

Bewahre.
Und verstehen kann man doch nichts, sagen Sie? Auch den Gang der Handlung nicht? Auch nicht ungefähr?
Niemals.
Dann ist es in dieser Beziehung jedenfalls gleich, ob ich um sieben oder um zehn Uhr eintreffe.
Ganz recht. Außerdem dauert ein Stück unter Umständen sechs Abende lang, sehen Sie.
Sechs Abende lang? Es wird immer interessanter! Haben Sie besten Dank, Mr. Dupont! Ich fürchte, ich muß mir die Sache doch einmal ansehen. Good bye.
Darf ich Sie noch darauf aufmerksam machen, daß Sie mitten unter den Chinesen Platz nehmen müssen.
Schadet nichts, Mr. Dupont...

Nein, es schadet wirklich nichts. Der junge Mann kommt gar nicht dazu, an den Chinesen, die, ohne sich zu rühren, um ihn herum sitzen und zur Bühne hinaufstarren, Anstoß zu nehmen, die Vorstellung zieht so wild und zart, so fremd und süß, so barbarisch und leise dahin, daß er, von einer erregenden Empfindung in die andere geworfen, alles um sich her vergißt.
Still! Was gibt es jetzt? Während die Musikanten, die links auf der Bühne in einer Art von Loge sitzen, ihre Zigaretten beiseite legen und mit Gong, Trommel und metallener Klarinette einen Tusch auflärmen lassen, holt der Bühnenmeister, ein schmächtiger Chinese, der so viel zu tun hat, daß er nicht einmal dazu kommt, seine dunkelgrüne Strickjacke vorn zuzuknöpfen, aus dem Gerümpelhaufen, der rechts auf der Bühne liegt, einen Tisch heraus, stellt ihn im Vordergrund auf und deckt ein grünes Tuch darüber. Alles bei offenem Vorhang. Nun schweigt die Klarinette, und ein banjoartiges Saiteninstrument fängt an zu spielen. Gleich darauf trippelt durch die rechte Tür des Hintergrundes – an der rechten und linken Seite sind

zwei Türen, die Mitte wird durch einen europäisch gemalten Waldprospekt gebildet – ein zierliches Fräulein herein, dieselbe, die der junge Mann bereits vorhin, als er sie zum ersten Male sah, die Prinzessin getauft hat. Sie trägt eine schwarze Hose und eine Jacke von so hellem Blau, daß sie fast weiß aussieht, beides aus Seide. Wie denn überhaupt alle Kostüme und Tücher aus herrlicher Seide sind. Ihr Gesicht ist schneeweiß geschminkt, der Mund sehr klein, die Wangen rosa überhaucht, die Augen wie zwei schwarze Striche. Über ihrem linken Ohr hat sie sich ein paar rote, rosa und blaßgrüne Blumen in das Ponyhaar gesteckt, von denen ein schwarzes Schleierchen auf ihre Brust herabweht. Sie trippelt nicht eigentlich, sie geht auch nicht, sie gleitet vielmehr, mit winzigen, schiebenden Schritten laufend, über den Boden hin. Der Bühnenmeister faßt sie bei der Hand und hilft ihr, indem er einen alten Küchenstuhl zurechtrückt, auf den Tisch hinauf.

Da fängt die Klarinette wieder an zu näseln, der Gongschläger verdoppelt sein Tempo, und in kurzen Intervallen tschingt auch das Becken behutsam dazwischen. Auf dies Zeichen hin kommt durch die linke Tür ein Boot angeschwommen, in dem ein junger Prinz in all seiner Pracht sitzt. Sein weißes Gewand ist mit goldenen und grünen Arabesken bestickt, die Seide schimmert, wenn er sich bewegt, wie Silber. Auf seinem Kopf thront ein hoch emporragender Schmuck aus weißen und goldenen Federn wie das Rad eines Pfauen. An beiden Seiten fallen weiße Bänder bis auf die Erde herab. Auch er ist bleich geschminkt. Sein Gesicht hat etwas Starres und Puppenhaftes. In Wirklichkeit sitzt er übrigens gar nicht in einem Boot, sondern geht zu Fuß. Und neben ihm gehen, halb gebückt, zwei schwarzgekleidete Diener, die Löffelruder in der Hand haben und so tun, als ruderten sie ein Boot vorwärts. Aber für die Zuschauer, auch für den jungen

Mann, fährt der Prinz doch in einem schmalen Boot auf das Ufer zu, wo die Prinzessin steht und ihn erwartet. Das Boot legt an, die Musik verklingt.
Nun reden sie in hohen und langgezogenen Lauten miteinander. Der junge Mann muß Mr. Dupont in gewisser Weise recht geben, ihre Sprache erinnert, wenn man bösartig sein will, tatsächlich an das Miauen von Katzen. Eine unheimlich fremdartige, eine wilde, eine seelenlose Sprache. Sie reden und reden. Zuweilen tackt die Holztrommel vorsichtig dazwischen, zuweilen geschieht ein Gongschlag, zuweilen rasselt das Becken.
Der junge Mann versucht, in den gelben Gesichtern seiner Nachbarn, in denen sich, hingerissen wie sie sind, die Stimmungen der Bühne ganz unmittelbar abspiegeln, zu lesen, was dies bedeuten soll. Aus der allgemeinen Gelassenheit glaubt er schließen zu dürfen, daß die Handlung sich ins Freundliche wendet. Vorhin hat er eine Zeitlang kaum zu atmen gewagt, als er sah, wie schrecklich sich bei der Verschleppung der Prinzessin durch den langbärtigen Zauberer die Wut und das Entsetzen auf den Gesichtern der Zuschauer zeigte. Aber diesmal scheint alles gut abzulaufen. Fünf schnelle Gongschläge ertönen, die Holztrommel tackt, die andere Trommel fällt mit kurzen Wirbeln ein, und dann singt die Prinzessin, begleitet von den auf und ab wogenden Tönen des Saiteninstrumentes, das jetzt aber nicht gezupft, sondern gestrichen wird, ein Liedchen, eine Arie. Ihre Stimme liegt im höchsten Diskant, sie ist für das Ohr des jungen Mannes kaum noch erträglich. Die Melodie, die Rhythmik, die Begleitung, die Stimme, alles klingt fremd, so schwirrend und dünn, so gläsern und unbegreiflich. Und jetzt, wo der Prinz mit fistelndem Falsett einfällt, erscheint es nur noch unbegreiflicher. Aber das Publikum ist, je schriller der Gesang wird, um so entzückter. Die Augen leuchten, die Köpfe schieben sich vor, die Münder öffnen sich vor Begeiste-

rung. Früher, nach der Lektüre von chinesischen Gedichten, hat der junge Mann einmal geglaubt, das Empfinden der Söhne des Himmels sei von dem der Europäer gar nicht so verschieden. Jetzt wird ihm erst klar, wie töricht diese Gedichte übersetzt gewesen sein müssen.

Nein, aus dem Gesang macht er sich nicht viel, aber den graziösen Bewegungen, die die Prinzessin wie unbewußt mit ihren nach außen gebogenen Fingern vollbringt, könnte er noch lange zusehen. Doch der Bühnenmeister rückt den alten Küchenstuhl wieder vor den Tisch, und die Prinzessin steigt zwitschernd hinunter ins Boot. Dort schmiegt sie sich, indem sie, wie ein Hündchen, das aufwartet, ihre Arme anzieht und die hängenden Hände übereinanderkreuzt, mit dem Rücken an die Brust des Prinzen. Wie er sie etwas fragt, senkt sie das Gesicht scheu gegen ihre Achselhöhle und piepst eine leise Antwort. Dann tauchen die Diener die Ruder ins Wasser und treiben das Boot unter Trommelwirbeln und schnellen Gongschlägen davon.

Die Gongschläge tönen weiter, sie werden langsamer, aber sie tönen immer weiter. Gelegentlich rasselt das Bekken dazwischen. Es scheint so etwas wie eine Pause stattzufinden. Zwar erhebt sich niemand von seinem Sitz, aber man bewegt sich, man richtet sich auf und fährt sich mit den Händen übers Gesicht. Ein Boy geht herum und verkauft Äpfel, Erdnüsse und Orangen. Der junge Mann stellt, seinen Hals reckend, fest, daß er der einzige Weiße im Parkett ist. Die Ränge kann er nicht kontrollieren, weil er gerade darunter sitzt. Was den Theatersaal betrifft, so sieht er in der Tat nach Bankerott aus, auch darin hat Mr. Dupont recht gehabt. Die Heizkörper rings herum an den Wänden sind undicht und zischen. Aus dem Röhrenwerk, das vor der Bühne herläuft, steigen weiße Dampfwölkchen auf. Die Säulen der Orchesterlogen werden von nackten Stuckdamen gebildet, deren schmutzig-rosige

Haut überall abblättert. Und die Girlande aus Putten, Musikinstrumenten, Bändern, tragischen und komischen Masken, die sich als vergoldetes Relief um den Bühnenrahmen herumschwingt, ist über und über verstaubt und an vielen Stellen zerschlagen.

Frauen dürfen das Theater offenbar nicht betreten. Es befindet sich keine einzige Frau im Parkett. Dagegen wälzen sich vor der Eingangstür zwei chinesische Kinder mit geflüsterten Schimpfworten übereinander. Und nun entdeckt der junge Mann auch noch einen zweiten Weißen. Es steht allerdings zu vermuten, daß er von der chinesischen Bühnenkunst ebensowenig angetan ist wie Mr. Dupont, denn er hat sich längelang über fünf Klappsitze hingestreckt und gibt sich, die Mütze überm Gesicht, dem Schlaf und einigem Schnarchen hin. Es ist der amerikanische Polizist, der die Ordnung im Saal aufrechterhalten soll.

Inzwischen hat der Bühnenmeister, ohne daß etwa ein Vorhang sein Tun vor den Blicken der Zuschauer verborgen hätte, die Szene verwandelt. Vor den Türen rechts und links hängen nun gelbe Seidentücher, auf denen in hellblauer Stickerei fliegende Vögel dargestellt sind. An Stelle des Waldprospektes hat er ein barockes Palastzimmer herabgelassen. Augenblicklich wühlt er in dem Gerümpelhaufen herum und zieht ein wackeliges Tischchen hervor, das er im Vordergrund der Bühne aufbaut. Es sieht nicht gerade sehr festlich aus. Aber er sucht weiter und findet mit der einen Hand ein Tablett mit silbernem Teegeschirr und mit der anderen ein rosa Tuch, das mit großen, weißsilbrigen Glasperlen besät ist. Und im Nu hat er aus dem schäbigen Tischchen, indem er das Tuch darüberwirft und das Silber darauf verteilt, ein leichtes und glitzerndes Stilleben gemacht.

An diesem Tischchen wird nun der Prinz, der jetzt ein mit dunklen Lilien besticktes weißes Gewand und eine schwarze Mütze mit silberner Borte trägt, von einem ganz in Schwarz gekleideten Fräulein bewirtet. Der junge Mann mag die Schwarze fast noch lieber leiden als die Prinzessin. Sie hat ihr strähniges Haar hinten zu einem Knoten zusammengeschlungen, auf ihrem weißen Gesicht ist nur eine Andeutung von Rosa zu sehen, ihre Bewegungen sind sehr demütig, sie ist so zierlich, sie ist so zerbrechlich, ihr Mund lächelt so klein und leer, und ihre Hände haben, wenn sie mit dem Teegeschirr umgehen, die Form von blassen Blumen, sie entfalten sich und schließen sich wieder, sie wehen und zittern, sie leben ihr Dasein ganz für sich. Kein Wunder, daß der Prinz sich in dies Blumenwesen, mag es nun ein Fräulein oder eine Dienerin sein, verliebt. Er spricht mit ihr, der kleine Mund lächelt, sie zwitschern und singen. Die Musik schwärmt auf, das Saiteninstrument, das jetzt wie eine Balalaika mit den Fingerspitzen geschlagen wird, gibt die Melodie an, die Trommel rührt sich, und das Gong läutet langsam drein.

Schön und gut. Aber was geschieht denn da im Hintergrund? Der Bühnenmeister wandert ein paarmal hin und her und baut etwas für die nächste Szene auf. Er stellt zwei Stühle nebeneinander und breitet ein fahles, grünes Tuch darüber. Der junge Mann vermutet, daß es ein Sofa oder ein Ruhebett werden soll. Aber da befestigt der Meister rechts und links an den Stühlen zwei rohe Holzlatten und nagelt eine dritte oben quer darüber. Dann legt er das mit weißen, gelben und grünen Fransen besetzte Ende eines blaßrosa Seidentuches über die Querlatte und läßt das andere Ende hinter die Ruhebank herabgehen, so daß ungefähr ein schwebender Baldachin entsteht. Vor die senkrechten Latten rechts und links hängt er schmale Seidenschals, die von oben bis unten mit schwarzen Schriftzeichen bedeckt sind. Er bewegt seine Hände, er zaubert ein bißchen, die Tücher fließen

und wehen, und da steigt aus dem Erdenstaub für eine kleine Weile ein Traum von Buntheit und zartem Licht empor. Man kann es gar nicht sagen, wie leise die Farben zueinander stimmen.
Kaum ist der Traum erschienen, da führt der Prinz auch schon seine zierliche Geliebte auf das Ruhebett, um sich an ihr zu freuen. Aber alsbald stellt sich heraus, daß diese Schwarze keineswegs so demütig und unschuldig ist, wie es den Anschein hatte. Sie muß irgend etwas in den Tee geschüttet haben. Dem Prinzen wird mit einem Male so seltsam zumute, er taumelt, er lallt, er fällt seitwärts auf das Ruhebett und rührt sich nicht mehr. Da trippelt die Schwarze schnell zu dem Teetischchen hin, wo der Bühnenmeister schon mit einem Pinsel und einem Blatt Papier steht. Sie malt eine hastige Mitteilung auf das Papier, rollt es zusammen und übergibt es dem Mann, den der Bühnenmeister herbeigewinkt hat. Gleich darauf erhebt sich im Orchester ein wildes Getrommel und Geblase, zwei Diener mit roten Fahnen laufen auf die Bühne, hinter ihnen her wuchtet der dicke Zauberer mit der grünen Knollennase und dem lang herunterwehenden Schnurrbart. Sein Kostüm ist aus eitel Gold und Edelstein, seine vorn aufgebogenen Schuhe auch, von seinem goldenen Kopfschmuck wippen zwei abenteuerlich lange Federn wie Fühlhörner bis auf die Erde nieder. Die Schwarze hat sich sofort auf den Boden geworfen und wagt nicht, aufzublicken. Er tobt einige Male mit donnernden Schritten im Kreise herum. Dann bleibt er stehen, rollt die Augen und keucht. Die Musik setzt unvermittelt aus. Aber sowie er den Mund auftut, prasselt die Trommel und dröhnt das Becken wieder los. Schafft diesen Burschen fort! befiehlt er seinen Dienern. Sie tragen den Schlafenden hinaus, und er poltert schnaubend hinterher. Als letzte gleitet, die Ellbogen zitternd erhoben, das schwarze Fräulein davon.

Das ist einmal schnell gegangen, denkt der junge Mann. Wo mögen sie ihn hinbringen?
Der Bühnenmeister verwandelt das Ruhebett mit einigen Griffen in einen Thron. Davor errichtet er aus einer Kiste und zwei Decken ein Gebilde, das der junge Mann einen Altar nennen würde. Ha, bums, da kommt der Wüterich wieder herein und nimmt auf dem Thron Platz.
Die Handlung geht weiter.
Es ist kein Drama im europäischen Sinne, vielmehr eine Zaubergeschichte, eine Sage, ein phantastisches Märchen. Der Prinz muß mit einem anderen Prinzen – oder ob es nun ein böser Geist in Menschengestalt ist – auf Tod und Leben kämpfen. Sie gehen mit langen Partisanen aufeinander los. Aber es wird kein Kampf, es wird mehr ein Tanz mit blitzschnellem Herumwirbeln, Gestampf und spielerischem Gegeneinanderklirren der Waffen. Und die Klarinette schmettert scharf wie eine Trompete, und der Gongschläger legt seinen Kragenschoner ab und entlockt dem runden Metall lang nachhallende Töne, und immer neue Gestalten gehen herein und hinaus, und die Seide weht, und das Märchen, das sie alle miteinander spielen, nimmt kein Ende, und der Bühnenmeister wandert schweigend unter ihnen umher und läßt aus dem alten Gerümpel die wundersamsten Dinge erstehen, einen Garten, ein Tempeltor mit Götterbildern und Lampions, eine Sänfte, eine Terrasse, eine Pagode, einen Kaufladen, ein Lusthäuschen, und was sonst verlangt wird.
Es ist möglich, daß der junge Mann das Ganze wunderbar falsch versteht, er hat zuweilen das Gefühl, als fänden die chinesischen Zuschauer gerade das schön, was auf ihn keinen besonderen Eindruck macht, und als blieben sie, wo er begeistert ist, unbeweglich. Aber das soll ihm gleich sein, er bereut es nicht, daß er hier ist. Nein, wahrhaftig nicht. Wer weiß, was ihm noch alles bevorsteht.

Nun tackt die Holztrommel ganz allein. Er schließt die Augen und wiegt sich in dem Glauben, der Rhythmus komme ihm schon nicht mehr so fremdartig vor wie am Anfang.

Abschied von New York

Im allgemeinen weht, wie der junge Mann zu seiner aufrichtigen Freude erfahren hat, eine herrliche Freiheit durch die Städte, Wälder und Prärien dieses Landes, aber im besonderen ist auch hier das eine und andere verboten. Als er sich zum Beispiel in der letzten Nacht, die er vor der Rückreise nach Deutschland in New York verbringt, ein wenig auf dem Dach seines Hotels ergehen will, da darf er es merkwürdigerweise nicht. Man schreibt Dezember, und im Dezember ist, wie der schwarze Liftjunge ihm auseinandersetzt, das Betreten des Daches nicht erlaubt. Warum nicht? Es ist eben nicht erlaubt.

Nach all dem Voraussetzungslosen und Ungebundenen, das ihm während seines Umherschweifens zwischen Detroit und Key West begegnet ist, wird er hier zum ersten Male wieder ein wenig an Europa erinnert, wo einem ja durch Sitte und Gesetz, zählt man es einmal zusammen, mehr verboten als freigestellt ist.

Europa... ach ja, Europa! Irgend etwas regt sich in ihm. Kein Unbehagen, sondern eher ein bißchen Liebe und Zärtlichkeit. Europa... kleine Städte mit zerfallenen Mauern darum herum, Kathedralen, Häuser mit Strohdächern, Kinderlieder und Lampions durch die Dämmerung, gemächliche Glockenspiele, plätschernde Brunnen, barocke Kirchtürme, Schiffe auf Kanälen... Amsterdam, Chartres... Passau... Bergen... Edinburgh... Bremen... Wahrscheinlich hat er ganz einfach Heimweh. Aber es dauert nur einen Augenblick, es fliegt ihn an und

vergeht wie ein Hauch. Dann ist er wieder dort, wo er ist, in der summenden Halle eines Wolkenkratzerhotels nämlich.
Da sich die Liftmänner auf der rechten Seite als unzugänglich erwiesen haben, versucht er sein Glück bei denen zur Linken. Gleich der erste, ein weißhaariger Neger mit einem weißen Backenbart, macht einen so aufgeweckten Eindruck, daß der junge Mann glaubt, bei ihm würde er Glück haben. Sein fragwürdiges Englisch klingt, zumal wenn er höflich sein will, noch immer nicht viel besser als vor sechs Wochen: Ich würde es lieben, zu sein gehend empor auf das Dach von dem Gebäude. – No, Sir, is nicht erlaubt in winter time, Sir.
All right, sagt der junge Mann, winkt mit einer grünlichen Banknote und steigt ein. Come on, old chap!
Aber der Alte schüttelt freundlich seinen weißen Krauskopf. Bis zum sechsunddreißigsten Stock könne er ihn bringen, höher nicht.
Beim nächsten Liftmann geht es ihm genauso und beim dritten nicht um einen Deut anders.
Der letzte indessen ist der aufgeweckteste von allen. Er nimmt, nachdem er verschmitzt mit seinen Augen vor sich hingezwinkert hat, seinen Dollar, fährt mit dem jungen Mann empor, läßt ihn aussteigen, zwinkert abermals und versinkt schleunigst wieder.
Es erweist sich, daß er ihn auch nur bis zum sechsunddreißigsten Stock gebracht hat.
Aber an Ort und Stelle ist die Sache viel einfacher, als sie von unten ausgesehen hat. Der junge Mann braucht nur seinen Hut in den Nacken zu schieben und das erste beste Zimmermädchen, das ihm über den Weg läuft, im Tonfall eines Menschen, der weiß, was er will, zu fragen, wo es hier denn, zum Höllensatan auch, auf das verdammte Dach hinaufgehe, da öffnet sie ihm schon eine eisenbeschlagene Tür und zeigt auf eine Betontreppe, die, vorbei

an Rohrleitungen von gewaltigen Ausmaßen, schwitzenden Wassertanks und durcheinander geschlungenen Bündeln elektrischer Kabel, nach oben führt. Er tappt hinauf. Wieder eine eiserne Tür. Sie ist nicht verschlossen. Er öffnet sie. Siuuh ... heult der Wind, der sich plötzlich hereindrängt. Er reißt ihm die Klinke aus der Hand und schmettert die Tür krachend gegen einen Eisenträger. Der junge Mann faßt an seinen Hut und tritt auf das Dach hinaus.

Das Hotel liegt in der Nähe des Times Square an der Achten Avenue. Er hat, nach Südosten blickend, das ganze Wolkenkratzergebirge des nächtlichen Manhattan vor sich. Eine der tollsten Landschaften der Welt. Keine Stadt mehr, eine Landschaft. Schluchten, unten weiß von Licht, mit dunklen Wänden, an denen rote, blaue und violette Blitze emporzucken, zerbersten und langsam als glitzernder Staub absinken, drohend aufdampfender Lichtnebel, bleich und gläsern in die Dunkelheit hineinragende Felsentürme mit sausend sich drehenden Scheinwerferarmen, Felsen mit goldenen Kuppeln, rosa und hellblau glühende Felsen und Felsen, die aus nichts als senkrechten Lichterzeilen bestehen, gigantische Stufenpyramiden anderswo und Lichtfontänen, erleuchtete Weltkugeln oder Flackerfeuer zuoberst, dazwischen Flammenschriften, hängend im leeren Raum, Gemälde aus Perlen, jetzt hier, jetzt dort, jetzt verlöschend, jetzt ruckweise aufstrahlend, durcheinanderkreisend und mit einem Male geordnet dastehend und gleich darauf abermals zerfallend und verwirbelnd, eins hinter dem andern, immer ferner und ferner, zuweilen von weißlich schimmernden Wolken verschlungen, und schließlich sich verlierend in dem Lichtermeer gegen den Horizont hin. Es ist ein wirkliches Meer mit Unendlichkeit und gegeneinander wogenden Wellen, mit Geflimmer und ziehenden Dunkelheiten. Erleuchtete Schiffe schlingern kreuz und quer darüber hin: die Züge der Hochbahnen.

Nirgends gibt es Menschen.
Der junge Mann ist das einzige lebende Wesen weit und breit. All das andere bewegt sich, dampft, leuchtet und lärmt gespenstig aus sich selbst.
Noch nie hat er sich so verloren und einsam gefühlt wie in dieser Nacht oben über der Landschaft von New York. Amerika! Das ist Amerika, das auch! Grenzenlos, unfaßbar, ohne Barmherzigkeit, überweht von düsteren Wolkenzügen, die von den verschneiten Urwäldern Kanadas herüberkommen.
Der gasige Rauch aus den Kaminen fliegt um ihn herum. Er duckt sich hinter einen Wassertank, der, wie auf jedem Wolkenkratzerdach, so auch auf diesem errichtet ist. Daneben ragt eine Ecke des Hotels, ein Würfel, der auf dem Dache steht, noch zwei Stockwerke höher auf. Der Dezemberwind pfeift an dem Tank vorbei. Es sieht aus, als wolle es gleich anfangen zu regnen.
Alle Fenster des Würfels sind dunkel bis auf eins. Da schnellt der Rollvorhang, der vor dem Fenster hängt, in die Höhe. Er erblickt einen Mann in Hemdsärmeln mit Rasierschaum im Gesicht, der die untere Hälfte des Fensters halb hoch schiebt und den Vorhang wieder herunterzieht. Aus dem geöffneten Fenster trällert nun, gedämpft durch den Vorhang und verwischt durch den Wind, eine leise Radiomusik heraus. Erst etwas Tangoartiges mit einer Tenorstimme, dann einige gutturale englische Worte, und dann, nach einer kurze Pause... Was ist das doch...?
Der junge Mann kennt es ganz wohl.
Eine behutsame, zögernd einsetzende Melodie »assez doux, mais d'une sonorité large«. Er hebt unwillkürlich die Hand vor den Mund. Das ist ja wahrhaftig die Pavane von Maurice Ravel! Ein kleines Orchester spielt sie. Die Flöte nimmt das Anfangsthema auf und erhöht es, dann mischt sich das Cello ein, »un peu retenu«, und dann

kommen die beiden Geigen aus der Tiefe empor und wehen schwermütig in die Melodie hinein. Das Ganze trägt sich Schritt für Schritt voran, durchschwebt zuweilen von zerbrechlichen Klavierharpeggien, weint, sehnt sich und stirbt so hin. Eine Klage, ein schwermütiges Nachsinnen über versunkene Zeiten, ein klagender Tanz, beschattet vom Tode, eine traurige und süße Musik in G-dur, viel hinüberklingend nach e-moll, »très doux et très lié«. Noch einmal führt das Cello die schmerzliche Bewegung fort, noch einmal ist es wie Gesang. Europa... Heimat, Traurigkeit, Sterne über einem Dorf, langsames Atmen, Stille von Jahrtausenden, Andacht, Musik und Versinken. Die Pavane, dem Andenken einer toten Prinzessin geweiht.

Der junge Mann geht schnell nach der Tür zurück, aus der er herausgetreten ist, und läßt sie hinter sich zufallen. Es fehlt nicht viel, daß er sich anstellt wie ein empfindsames Frauenzimmer. Vielleicht kommt es daher, daß er, seit er in Amerika umherreist, so wenig geschlafen hat und daß er nicht mehr weiß, wie es ist, wenn ein Cello und eine Flöte zusammenklingen. Es war herrlich in Amerika, aber man muß dort geboren sein, sonst hält man es nicht aus. Pavane heißt die Musik, die der Lautsprecher auf dem Hoteldach erklingen ließ. »Pavane pour une infante défunte.«

Es fehlte nicht viel, und er hätte geheult, als er sie wieder hörte.

Gezeichnet

Wie der junge Mann nachts gegen zehn Uhr in der Subway unterm Hudson hindurch nach Brooklyn fährt, um am Pier der 58. Straße die ›Bremen‹ zu besteigen und wohl oder übel nach Deutschland zurückzureisen, gehen allerlei sorgenvolle Gedanken durch den Kopf. Es ist zum Beispiel ganz gut möglich, daß er sein individuelles Hütchen, mit dem er nun über den Ozean und durch ganz Amerika gereist ist, vor drei Stunden zum letzten Mal gesehen hat. Was für ein Leichtsinn aber auch! Er weiß doch, was er von den Versprechungen der Geschäftsleute halten darf. Wenn er wenigstens nicht im voraus bezahlt hätte! Es handelt sich zwar nur um fünfzig Cent, aber er sieht nicht ein, warum er, um sein Hütchen loszuwerden, auch noch fünfzig Cent hinterherwerfen soll. Er ist eben ein Dummkopf gewesen. Zugegeben, daß ein gewisser Unterschied zwischen einem amerikanischen und einem sonstigen Ladenbesitzer besteht, zugegeben, daß der amerikanische, besonders der kleine, in einem Maße zuvorkommend, dienstbereit und zuverlässig ist, von dem man sich anderswo einfach keine Vorstellung macht, so kann er doch nicht erwarten, daß der Besitzer des Hutladens sich seinetwegen, der nach Europa fährt und ihn ganz gewiß so bald nicht wieder beehren wird, auch noch in Unkosten stürzt. Und das tut er doch, wenn er ihm das gereinigte und neu gepreßte Hütchen... hallo, ist das schon De Kalb Avenue? Nein, erst Nyrtle Avenue. Die nächste Station erst... Wenn er ihm das Hütchen wirklich, wie er's versprochen hat, auf den Dampfer schickt. Reinigen, pressen, eine Stunde Fahrt hin, eine Stunde Fahrt zurück, das Geld für die Sub, der Bote, die Schererei: alles für einen halben Dollar. Das muß doch ein Defizit geben! Andererseits konnte er, der junge Mann, sich mit diesem Drecklappen von einem Hütchen nicht gut auf der ›Bremen‹ unter all den Gesandten und Millionären sehen lassen. Und die Mütze, die er augenblicklich auf dem Kopf hat, macht auch gerade keinen überwältigenden Eindruck. Er hat sie an jenem Abend getragen, als er mit Tasch in St. Louis umherspazierte. Das ist ihr nicht gut bekommen. Nein, geschehen mußte etwas, nur hätte er früher daran denken

und das Ding nicht erst in letzter Minute zum Säubern geben sollen.
Der Zug bremst. Der junge Mann sieht eine Reihe von Schildern vorüberfliegen: De Kalb Avenue. Umsteigen.
Wie er nach zehn Minuten an der 59. Straße aus der Erde herauskommt, gerät er sofort in einen so wirren und durcheinanderwogenden Strom von Menschen und Autos, der sich dem Pier zuwälzt, daß er sein verlorenes Hütchen schnell vergißt. Die Ausfahrt der ›Bremen‹ scheint den ganzen Stadtteil nervös gemacht zu haben. Die Autos hupen, was einigermaßen gegen den Brauch verstößt, die Fußgänger rennen blindlings über die Straße, die Luft ist von einem anschwellenden Gemurmel und Getrappel erfüllt, Dampfpfeifen und Glocken tönen vom Wasser herüber. Und wie der junge Mann mit einem Male zwischen den Silhouetten der Schuppen und Verladeanlagen die Schornsteine, Aufbauten und strahlenden Decks der ›Bremen‹ erblickt, das Katapultflugzeug, die Leuchtbuchstaben, das Sonnendeckrestaurant ganz oben und die schimmernden Reihen der Fenster darunter, da ist es auch um seine Ruhe geschehen. Das ungeheure Beben, das so ein Ozeanriese vor seiner Ausreise rings um sich her verbreitet, das Fieber, die Fülle, der Reichtum, das Dröhnen aus den Schornsteinen, der herrliche Geruch, das Durcheinander der Stewards und Porter, die Arbeit, die Unruhe greift auf ihn über. Er zwinkert mit den Augen, er wendet seinen Kopf dahin und dorthin, er fährt mit der Zunge über die trockenen Lippen.
Da wird er in eine gewaltige Halle geschoben, in der es an allen Ecken und Enden rollt und rumpelt. Kofferberge türmen sich auf.
Fahrkartenkontrolle.
First Class! This way, please!
Hallo, Dan... the gangway... overthere...

Beg your pardon?
Nein, einer fehlt noch.
Wie war Ihr Name, bitte?
Eine schwarze Eisenwand, eine schräge Brücke, ein Treppenhaus, Lampen, Blumen, Offiziere, Klingeljungen.
Der junge Mann geht an Bord. Ein Steward nimmt ihm sein Köfferchen ab: Welche Kabine, bitte?
Dreihundertsechsundsechzig.
Im B-Deck, bitte. Hier, bitte!
Er tappt durch einen endlosen Gang hinter dem Steward her, vorbei an lachenden Herren im Frack, an geschminkten und parfümierten Frauen, an Stapeln von diesen langen Schachteln, in denen hierzulande die Blumensträuße geliefert werden, an offenen Kabinen, an kleinen Gruppen, die mit Gläsern aneinanderklingen, Amerikaner, Amerikaner, Amerikaner...
No no, this way out!
Der Steward öffnet eine Tür und läßt den jungen Mann in seine Kabine eintreten. Bitte schön!
Das erste, was er sieht, ist eine große Tüte, die auf seinem Bett liegt. Eine Tüte mit der Aufschrift:
The Champion Hat Renovating Co.
Ladies und Gents, be stylish. Have you a hat that is no stylish? We change the shape and make the old hat look like new.
Sein Hütchen! Er dreht den Sessel, der vor dem Schreibtisch steht, herum und läßt sich hineinfallen. Dann schlägt er die Hände zusammen: So wahr, wie ich hier sitze, mein Hütchen! Übrigens ein entzückender Raum! Nein, daß ich mein Hütchen, das ich allen Anfeindungen von sechzehn amerikanischen Staaten zum Trotz bis zum Schluß als Symbol europäischer Freiheit auf meinem Haupte geführt habe, daß ich das liebe Ding wirklich wieder in meinen Händen halte! Ein Hurra für das liebe Ding! Zeig einmal her.

Aber wie er den Hut aus der Tüte herausholt, ist es gar nicht sein Hut. Die Hat Renovating Co. hat sich geirrt und an Stelle des flachen und runden Hütchens einen American hat hineingetan, einen braunen zwar, aber einen mit hochstehendem Mittelstück und einem Knick längs hindurch. Er hat sein Hurra einem falschen Gegenstand gewidmet.
Oder warte einmal, hier innen im Leder stehen ja die Anfangsbuchstaben seines Namens und das Zeichen der Bremer Firma, bei der er seine Hüte zu kaufen pflegt. Allmächtiger, es ist ja doch sein Hütchen! Natürlich. Das hätte er doch gleich sehen müssen. Sein Hütchen. Aber was haben sie daraus gemacht! Wie sind sie mit seiner Individualität umgegangen! We change the shape... wir ändern die Form. Allerdings, aber so, daß dem Besitzer beim Anblick der veränderten Form nichts anderes übrigbleibt, als in die Ecke zu gehen und zu schluchzen. Hochgepreßt, einen Knick mittendurch, fertig. America for ever. Im letzten Augenblick hat Amerika noch seine Hand nach dem jungen Mann ausgestreckt und ihn gezeichnet. Das ist einmal ein verdammter Witz. Kann er denn mit diesem Ungetüm überhaupt noch unter seinesgleichen umherwandeln? Er tritt vor den Spiegel und setzt den Hut auf, ein bißchen schief, wie es in God's own country üblich ist, vielleicht...
Es klopft.
Der Zimmersteward kommt, um sich vorzustellen. Nachdem er die Gestalt des jungen Mannes mit einem schnellen Blick überflogen hat, sagt er: Good evening, Sir. I'm your cabin steward. My name is Richters.
Machen Sie keinen Unsinn, Steward! Ich bin froh, daß ich endlich wieder deutsch sprechen kann.
Donnerlüttchen, ich hätte Sie für einen Amerikaner gehalten, Herr.
Warum?

Ich weiß nicht... so mit dem Hut auf dem Kopf...
Da schmettert der junge Mann die neue Form mit einem frommen Ausspruch zusammen und knetet so lange an dem Filz herum, bis er flach wie ein Teller ist. Flach, rund und europäisch. Dann haut er ihn auf seinen Kopf: So, und wie sehe ich jetzt aus?
Jetzt sehen Sie beinahe aus wie Buster Keaton, Herr. Falls Sie den kennen.

Inhalt